日本的経営と「合理化」
[増補改訂版]

松本正徳著

中央大学出版部

はじめに

　私の専攻は，経営学の理論史である．もっとも最近の経営学は，情報理論のウエイトが高く，内容的にもきわめて複雑化している．だが，ここでは，専ら「日本的経営」に焦点をあてた．元来，経営学は観念的・哲学的学問であってはならないし，また，安易な技術学であってもならない．研究者としては，モデルを組んだり，数式を並べたりする方が楽である．しかし，経営学は，地についた学問でなければならない．この場合の「地」とはなにか．それは，わが国の国家独占資本主義であり，多国籍企業としての国際的独占の行動である．ここでは私は，「日本的経営論」を理論的に論じるつもりはない．むしろ「日本的経営」の厳しい現実のなかで，労働者がどのような状態におかれているかを描きだしたいと思った．

　今まで私は，経常学説史の研究を中心にしてきたし，今後も，つづけていくであろう．だが，経営学の変貌ぶりはすさまじく，それに追いついていくことも大変な作業であった．例えば，マルクス主義経営学のなかで，サイモンなどの社会システム論の評価なども，まだ一定していない．私の学説的研究は今後もつづく．だが，その場合でも，立脚する基盤を見失わないようにしたい．

　とりわけ，現実の経営は，日々刻々と変化してきている．ME革命という言葉が新聞などに多く見られるが，この先端技術を中心にした技術革新は，かつてなかった程の大きな変化を，企業にも，労働者にも及ぼしつつある．独占の苦悩も深いが，労働者の苦悩はもっと深刻である．限られた資料で，そうした問題を十分に追求できるはずもないが，あえて私は，それを行なっ

てみた．人間の苦しみを受けとめ，理解できないような経営学は，学問としての価値はないと思っている．

2004年7月

著者識

増補改訂に際して

　日本的経営についての研究も，最近ではますます深化してきている．ここでは，改訂版での中心的部分はそのままにして，新たに補章を加えたが，最近の学問的な成果は，必ずしも十分に取り入れていない．もともと本書は，研究者向けのアカデミックな学術書として書いたものではなかった．いわば，講義のサブ・テキストとして書いたものである．中央大学でも最近は留学生が多くなってきた．彼等からも，日本的経営の諸問題について聞かれる場合も多い．そんなことから，基本的な問題領域についての数章を加えて，再度刊行することにした．従って，資料などについても古くなってしまったものもあるが，ここでは，そのままにしてある．私の考え方に，それほど大きな変化がないからである．

　私は，日本的経営とは「偉大なる精神主義」だと思っている．日本的経営を彩る諸経営システムは，経営環境の激変の過程で，当然その姿を変えていく．しかし，そこには一定の原則的理解が求められるべきであろう．そこには，日本の歴史的風土や閉鎖的文化のなかで育てられてきた「日本的精神」が反映されている．この「日本的精神」は，いかなる場合でも簡単に変化するものでもない．労使が一体となって構築してきた「企業至上主義」的思考などは，日本人にしか理解できないものかも知れない．日本的経営の精神的基盤を検討しながら，経営システムの変革に及ぼうというのが，ここでの課題である．

　本書は学術書ではないので，極力平易に書いたつもりである．しかし，まだまだ不足している部分も多い．日本的経営として論じられる問題は多様で

ある．その総てを取り上げることは，今の私には不可能なことである．最近では，「経営学」の講義が分割され「経営学Ⅰ・Ⅱ」となり，しかも1年次に開講されることになった．担当者である高橋教授と私とは，いろいろと苦労しているが，はたしてその苦労の甲斐があったのだろうかという不安が大きい．毎回Ａ4，2枚のレジュメを作ったが，そのサブテキストにしたいと思ったのが本書である．

2004年6月

著　者　識

目　次

はじめに
増補改訂に際して

第Ⅰ章　日本的経営論の方向性 …………………………………… 1
1　日本的経営論の検討課題　1
2　日本的経営論と歴史性　5

第Ⅱ章　日本的経営論の類型 ……………………………………… 9
1　アベグレンの日本的経営論　9
2　間　宏教授の日本的経営論　12
3　占部都美教授の日本的経営論　15
4　オオウチの日本的経営論　18

第Ⅲ章　日本的労資協調制度の古典的形態 ……………………… 21
　　　　　──三井の共愛組合制度──
1　日本資本主義と石炭産業　21
2　鉱業労働とその特徴　25
3　炭鉱労働者の状態　28
4　石炭産業における初期の労務管理　30
5　労資協調制度の確立　34

第Ⅳ章　日本的経営と経営家族主義 ……………………………… 43
1　過酷な労働条件　43
2　経営家族主義の思想的背景とその機能　47

3　ブルジョア経営理念とその功罪　50
　　4　経営家族主義と労務管理　58

第Ⅴ章　日本的「労使協調」とその制度化……………………………65

　　1　経営家族主義の近代化　65
　　2　日本的経営の精神的基盤　73
　　3　生産性向上運動と労使協議制　79
　　4　「労使協議制」の日本型モデルとその目的　83

第Ⅵ章　日本的労使関係の形成過程と動揺……………………………91

　　1　日本的労使関係の展開　91
　　2　日本的労使関係と使用者団体　92
　　3　戦後の日本的労使関係　94
　　4　日本的労使関係の変質　96

第Ⅶ章　日本的雇用慣行と日本的経営…………………………………101

　　1　日本的雇用慣行と日本的経営　101
　　2　終身雇用慣行のメリット　104
　　3　日本的経営の再編　106

第Ⅷ章　「ME」合理化と労使協調………………………………………111

　　1　減量体制下の「日本的経営」　111
　　2　「合理化」過程における「労使協調」論の系譜　114
　　3　企業の「社会的責任」論の再編　119
　　4　80年代の「合理化」──ME革命の特徴　123
　　5　新たな「労使協調」の再構築　131
　　6　ME革命の進展と労働組合　136

目　　次　　　vii

第IX章　QCサークル活動と「自主管理」……………………………141

1　QCサークルの成立基盤　141
2　QCサークル活動の実態　144
3　QCサークル活動から「日本的TQC」へ　154
4　TQCと労働者　166

第X章　日本的経営と「合理化」………………………………………181

1　「減量経営」の強行　181
2　「減量経営」と労働者の状態　188
3　「合理化」の激化と労働者の闘い　198

第XI章　企業至上主義の再編……………………………………………205

1　戦後の労使関係の民主化　205
2　日本の賃金労働の特徴　206
3　企業別労働組合と日本の労使関係　207
4　新・経営家族主義の復権　209
5　日本的経営の方向性　211

第XII章　経営者団体と日本的経営論……………………………………213

1　経営者団体の創設とその役割　213
2　日本的経営と能力主義　214
3　能力主義管理と集団主義　215
4　年功制や終身雇用制の限界　217
5　国際化と日本的経営　219
6　日本的経営とホワイトカラー　220

第XIII章　日本的経営制度の国際化………………………………………225
　　　　　──トヨタ自動車の事例を中心に──

1　日本の多国籍企業の海外進出　225
　　2　トヨタの国際化戦略　233
　　3　日本的経営制度のアメリカ化　242

第XIV章　不況下における日本的経営……………………………………265
　　　　──日本的経営の将来像──

　　1　経済企画庁の調査　265
　　2　設備投資と雇用の動向　267
　　3　在庫調整の動向　268
　　4　企業金融の自律化　270
　　5　企業行動の理念と意識　271
　　6　日本的経営の問題点　274
　　7　日本的経営の将来像　278

補論Ⅰ　企業別労働組合の構造と機能……………………………………281

補論Ⅱ　深刻化する雇用不安と日本型雇用慣行…………………………287

あとがき

　　　　　　　　　　　　　　　　　　　　　　　　装幀　道吉　剛

第 I 章

日本的経営論の方向性

1　日本的経営論の検討課題

　日本的経営論ないしは日本的経営が学会などで論じられるようになって，すでにかなりの歳月が経過した．この間，これらの問題にたいしては，さまざまなアプローチがあった．日本的経営論の方法論の問題であるが，典型的な認識方法を整理してみると，およそ次のように類型化することができるであろう．

　第一は，伝統的な日本の社会構造の特異性と日本人独自の意識（イエ，ムラ意識等）を基盤として，日本的企業社会の独自性を認識し，そこから日本的経営の諸問題を解明しようとする方法である．これは，社会学的ないしは文化論的方法といえるであろう．例えば集団主義的思考を中心におき，欧米の個人主義的思考との対比のなかで日本的経営の構造の特異性を規定しようとする場合である．もとより，このような方法も一定の説得性をもっている．

　第二は，日本資本主義体制のなかで，企業中心のきわめて閉鎖的に発展してきた労使関係と，それを基礎にした日本的雇用慣行を基礎として，終身雇用慣行とか年功制とかを中心にして分析する方法である．いわば比較労使関係論的な方法であるが，このような認識方法は，経営学の立場からは親近性をもつものといえる．

第三は，日本資本主義体制の特殊性，とりわけ封建的思想とのかかわりで，日本の経営システムの歴史的特異性を規定し，その観点から日本的経営を認識しようとする経営史的方法である．例えば，経営家族主義などを基礎とした経営システムの分析，さらにその後の展開などはその典型である．これもまた，経営学としては，きわめて親近性をもった認識方法である．

第四は，国際比較の視点から日本的経営の特異性を規定しようとする方法である．この場合は，管理システムの各国別比較・検討を通じて，それの日本的特質を規定しようとするものである．ここでは，基本的には経営史的視点が重視される．

このように日本的経営論にたいするアプローチには，さまざまな方法が求められるが，それぞれの方法論は異なっていたとしても，いずれも「日本的」なるものの要因と特質とを科学的に探ろうとする努力に通じていることは否定できない．ただしいずれの場合でも，単に「日本的」なるものの要因と特質とを，日本企業との行動とのかかわりで規定するだけでは十分ではない．日本的経営論をさらに発展したものとするためには，例えば藻利重隆教授の日本的経営論を検討することは，アメリカ経営学やドイツ経営学などと並立する日本経営学を確立することに課題がなくてはならない，とする指摘はきわめて重要な意義をもつといえよう．藻利教授は，次のように指摘されている．

「日本的経営論に関しましては，われわれは，これを大きく二つに分けて考えてみることができるのではないだろうかと思うのであります．その第一は，日本的経営に関する歴史的研究であります．それから第二は，日本的経営に関する理論的研究であります．日本的経営論と呼ばれるものは，したがって歴史的研究と理論的研究との二つに大別されうることとなるものと考えたいのであります．」[1]

さらに藻利教授は次のようにいわれる．

---

1) 藻利重隆稿「日本的経営と日本経営学」（日本経営学会50周年記念　記念講演『経営学論集47』に収録）

第Ⅰ章 日本的経営論の方向性

「"日本経営史としての日本的経営論"は，それが日本の経営に関して欧米の経営とは異なるその特殊性，個別性を殊更に強調し，そして，こうした特殊性，個別性の論述それ自体を，みずからの課題とするものであることは，極めて明瞭であると思われるのであります．ところがこれに対して，日本的経営論のうちで，理論的研究を志向するもの，すなわち"理論的研究としての日本的経営論"は，一体どのような特質をもつものなのであろうか．それは"日本の経営"に関する実証的研究にもとづいて，経営の日本的特殊性ではなくて，かえって広く経営そのものの一般性ないし普遍性を具体的に把握することを志向しているものであると考えるべきものではないであろうか．それは，普遍性をその特質とする"理論としての経営学"に関して具体性を与えていくことをその課題とするものであり，おのずからそれは，在来の一般経営学の理論に関して，それが過度の抽象性をもっているという欠陥を指摘し，これを解明して，自らの理論の拡充と，その具体的精錬化とを志向するものであることのうちにみずからの課題を見いだしているものではないかと思うのであります．」[1]

ここでの藻利教授の指摘は，社会科学として成立すべき日本経営学のあるべき姿を冷静に指摘している．それでは，日本的経営論の具体性のうえに構築されるべき日本経営学とは，どのような方向性をもつべきなのであろうか．

ここでは藻利教授は「日本の経営にのみ妥当する特殊理論として理解され，特殊経営学としての日本経営学」は明確に否定され，改めて次のようにいわれている．

「そこで，一般経営学に関して，ドイツ経営学派とアメリカ経営学派との両者を具体的に総合しうる理論をその内容としているような日本経営学派の確立を志向することのうちにこそ，まさに今日の"日本経営学"の課題が求められなければならないこととなるものとわれわれは考えるのであります．そしてそのような具体的な理論を可能にする思考方法はまさに具体的な思考方法であって，ドイツ的な経営学の思考方法，アメリカ的な経営学の思考方

法，そしてさらに日本経営史の発展，こうしたものによって媒介されることを必要とする．そこにわれわれは歴史性と社会性とを内包するような具体的経営理論を確立しうる研究方法，思考方法というものを把握することができるのではないか，そしてそれこそが一種の制度論的企業学の方法として理解されうるものなのではないかと，われわれは考えるのであります．」[1]

　日本的経営論ないしは日本的経営の研究が，激動する日本企業の行動様式や日本的経営システムの変化のみを追求するのではなく，究極的には抽象性を排除した理論体系をともなった一般理論としての日本経営学の理論体系の構築にこそ向けられるべきだとする藻利教授の指摘は，日本的経営論の研究の科学性を高めるためにも重要である．ただしそれが「一種の制度論的企業学の方法として理解されうるもの」であるか否かについては，慎重な検討が必要と思われる．

　このように藻利教授は，日本的経営の研究に際しての方法論には，基本的には歴史的研究と理論的研究とが存在していることを指摘されているのであるが，いうまでもなく前者は日本経営史の領域に属するものとして認識されてきている．従来の日本的経営論の研究方法としては，この歴史的方法が一般的であった．もとより，理論的研究の領域に属すべき業績も多く公表されているが，日本的経営の理論的研究を通じての日本経営学の確立のためには，まずアメリカ経営学やドイツ経営学への深い理解と鋭い批判が必要であろう．また，あまりにも哲学的な抽象性や各国の特異性を反映した個別性を排除した，具体的・一般的理論体系が確立されなくてはならない．そしてなによりも重要なことは，そのような理論体系が資本主義社会に成立している資本主義的経営としての企業の行動を，客観的・統一的に解明できるものでなくてはならないという点である．

　その意味からすれば，これまで日本で独自の体系をともなって発展してきている科学的経営学派（批判経営学）の理論体系こそが，日本経営学に最も相応しい地位を与えられるものと考えられる．しかし，日本的経営の歴史性や現代性を十分に把握して理論化し，それを日本経営学として体系化する努

力は，科学的経営学派の分野でも必ずしも十分とはいえないのである．

2 日本的経営論と歴史性

科学的経営学派の領域で，まず日本的経営論の歴史的特徴を明確にし，その全体像としての特質を解明しようとされた研究者のひとりに岩尾裕純教授がおられた．岩尾教授は，日本的経営論の理解方法について，つぎのように指摘されている．

「日本的経営なるものの成立は，日本資本主義発展のなかでの戦後の一局面の特質をになっているものである．だからそれは，部分的にあるいは要素的に多面的で精密な研究を必要とするとともに，また少なくとも日本の企業，経営に関係する重要な要素を総体として把握することが要求される．」[2]

日本経営学の確立という観点からすれば，岩尾教授の問題意識は藻利教授のそれと比較してやや明確さを欠く点もあるといわざるをえないが，一つの分析方法としては説得的であるといえる．そしてさらに日本的経営論が研究対象とすべき領域として，つぎの諸点を掲げている．

1 いわゆる企業集団とその機能
2 いわゆる日本株式会社あるいは株式会社日本
3 終身雇用制，年功序列制度，社内福利施設，企業別労働組合そして大企業社員の集団主義的行動
4 下請，系列の重層構造
5 稟議制，総務部の存在[3]

ここでの問題点の指摘は羅列的にすぎるが，日本的経営論の中心的課題の領域を示しているといってよい．さらに岩尾教授は，このような問題領域にたいするアプローチの方法として，つぎの4類型を規定している．

1 歴史学的アプローチ
2 企業論的アプローチ

---

2) 岩尾裕純著『天皇制と日本的経営』8ページ．
3) 岩尾裕純著『同書』9ページ．

3 経営論的アプローチ
4 社会学的アプローチ

そして科学的な日本的経営論の研究方法については，つぎのように指摘されている．

「以上のように4つの類型をとりだしてはみたものの，現実には，どのようなアプローチのばあいにも，他の方法の観点をあわせもったり，その成果を利用せざるをえない．そしていずれのばあいでも，比較経済史，比較経営学，比較社会学的手法が広範にとりいれられる．これは，当然のことであろう．」[4]

岩尾教授の認識方法は，歴史的アプローチを基礎とした統合的方法論とでもいうべきであり，ある意味ではきわめて当然のものである．もとより藻利教授の場合でも，歴史的研究と理論的研究とは，相互に密接に関連しあったものとして認識されており，その限りにおいては岩尾教授の認識方法と共通性をもつといえよう．しかし，それぞれの経営学に対する基本的な方法論では，異なった理論体系に依拠している点は忘れてはならない．

いずれにしても，日本的経営論の具体的内容を規定しているのは，いうまでもなく日本的経営のイデオロギーであり，経営システムである．例えば景気循環との対応で柔軟性を発揮する日本的生産方式，終身雇用慣行や年功制などに見られた日本的雇用慣行，ややもすれば，企業の管理システムと一体化し，労使協調主義を至上とする企業別労働組合，さらに大企業から下請企業まで巻き込んで展開されている小集団活動などがそれである．もとより，日本的経営のシステムは中小企業にも存在しているはずである．しかし，日本経済においてはたしている大企業と中小企業との役割の相違や資本蓄積能力の相違などをみても，日本的経営システムが最も有効に機能しているのは，日本を代表する大企業においてである．従って日本の大企業の経営行動のなかで，日本的経営システムをどのように位置づけ，どのように評価するかが，まず日本的経営論の課題の一つとなる．

---

4) 岩尾裕純著『前掲書』11ページ．

この場合，日本企業の経営理念や経営システムがどのような特質と構造をもち，それが激変する経営環境との対応でどのように変化しているかを評価することが重要である．もとより，この点については，これまで多くの業績が公表されてきている．しかし，日本的経営論の課題が，それにのみ求められてはならないことはいうまでもない．究極的には藻利教授が指摘されてきたような，日本経営学の確立を課題としなくてはならなかった．ここでは，当面これまでの日本的経営論や日本的経営システムの理解を整理しながら，その「日本的」である所以を検討しつつ，究極の課題に迫る努力の一環としたいと考えている．

　従ってまず，日本的経営の歴史的分析を中心として，その特質を明らかにする努力から始めたい．何故かといえば，そのような方法に依拠することが最も理解しやすいであろうし，また，日本経営学の体系化のための努力にも，十分に有効であると思われるからである．もとよりこの場合でも，藻利教授が「"特殊経営学"として提唱せられる日本経営学というものは，その主張者の意図するところのいかんにかかわらず，本質的には，"日本経営史"に属するものでしかありえない」[5]と指摘されたことの意味を十分に吟味しながら，問題を解明していく必要があることはいうまでもない．

5）　藻利重隆稿「日本的経営と日本経営学」．

第 II 章

日本的経営論の類型

1 アベグレンの日本的経営論

　第二次大戦以降，日本企業のマネジメント・システムはアメリカ経営学の成果に依拠しながら，急速に近代化されてきた．とくに，それまでの封建的な身分関係を基礎にした人事管理の側面では，そのような傾向が顕著であったといえる．しかし，戦後の一時期にみられた経営者の無気力化，労働組合運動の激化の過程で日本資本主義の矛盾はますます熾烈となり，アメリカ経営学の成果も十分な機能をはたしえなかったといえよう．こうした過程にあっては，むしろ「日本的特質」が強調される理念なり経営システムが期待されたのも当然であった．日本には，まだまだ本当の意味での民主主義が定着していなかったのである．したがって，戦中期の「工場委員会制」を，戦後の民主主義思想で装いを新たにした「労使協議制」あるいは「全員経営者論」などが，それなりの説得力をもったものとして一定の機能をはたした．

　朝鮮戦争のもたらした「特需景気」に再び甦った日本経済は，当時の西ドイツ経済の「奇跡の復興」にも劣らぬ早さで回復を遂げた．好況から不況へ，そして高度成長へと日本経済がダイナミックに変動するなかで，それまで見捨てられていた感があった日本企業の雇用慣行やマネジメント・システムが，改めて「日本的経営」として評価され始めるにいたる．ここでの再評価

は，これらのものの内部に温存されてきた「日本的特質」が，その対象であったことはいうまでもない．換言すれば，日本的経営は歴史的存在であるとともにきわめて現代的存在でもあったのである．文献的にみれば，その口火を切ったのはアベグレン著・占部監訳『日本の経営』(Abegglen, J. C. "The Japanese Factory‐Aspects its Social Organization 1958") であった．

ここでアベグレンは，日本の代表的な工場を調査し，アメリカと日本との経営システムを比較，検討しながら，日本企業で特徴的に展開されているいくつかの経営システムの機能を分析している．たとえば「終身雇用的関係」である．この点については，次のようにいう．

「日本の工場の社会的組織を全体的に見てみると，雇主は従業員を解雇したり，一時解雇したりしようとしないし，また従業員は会社の雇用をやめようとしないのである．この雇用主と従業員との間の終身的関係は，欧米と日本の雇用関係における重要な相違の結果であり，またその相違が一つの顕著な例である．」[1]

ここでアベグレンが指摘した「終身関係」(a lifetime commitment) が，後に「終身雇用」と訳されて，日本的経営の特徴的な雇用慣行とされたのは周知の通りである．そして更にアベグレンは，「日本の組織の一般的特徴」として，次の諸点を指摘している．

「①日本の生産集団における構成員は，永続的・終身的な構成員である．
②生産集団への採用は，特殊な職務や特殊な技能に関係することなく，個人的な特質にもとづいて行なわれる．
③生産集団内での身分は，その集団にはいったとき，広義の社会で占めていた身分の持続であり，その延長である．工員と職員とに従業員を大きく分ける二分制の結果，工場制度の中での個人の移動は，採用のときに，教育程度によって属する資格を得た一般的な階層範囲に，主として限られている．
④生産集団における報酬は，その一部分だけが貨幣形態をとっているのであ

---

1) アベグレン著・占部監訳『日本の経営』21ページ．

り，そして生産基準というよりは，むしろ広義の社会的基準にもとづいている．賃金は，根本的に年齢や教育，勤続年数，家族の規模に基礎をおいており，職務給や能力は，労働報酬を決定する基準としては，ほんのわずかな部分しか占めていない．
⑤工場の公式組織は，広範囲にわたる．そして，かなり数の多い公式的職位を持っているという意味で精巧に出来ている．その階層組織における公式の階層と肩書きは，巧みに定められている．しかし，各階層の権限と責任はそうではない．一部には，その結果として，意志決定の機能は人々の集団で行なわれるが，その決定にたいする責任は個人に対して割り当てられていない．
⑥会社が従業員の経営外の諸活動にまで入りこんでいることや，会社が従業員にたいしてになっている責任は，広範囲なものである．経営者は労務者の個人的財政，その子弟の教育や宗教活動，労務者の妻の訓練といったような，種々の個人的問題にもかかわりあっている．」[2]

アベグレンのこのような指摘は，日本の工場での実態調査にもとづくものであり，外国人の目からみた日本の雇用慣行の特質，またそれにもとづく日本的経営システムの特徴を描きだしている．このようなアベグレンの指摘のもつ意義について，監訳者としての占部都美教授は，次のように解説している．

「わが国の経営制度は，近代的な生産技術と，封建的な社会制度を一体化したユニークな混成物であり，それは欧米の経営制度とは異なる第三の経営制度をなすものとして著者（アベグレン）には受け取られ，それがむしろ是認されている．しかし，われわれの立場からは，そこには，今後考えなくてはならない二つの問題があるように思われる．第一はわが国に戦後生じている政治，社会制度における新しい変化は，わが国の従来までの経営制度にたいして，いろいろな形での歪みを生ぜしめていることである．第二は，わが国の企業は輸出への依存度がきわめて高く，世界経済から孤立することは絶

---

2) アベグレン著・占部監訳『前掲書』178～179ページ．

対に許されない．欧米の輸出国との国際競争力を争うためには，従来までの経営制度をそのまま温存して，その上に安易にしていることも許されない．ところが，他方においてアメリカ式の生産方式や経営管理の方法や技術を断片的に導入するだけで，この問題が解決されるものでもない．このような，生産や管理の方式や技術の多くは，わが国の企業経営の経営制度にひそむ壁にぶつかって自滅しているからである．」3)

この場合の「壁」とはなにか．さらに，占部教授は次のようにいう．

「"壁"は，いったい何かということについては，だれしもうすうす感じている．わが国の企業の市場が狭いこと，輸出への依存度が高いこと，あるいは人口の過剰などの要因は，わが国の企業の生産性を抑圧する必然性を持っている．しかし，より根本的には，わが国の企業の求人・採用の制度，給与制度，管理組織，昇格制度など，経営制度の全体を通じて流れている経営の社会的組織ないしはそれを規定する広義の社会制度に，大きな壁が横たわっているのである．」3)

アベグレンのこの文献は，外国人の目から見た日本的経営の存在を指摘し，その企業中心主義的機能を注目させた最初のものといえる．もとよりそこで指摘されている日本的経営には，日本人の研究者である占部教授の指摘にもみられるような限界があることも否定できない．そして，その独自性があまりにも強烈に作用することが，かえって経営管理の近代化を阻止する「壁」＝障害になっていることも明らかである．しかし，それがアメリカ的な近代化ではないにせよ，日本的な近代化の実情であり，むしろその「壁」が，生産性を高揚するものとして作用してきたことも明らかである．

2 間　宏教授の日本的経営論

1970年代になると，日本的経営に関する研究も進展しはじめるが，ここでは日本的経営の問題を「経営社会論」，「経営文化論」的立場から体系的に取り上げ，解明したものとして間　宏教授の『日本的経営―集団主義の功罪』

---

3) アベグレン著・占部監訳『前掲書』200ページ．

(1971年)を検討してみる.間教授は,そのサブタイトルにも見られるように,西欧的な「個人主義」に対応したものとしての,日本的な「集団主義」を分析視角の中心において,まず次のように指摘する.

「集団主義とは,個人と集団との関係で,集団の利害を個人のそれに優先させる集団中心（集団優先）の考え方である.あるいはそれに,道徳的意味が加わって,そうするのが"望ましい"とか"善いことだ"とする考え方である.」[4]

もとより集団主義とはいっても,経営組織の構成員の個性的側面,能力的側面の総てを集団のなかに埋没させてしまうということではない.日本的な集団主義にも,厳しい経営規律が貫かれているのは当然であって,その貫徹の形態が西欧的な責任体制の在り方と異なっているのである.この点については,間教授も次のように指摘している.

「集団主義だからといって,個の主張,いいかえれば自己実現の考え方がないわけではない.ただそれが個人主義のように,どこまでも個人の努力と責任によって実現されるものだとは考えられず,集団を通じて実現されるものと見なされる.それゆえ集団もまた,その構成員の自己実現に大きな責任を負うことにもなるのだ."生きがい"という個人の自己実現に関係の深い問題が,日本の企業では労務管理の面で取り上げられるのは,まさにこの点にかかっている.」[5]

いうまでもなく,集団主義により編成されている経営組織の実体をなしている日本企業は,高度に発達した資本主義社会に存立している営利企業であり,基本的には営利原則によって行動することしか許されていない組織体である.従って集団の維持・発展も営利原則の実現という限度のなかでしか許されていない.このような観点から間教授は,日本企業の特質の一つとして,「集団の持続」と「営利の追求」という二重構造的な経営組織の機能を規定して,つぎのようにいう.

---

4) 間　宏著『日本的経営―集団主義の功罪』16ページ.
5) 間著『同書』16〜17ページ.

「この二つは，いつも対立してお互いの目的達成を妨げているというのではなく，補い合ってその効果を高めることもありうる．事実，日本の企業では，その相互補完的効果がかなり大きく，ここに日本人の集団主義に基礎をおく企業（集団主義経営）の成長の秘密があったのだ」[6]

このように基本的には矛盾した側面をもっている組織原則は，日本企業の内部では奇妙に融合したものとして機能している．このことは日本的経営の矛盾した論理体系を示すとともに，日本的な緩やかな職務構造や，そこでの人間行動の「あいまい」さを示すものでもあった．間教授は，それを「おみこし」経営と認識して，次のようにいっている．

「メンバー一人一人が自立しており，それぞれが自分の進むべき方向を見極めて行動しているのでなく，ちょうど"おみこし"をかついでいるように，たがいに寄り掛かりもたれ合って組織を支えている．そして，組織全体の動きは，メンバー各人の動機によってよりも，周囲のムードによって活発になったり，不活発になったりする．」[7]

換言すれば集団主義の核心は，「和の精神」にこそ求められるのであった．このような「和の精神」は，社員の採用の段階から始まり，作業の遂行にまで貫かれている．その具体的事例として，間教授は次のような点を挙げている．

1 従業員の採用に際して「人格」や「思想」，「家庭環境」が重視される．
2 職場内での行動では，他人のモラールを低下させる行動が厳しい制約を受ける．
3 職場内での差別や競争を抑えて，そこから生じる対立・緊張を緩和する．
4 精神主義が強調され，例えば会社の創立記念日，正月の祝賀式，毎日の朝礼などで「精神訓話」が行なわれる．
5 リーダーシップとの関連では，まとめ役としての「長」の役割が，大

---

6) 間著『前掲書』20ページ．
7) 間著『同書』23ページ．

きく評価される[8]．

 ただし，このような特徴を認識する場合でも，次のような限界があることにも注意しておかなくてはならない．

 「和が重視されるのは，実はウチの集団の中の人間関係についてであって，ソトの集団の人との関係についてではない．後者の場合は鋭い対立意識や敵対感というにふさわしいものがもたれるが，これは欧米社会での競争意識とは異なるものである．」[9]

 このように，日本的経営における集団主義思考は，企業中心主義の「企業戦士」を作り出し，企業の繁栄とともに危機における企業防衛にも生きがいを感じる「会社人間」を生み出す要因にほかならないことを間教授は指摘しているのである．

3　占部都美教授の日本的経営論

 1970年代になると，日本的経営「論」の内容も豊かになり，研究の蓄積も豊富になってくる．例えば経営社会学的なアプローチからの「共同生活体論」（津田教授）や，日本人特有の「心理特性」から把握しようとする論理（岩田教授）などである．また日本的経営論についての方法論も豊かになり，日本に独自の文化に依拠するものとか，その普遍性と特殊性についての論争などが行なわれてきた．この間の論争を手際よく紹介している文献としては，岩田龍子著『「日本的経営」論争』（1984　日本経済新聞社）がある．ここで岩田教授は「日本的経営論争」の主要な点を，次の3点にまとめている．

 ①特殊性・普遍性論争

 「特殊性・普遍性論争は，現実には3つの次元の異なる問題，すなわち"日本特殊論"攻撃・日本的経営の独自性否定・普遍的な分析枠組みの必要性をめぐって行なわれたのである．」

 ②文化論的アプローチ批判の検討

---

8)　間著『前掲書』25～29ページ．
9)　間著『同書』30ページ．

「日本的経営論が,社会的・文化的側面に偏りすぎている点をいちはやく指摘して批判を展開した人びとの中に,占部都美氏がいる．～この文化論的アプローチは,一方で,普遍的な理論枠組みの欠如の問題とかかわっており,日本的経営論における特殊論を生み出す原因と考えられていた．他方それは,日本的経営の海外適用可能性についての論争と密接なかかわりをもっている．」

③その他の批判

「その他の批判点としては,日本的経営論の実証的基礎に対する懸念,および学問的にはそれほど意味はないが,ひとときジャーナリズムを賑わせた,日本礼賛論批判がある．前者は文化論的アプローチ批判とかかわっており,また,日本的経営の独自性否定論ともつながりをもっている．この後者はまた,日本特殊論批判とも密接なかかわりをもつものであった．」[10]

たしかに日本的経営論は,日本の社会構造や雇用構造の特殊性(＝閉鎖性)に起因する所が大きいが,それがあまりにも社会学的,文化論的にとりあげられても,経営学としては重要な視点を見失うことになる．その意味では占部教授が,「日本的経営の論者は,ともすれば,日本的経営の伝統的な側面を強調するあまりに,日本的経営が,知識や技術の進歩に適応して,つねに前進し,環境の変化に適応するために,つねに革新をとげてきたその適応的な側面を,まったく注目しない欠陥をもっている」[11]と指摘しているのは正しい．このような批判のうえでさらに占部教授は,経営学にとつての日本的経営論の課題をつぎのようにいう．

「日本に固有であってしかも海外に移植できる適応性をもった日本的経営の特質を探し求めなくてはならない．戦前の日本にはたしかに通用し,戦後の日本に多少その残滓を残しているが,未来の日本には通用しない要因に日本的経営の特質を求めるのではなくて,未来の日本の社会,未来の日本人にも通用し,また欧米人にも通用する日本的経営の魅力を求めていくのが,わ

---

10) 岩田龍子著『「日本的経営」論争』30〜32ページ．
11) 占部都美著『日本的経営を考える』13ページ．

れわれの課題でなければならないように思われる.」[12]

　さらにここで占部教授は，このような問題意識のもとで終身雇用制や年功賃金制，企業別労働組合の問題などを論じているが，これらの経営システムを含めた全体的な日本的経営がそのままの形態で海外移転できないことは，その後の事実でしめされている．同時にそのことは，占部教授が指摘しているような日本的経営の次のような限界があるからでもあった．いささか長文であるが引用してみる．

　日本的経営では，終身雇用を前提としているために，各自の貢献を長期的に評価し，誘因と貢献にたいして長期的なバランスをとることを特徴としている．

　年功昇進制や年功賃金制は，そのような基盤のうえにきずかれたものである．

　しかし，誘因と貢献の長期的なバランスをとることを特色とする日本的経営は，つぎのような欠陥をつねに内包していることに注意しなくてはならない．

　1　企業の成長法則の引き過ぎ

　　誘因と貢献の長期的なバランスを確保するために，日本的経営にはつねに強い成長法則が働く．企業の成長によって，賃金給料や地位などの誘因の原資が増えるからである．そして，日本の企業の借入金過多の現象にみられるように，成長の行き過ぎを生じ，経営破綻を引き起こす事態をしばしば生じてくる．

　2　組織スラック

　　日本的経営を特徴づける年功賃金制にしても，労働生涯を通じて長期的に誘因と貢献のバランスをとる仕組みであるから，誘因と貢献の対応の関係が直接的でなく，間接的であり，そこにゆるみやロスを生ずることになりやすい．それが組織のスラックである．組織スラックとは，各人の貢献を引き出すのに必要以上に，誘因の過剰払いを生ずることをさし

---

12)　占部著『前掲書』17ページ．

ている．年功賃金制の下に，賃金スラックを生じ，年功昇進制の下に，地位スラックを生じている．これらの組織スラックが日本的経営の収益性を低下させ，多くの会社を赤字会社に追い込んでいるのである[13]．

現在，進行している不況の過程では，占部教授が指摘しているような日本的経営の欠陥の克服の可能性が，改めて問われているといえる．

4 オオウチの日本的経営論

日本的経営論の日本的である所以を解明する努力はともかくとして，不況期におけるそれの強さ，経営環境に対応する組織の柔軟性などについて，海外の研究者が，それなりの分析をはじめたのも70年代の一つの特徴であった．オオウチの『セオリーZ』は，学問的評価はともかくとしても，このような意図をもったものである．ここでオオウチは，日米の企業組織を比較，検討したうえで「終身雇用，業績評価，昇進コース（キャリア・パス）は，日本の従業員を勇気づけてきわめてレベルの高い生産性を達成させている労働条件のごく一部にすぎない．これらにおとらず重要なのは，各組織の経営管理機能——意志決定の態度や価値観にいたるさまざまな機能——により，効率のすぐれた事業の基盤がつくりだされていることだ」[14]と指摘する．ここで彼が主張しているZタイプの組織とは，どのようなものであろうか．まずオオウチは，次のようにいう．

「ヒエラルキー…あるいは官僚主義といってもよいが…とZタイプとの違いは，Zタイプの組織がその内的文化において高度の一貫性を達成している点にある．Z組織は経済活動に従事してはいるが，さまざまなきずなによって結びついている人と人との親密な関係の集合であるという点で，"仲間組織"（クラン）と呼ぶのが最も適切である．」[14]

それでは，このような観点からするとアメリカの企業組織の特質は，どの

---

13) 占部著『前掲書』117～178ページ．
14) オオウチ著，徳山監訳『セオリーZ——日本に学び，日本を超える』(Oouchi, W. G. "Theory Z") 119ページ．

ように指摘できるのであろうか．さらにオオウチは，つぎのように指摘している．

「社会的組織体は，形式主義，意志の隔たり，契約主義とは相容れない．社会的組織体は，"親密さ"，"ゆきとどいた気配り"および"信頼"があってはじめて円滑に機能するものである．しかしこれらの3条件は，長期にわたって文化的な同質化がおこなわれて——この間に，人はお互いに親しくなり，かつ共通の価値と信念を信奉するようになる——はじめて形成される．アメリカのように若くて，異質のものを含む国では，このようなレベルの文化的な合意までにはまだ距離がある．」[15]

ここでは，社会学的な視点からの分析が述べられているが，組織の実態が人間の行動様式にあるとすれば，この分析も意義がある．このような分析は，間氏などの「集団主義」的思考と通じるものがあるが，日本的経営をJapanese Management Systemと認識すれば，このような分析だけでは不十分であろう．だが，オオウチがここで重視しているのは，日本的経営の海外移転の可能性である．この問題は，日本的経営が国際的にも評価に耐えうるものとして認識されるか否かの問題でもある．そしてオオウチは，企業内部に同質の文化が展開されているアジア諸国に対しては，日本的経営の移転の可能性が高いといえるが，異文化を基礎にしている欧米企業に対しては，移転の困難さがあるという．その結論は誤りとはいえないが，日本企業のグローバル化を推進していくためには，欧米の諸企業にたいしても「適応」できる形態での日本的経営が確立されなくてはならない．

このように，日本的経営へのアプローチには，いろいろな方法があった．しかし藻利教授の指摘にもあったように，その特質を把握するためには経営史的理解が最も一般的であろう．社会学的方法にせよ，文化論的方法にせよ，基本的には日本の企業社会の歴史的特異性の把握なしには，説得力をもたないからである．この場合，日本資本主義の発展過程で意識的に残存されてき

---

15) オオウチ著『前掲書』133～134ページ．

た絶対君主制と，企業文化の閉鎖性とを認識しておかないと，日本的経営の理念である集団主義も正しく位置づけられない．この点は，岩尾教授が『天皇制と日本的経営』の中で，厳しく指摘している通りである．日本的な「滅私奉公」を基本とする経営理念は，忠君愛国的国家観の裏付けなしにはありえなかった．しかもこの点だけは，戦後の民主化の過程のなかでも完全に消滅せず，近代的な装いを保ちつつも日本人を支える精神的支柱として，今なお色濃く残されてきているのである．

第 III 章

日本的労資協調制度の古典的形態
——三井の共愛組合制度——

1 日本資本主義と石炭産業

1-1 苦汗労働としての鉱業労働

　戦後の労働運動史上，忘れることのできないものに「三池争議」がある．この解雇問題についての「判決」が下されたが，当時，三池鉱業所人事部長であり，三井鉱山常務であった渡辺憲三氏は，これをめぐって次のような感想を述べた．

　「三池争議のあと，当社（三井鉱山のこと——松本）には良好な労使関係が形成されつつある．かつて苦しい経験から生まれた信頼と相互理解に基づく労使関係，人間尊重を基本とした職場の人間関係，経営者の指導精神の高揚——この三つが当社の今日を支えている．その意味では，三池争議は『生みの苦しみ』だった，と言えないこともない．70年代の幕明けとともにますます国際化がすすむ今後，相互の理解と信頼にもとづく健全な労使関係をいっそう強固なものにしていく必要を痛感している．」[1]

　もとより，三池の大争議は，偶然に発生したものではない．それまで抑圧されつづけてきた労働者階級の自覚と団結とが，「英雄なき闘い」を支えた要因であり，それは起こるべくして起こったのである．ここでは，その要因

---

1) 「日経連タイムス」第 1108 号．

の一端を明らかにするために，三井鉱山三池鉱業所を中心にした三井の労務管理の，日本的な特徴を探ることにしたい．

1-2 苦汗労働の歴史的意義

かつて，わが国の独占資本主義のなかで，華やかな栄光の座を担っていた石炭産業は，エネルギー源の転換のためもあって，今日では，みる影もない程にまで零落している．三井・三菱・住友などの巨大財閥，あるいはその他の新興財閥のなかでも，石炭産業部門はかかすことのできない存在であった．ここで，1つのケースとして取り上げようとする三井鉱山の場合も，その例外ではない．かつての三井鉱山は，三井財閥の内部のみならず，わが国の独占資本主義のなかでも，きわめて巨大な支配力と地位とをもっていた．ワインツワイグは，それを次のようにいっている．

「重工業における三井コンツェルンの統制は，三井鉱山を通じて行われている．その手中には，採取工業や，直接三井合名と結びついた一連の化学工業が統制されている．」[2]

「三井は，大日本炭鉱，基隆炭鉱，松島炭鉱，太平洋炭鉱等を通じて石炭界を統制している．これらの諸会社は，三井の基本的会社，三井鉱山を通じて財閥と結びついている．三井コンツェルンは日本の石炭全産出額の30％を支配している．コンツェルンの日本石炭市場における役割は，石炭カルテルを指導しているため，著しく高く，それは日本市場における95％を実現している．それに加えて，日本における石炭輸入（三井物産を通じてではあるが）の独占者でもある．三井はまた満州の撫順炭鉱や台湾の諸炭鉱にも相当の勢力を持っている．」[3]

三菱鉱業とともに，日本を代表し，三井財閥のドル箱的役割をはたしてきた三井鉱山も，国のエネルギー政策の転換によって，いまでは膨大な借入金と，巨額な累積赤字に苦しんでいる．だが，われわれは，かつての三井鉱山の繁栄の陰に，あの「英雄なき闘い」といわれた三池争議や，大爆発に象徴

---

2)・3) ワインツワイグ著，永住訳『日本コンツェルン発展史』100～101ページ．

第Ⅲ章　日本的労資協調制度の古典的形態　　　　23

される数多くの労働者の，血と汗にまみれた，はかりしれない犠牲があったことを忘れてはならない．

周知の通り，三井家が財閥という形で近代化の道を歩みはじめたのは1876年（明治9年）に三井銀行が創立されて以後のことである．このときの「三井銀行創立之大意」には，三井財閥における労務政策の基本的視点が，次のように述べられていた．

「……今三井組ノ名ヲ廃シ其業ヲ継キ更ニ私立三井銀行ト称シ，家長雇人ノ義ヲ断チ，改メテ共ニ社友トナリ，同心戮力シテ以テ各自ニ益利ヲ分チ，永ク其悦ヲ共ニセント欲ス．」[4]

つまり，封建的身分関係から近代的な「社友」関係の確立を，労務政策の基本におこうというのである．この理念は，装いとしては近代的であるが，実態は，けっしてそうではなかった．それは，財閥の支配の中核たる本社の構造からも明らかである．

ハンブルクの財閥ワルツブルグ家の管理会社や，その他欧米の財閥の持株会社を参考にして組織された三井合名会社（本社）の構成と機能は，次の通りであった．

「合名の定款に『有価証券及び不動産の取得利用及び農村事業製茶業』とあった如く，三井合名は持株会社として林業，工業，金融業のあらゆる方面の事業を支配すると同時に，財産管理に任ずるものであって，傘下事業に対する指揮命令はもちろん，資本の投下および運営，三井一族に対する生活上の監督その他社会的接触面など一切の活動は合名を枢軸として運営されていた．」[5]

また出資社員については，次のように指摘されている．

「三井合名の出資者は6本家，5連家でその出資額は次の如くであった．

表における総領家，本家，連家などの家格は三井家の始祖高利の実子15人の長幼の序に従って，総領家の主人，つまり高利の長子高平の直系子孫が一

---
4)　『三井銀行80年史』83ページ．
5)・6)　持株会社整理委員会編『日本財閥とその解体』（1）10～11ページ．

三井八郎右ェ門	69,000千円	総領家
三井元之助	34,500	本　家
三井源右ェ門	34,500	本　家
三井高精	34,500	本　家
三井寿太郎	34,500	本　家
三井高修	34,500	本　家
三井高達	11,700	連　家
三井守之助	11,700	連　家
三井高孟	11,700	連　家
三井弁蔵	11,700	連　家
三井高光	11,700	連　家
合　計	300,000千円	

出所:『日本財閥とその解体』(1) 11ページ.

門の長上となり,以下高富,高治,高伴,高久,高春というように高平の弟達の年齢順により家格が定められて,それはすでに10余代を経た今日に至るまで変わっていなかった.」[6]

　そして重要なことは,三井財閥における労務問題の処理が,三池鉱業所などに典型的にみられたように,一方では国家の手厚い保護に擁られながら,他方では,労働者同士を敵対させ,その団結の力を内部から分解させ,弱体化させる形態をとりつづけてきたことである.

　石炭産業における労務管理の中心課題は,低賃銀労働力の安定した確保と,定着化および階級意識の自覚の防止とにあった.とりわけ,炭鉱労働自体は「ひとをして最後にえらばしむる地底の苦役作業であって,『職業』の範疇外にあり,日雇的な重筋・不熟練労働を主たる内容」[7]とする特徴をもっていた.したがって,石炭産業では,飯場制度とか納屋制度などが,早くから導入されていた.こうした飯場制度や納屋制度が,1900年頃(明治33年頃)から漸次廃止され,労務管理も近代化されたのである.このように労務管理が近代化された要因としては,(1)生産設備の機械化,(2)経営機構の近代

---

7)　労務管理史料編纂会編『日本労務管理年誌』第1編　上巻　46ページ.
8)　詳しくは,労務管理史料編纂会編『同書』66～67ページ.

化,(3)技術専門家の輩出,(4)近代的労働者の発生,(5)家族もち鉱夫の増大,(6)高島炭坑事件の衝撃などが挙げられている[8].石炭産業での労務管理としては,三井の場合が大変優れていた.

ここでは,三井の労務政策の中心となった「共愛組合」制度の問題を中心に,日本的労務管理の原点ともいうべき「労資協調」が,いかにして創り出され,どのような機能をはたしたかを明らかにしたい.

2 鉱業労働とその特徴

2-1 「囚人労働者」の酷使

三池鉱業所の労務史を検討する場合,それが,かつて官営(国営)であったということは,きわめて大きな意味をもった.なかでも重要なのは,官営時代の「囚人労働者」であった.低賃銀労働力の源泉として,それが次第に比重を高めていったことは,次の表からも明らかなところである(表Ⅲ-1参照).

表 Ⅲ-1 官営時代の労働力構成

年度	囚人数	良民数	合計
明治9	158	858	1,016
13	約650	約1,350	1,998
17	約1,230	約1,110	2,840
19	1,437	1,280	2,717
21	2,144	959	3,103

出所:三池炭鉱労働組合編『みいけ20年』7ページ

国家が「囚人労働者」に依拠したのは,その低賃銀もさることながら,鉱業労働の特殊性によることが多い.それは,次のようにいわれている.

「いわゆる『狐掘』時代であった(明治)10年代前半の筑豊炭坑では,『雨降ったらつかえてしまう.雨中は鉱夫は皆休業,晴れると水の汲み出しは無償で加勢する』(白石喜助談『思い出話』)といった状況であったが,20年代の坑夫の作業状況は『筑豊炭鉱誌』に次のように記されている.

『彼等の労働は地下幾百尺の底に於て,一点のカンテラを力とし,暗黒界裡に労働す.其の普通労働者を以て律す可からざるは勿論なり.幸にし

て炭層厚く坑道の天井六尺以上に達すれば歩行に妨げなしといえども，其の炭層薄くして天井の高さ四尺以下に及ぶものは匍匐して切葉に近づき坐して炭塊を採掘し，甚しきは匍匐のまま鶴嘴を振って採炭すること稀ならず．先山既にかくの如し．常に坑内を往復する後向（後山）に於ては労働の更に甚しきものあり．彼等は十二尺の杖を両手にし四ツ匐いとなって炭籠を曳き喘々として之を運炭坑道に致し始めて炭函に移すなり．而して其の坑道の天井稍高きものといえども後向の習慣として肩を以て炭籠を担はず．荷棒を背後に横へ双手短杖を携うるを例とせり．若し夫れ始めて坑内に入れば襤褸僅に身を掩い（甚しきは裸体となる）全身ガスに燻ほりて真っ黒なるものヒョコヒョコとして飛び来る状殆ど人間業とは受け取られず』と．」[9]

　こうした厳しい情況のなかで，低賃銀労働力を確保しつづけることは，国家にとっても，また資本家階級にとっても，きわめて深刻な問題であった．国家が，過酷な労働に「囚人労働者」を利用したのは，何も炭鉱のみに限らない．北海道の開拓などの例にも，数多くみられたところであった．

　2-2　「囚人労働者」と，いわゆる「良民労働者」

　「囚人労働者」が，いかに非人道的な，すさまじい労働条件のもとで，あたかも牛馬の如く酷使されたかは，当時の福岡日日新聞の次のような記事にも，うかがうことができる．

　「三池監獄は，監舎の構造甚だ悪しく，空気の流通宜しからず，食物も土地の不便なるが為めに甚だ粗悪なり．加之ならず囚徒は夜業と昼業とを問わず，各12時間ヅツ労役に服するを以て，身体疲労を極めて殆ど人色なし．経済上よりいうも其工賃の高きと費用の多きとを差引き，正に八百円を利益するあり．囚徒も初めは長刑期のもの及び再犯以上の者等を選び，派遣せしを，其の人員の減少し鉱山局と約束の人員に不足する為か，短刑期のものまでも追々送る事となり，大いに費用を増加せり．囚徒が健康を害し無惨なる証拠には，去る（明治）18年中に百人中四人八分．19年には百人中四人四分の

9）　労務管理史料編纂会編『前掲書』　46～47ページ．

死亡者あり——三池は他監獄に比し死亡者の数，数倍に及べり——他にある囚人は，只だ三池に遣るというさえ恐怖の念を起すと聞けり．」[10]

　利潤追求のためには手段をえらばない資本家階級が，彼等にとって，このうえもない絶好な条件である低賃銀労働，とりわけ国家権力の監視下にある「囚人労働者」を見逃すわけはなかった．むしろ，三井資本は，その存在と酷使とを，当然の前提として経営に当たっていたのである．

　それは，次のような指摘にも見出すことができる．

　「三池が三井の経営に移った後も坑夫に囚徒を使うことは依然として行われた．然るに内務省に監獄局が新設せられ，監獄改良の説が行わるるに従って，囚徒の坑内就労は人道に反すとの議論が喧しくなった．三池炭鉱としては，俄に囚徒の坑内作業を廃せられては，頓に坑夫の募集に困難ををきたし，賃錢も高くなり，若しくは多額の募集費を要する．且つ，三井が払下げを受くるに当っては，囚徒を使用することを計算に入れたのであった為，議論の喧しくなるに従い，君（團琢磨のこと）は，内務省と集治監の折衝に頗る苦心を重ねた．」[11]

　そして，この「囚人労働者」は，1930年（昭和5年）まで，相対的に数を減少させつつも続行されていくのであるが，とりわけ労務管理という観点からすると，それは，次のような意義をもっていた．その1つは，国家の保障のもとに確保されつづけた低賃銀労働力の存在と，その公然たる酷使であり，他の1つは，いわゆる「良民労働者」と呼ばれた一般の労働者が，「囚人労働者」とともに就労することにより，彼等を軽蔑し，自らの労働に誇りをいだくという，相互不信を前提とした労働形態が定着化したことであった．こうして，資本家は，労働者を相互に分断しながら，帰属意識をたかめ，労資協調を創り出すことができたのである．

　10）　三池炭鉱労働組合編『みいけ20年』8〜9ページ．なお「囚人労働者」については次を参照のこと．田中直樹著『近代日本炭礦労働史研究』240ページ以下．
　11）　『男爵團琢磨伝』上巻 239ページ．

3 炭鉱労働者の状態

3-1 炭鉱労働と労働災害

　明治年間の労働者階級の実態を知る資料は多いが，なかでも『職工事情』は著名である．農商務省の調査によるこの資料は，時の施政者の行った調査にもかかわらず，あたかも虫ケラのように扱われた労働者達の姿が，克明に描き出されている．ここでは，炭鉱労働者については紹介されていないが，彼等とてもけっしてその例外ではなかった．日本の資本主義が急速に独占資本主義段階に突入し，重化学工業や軍需産業が国家の手厚い保護のもとに順調な発展を示すに従い，エネルギー源を担当する石炭産業も，急速に成長した．この場合，次のような指摘に注意しておかねばならない．

　「就業者に就て鉱種別，業別，性別に観察するに，金属山に於ては坑内に労働せるものは総数の四割にして内婦女子の数甚だ少なし．地表に労働せるものの内にも亦婦女子多からず．金属山は概して男子により事業経営さるるが如く，金属山労働者総数中婦女子は僅かに六分の一を占むるに止まれり．石炭山は大に趣を異にし，坑内に労働せるものは総数の六割にして坑内に婦女子の働けるもの多く坑内人員数の約三分の一を占め居れり．石炭山労働者を業別，性別に見るに坑内婦女子労働者の婦女子労働者総数に対する割合は，坑内男子労働者の男子労働者総数に対する割合に比し遥に多きは特に注目すべき点なりとす．石炭山に於ては坑内地表を通じ婦女子多く総労働者の四分の一を占め居れり．」[12]

　このように，低賃銀労働部分に対する依存度の高かった炭鉱労働者の労働条件が，他の産業の労働者にくらべても，数段劣悪であったことがわかる．とりわけそれは，死亡率の高さに現わされた．この死亡率に象徴される労働災害についての，次のような指摘には注意しておかねばならない．

　「石炭山に於ては一ヶ年間に就業者各性1000人中死亡者は男鉱夫17人弱，女鉱夫24人強なり．金属山に比して割合甚だ高く男鉱夫は60人に対し1人，女鉱夫は40人に対し1人の死亡者を発生し居れるなり．又女鉱夫の死亡率は

---

12)　石原修著『鉱夫ノ衛生状態調査』より．原文は片仮名．

男鉱夫に比し5割高きは罹病率女鉱夫に高きと全然一致し居れり．年齢に就て観るに20歳以上は男鉱夫，女鉱夫ともに著しく死亡率高し．地方としては北海道，岩城，筑豊地方ことに多し．筑豊の地方は女鉱夫の死亡率，男鉱夫の其れに比し著しく高きは該地方は女鉱夫を坑内に多数に使用せるは其の一因たるべし．」[13)]

炭鉱における女子労働者の労働は，男子労働者のそれと同様，あるいは，それ以上に厳しかったことは，次の指摘からも明らかになる．

「石炭を直接掘ってゆく坑夫のことを先山というが，その先山が掘りだした石炭を炭函まで運ぶものがいなくてはならない．その人を通常『後山』(後向)とも呼んでいるが，これをするものは，大抵女とされており，このひと
・ ・
さき(ひと組)は夫婦とか親子，あるいはきょうだいであるのがほとんどである．それだけ気心が知れており，つまり一心同体でなければつとまらないくらい，厳しい労働であるということだ．」[14)]

3-2 「人災」としての炭鉱労働災害

だが同時に，次のような指摘も忘れてはならない．

「鉱業技術者の理想とすべき真髄は，これを次の数言にして言い現わすを得べし．曰く．

最も低廉なる経費をもって有用鉱物の最多量を，最高価格を保有する状態において掘採し，併せてその就業者の最大安全と幸福とを期す．

然り，而して，これを本邦石炭鉱業の現状に徴するに，経費の低廉という点においては，多少の努力を認むといえども，鉱床に埋蔵せらるる可採炭層に対し，いわゆるその遺利を最低限度に止むる事において，あるいは，就業者の安全と幸福とを期するの点につきては，遺憾ながら世界に誇称すべき何物をも見出す能わざるのみならず，却て慙愧の感を禁ずる能わざるもの多し．」[15)]

---

13) 石原著『前掲書』
14) 織井青吾著『流民の果て―三菱方城炭坑』88ページ．
15) 井上健六稿「我国に於ける石炭坑の爆発に就いて」(京大水曜会編『炭鉱爆発誌』)118～119ページ．一部読みやすいようにしてある．

ここでの指摘にも明らかなように，国際的にもきわめて高率な死亡率を示していたわが国の労働災害は，「本邦鉱夫の生命の価値なるものは，欧米諸国並にインド鉱夫の2分の1にも及ばざるものなるかを疑わざる能わず」[16]とまでいわれた．つまり，いかに人災としての要因が大きいかが語られている．換言すれば，それは資本家の責任なのであった．それは，次の指摘からもうかがえる．

「人あるいは言はむ．本邦の石炭層は，一般にその採掘困難にして英米諸国の比に非ずと．然り．大体において米国あるいは英国に比して，採炭上の困難はあらむも，独仏諸国の如く地層の変動多く，かつ，次第に地下二三千尺に到達しつつある所に比較せば，あえて我国のみ採炭困難なる炭層を有すと称すべからず．特にベルギーの如きは，現時稼行炭層の平均厚さなるもの僅かに二尺五寸にして，千尺以上三千尺の深さにおいて，而も数々ガス突出の如き変事に遭遇しつつ，わが産額以上の石炭産出を持するに比すれば，わが国の採炭事業はむしろ易々たりと称すものなり．」[17]

以上の指摘からも明らかなように，わが国での死傷率がきわめて高いのは，まさに人災のためであり，資本家の徹底した搾取と，労働者を人間として尊重しようとしない考えの具体的な現われに外ならなかった．

4　石炭産業における初期の労務管理

4-1　間接的管理から直接的管理へ

鉱業における労務管理を考える場合，飯場制度ないしは納屋制度から検討を始めるのが一般的である．筑豊では，納屋制度といわれた飯場制度による独自の労務管理制度があり，それは，次のように定義されている．

「飯場制度は，いわゆる親方制度の一種であり，企業からいえば間接的労務管理形態の一種でもある．飯場を経営し主宰する飯場頭が鉱業主の事業上必要とする鉱夫を供給するため鉱夫を募集し，雇傭手続の世話をはじめ作業

---

16)　井上稿「前掲論文」124ページ．
17)　井上稿「同論文」124〜125ページ．

上・日常生活上万般の面倒を見，かつ鉱業主と鉱夫間のコミュニケーションの媒体をも兼ねる．さらに賃銀を一括受領して配下鉱夫に配分もし，また必ずしも全部ではないが，事業請負も行われた．すなわち，飯場頭は，主として労務統轄，供給者である．その点で広範な職責権限を掌握していたのである．この飯場頭の下に労務が運営せられるのが飯場制度であるとみてよいであろう．」[18]

納屋制度が間接的労務管理としてはたした機能は，きわめて大きなものがあった．とりわけ，機械化が進展するに伴い「坑内の労働力統轄＝作業管理と，納屋を中心とする労働者＝坑夫の生活管理とが分化し，納屋頭（頭領）は，もっぱら後者の担当者となることによって，資本の賃労働統轄を補完する」[19]こととなった．

納屋制度には，積極的な側面もあったが，同時にマイナスの側面もあった．とりわけ，1888年（明治21年）に起きた高島炭鉱での労働者の虐待事件は，納屋制度から近代的な労務管理を生み出す契機となった．隅谷教授は，納屋を中心にした間接的労務管理が，次第に資本としては負担となり，やがて直接的労務管理に移行した要因を，次のように規定されている．

「……納屋頭という中間的管理・搾取機構の存在は，道具を労働手段とする労働力の統轄という困難な業務を担当することによって，炭坑経営の負担を肩代りすると同時に，その管理の非合理性自体が逆に経営の負担となった．それゆえ，炭坑経営体制の確立にともなって，資本は坑夫の直接管理を指向することとなる．」[20]

4-2 近代的労務管理の成立

三池炭鉱の場合は，「囚人労働者」と，「良民労働者」とが採用されていたが，この「良民労働者」の採用に際しては，三井としてはかなり入念な注

---

18) 労務管理史料編纂会編『前掲書』31ページ．
19) 隅谷三喜男著『日本石炭産業分析』315ページ．
20) 隅谷著『同書』315ページ．次も参照のこと．馬場克三著『個別資本と経営技術』（増補版）174ページ以下．

意を払い，封建的な親方を中心にした納屋制度にかえて近代的な直接雇傭制度を確立したのは，團琢磨であった．彼が納屋制度から，近代的労務管理にふみ切った事情について，『伝記』は，次のように伝えている．長文であるが，引用してみよう．

「……良民を労働者として使用するには，九州炭鉱一般の風として鉱山局時代より納屋制度があって，労働者は納屋頭に属し，鉱山局直接の傭人では無かった．此制度は三井の経営に移っても行われたが，凡そ納屋頭は職長として其手に属する労働者を率いて居たものが発達したもので，中には労働者に金を貸し若しくは物品を供給して労働者より搾取するもあり，労働者は其賃銀を直接受領すること能わず，納屋頭が一まとめにしてこれを受取るため，労働者は納屋頭に対して唯だ絶対服従あるのみであった．君（團琢磨のこと）は此間の弊害を洞察して納屋制度の廃止を決意し，明治23年頃，即ち君が事務長として就任後，間もなくこれを断行した．炭鉱地における納屋制度の廃止は，けだし君が先鞭をつけたものであった．この納屋制度の廃止により，労働者は納屋頭より解放されて頗る満足を感じた．而して納屋頭のある者は職員に採用して監督の地位におき，ある者はこれを労働者募集人として其募集人員に対して口銭を支払うこととした．募集人となった者は，その募集労働者に対して責任を帯び，死に至るまで忠実に炭鉱の為に心を尽し長く三池労働界の平穏を保持した．」[21]

ここにもわれわれは，三井の労務政策の入念さと巧妙さとをみることができる．そればかりではない．比較的学歴の低かった一般現業労働者と，比較的学歴の高かった社員との間にも，徹底した身分上，賃銀上の格差を設け，封建的な身分関係を巧みに再現していたのである．

三池炭鉱を「高額」で入手した三井財閥は，自らの手で経営するようになってまず考えねばならなかったのは，低賃銀労働力のたえざる確保であった．1930年（昭和5年）には，世論からの厳しい批判もあり，「囚人労働」が廃止された．それに代わって1900年代（明治30年代後半）から登場するのが，与

---

21) 『團琢磨伝』上巻240～241ページ．

論島からの労働者，いわゆる「ヨーロン」と，また「土百姓ニシテ世ニ慣レザル鉱夫」であった．

　労働者同士が相互に反目しあい，敵視しあうという労務管理の方式は，三池炭鉱では一貫して行われてきた．「囚人」と「良民」はその典型であり，「ヨーロン」や「土百姓鉱夫」の場合も同様であった．三井の労務政策は，いたる所で格差を設け，労働者の団結を内部から阻止する方針を貫いていた．それは，「坑内夫」と「坑外夫」，「採炭夫」と「運搬夫」などにもみられた．つまり「良民労働者」内にも，厳しい格差があったのである．

　「坑夫」採用に際しての三井の方針は，「土百姓ヲ募集シテ土着採炭夫ヲ作ル方針ヲ取ル方得策ト存候」という言葉にも示されている．したがって，採用される労働者の殆んどは夫婦ものであり，独身者はきらわれた．ここに，社宅を中心とした家族ぐるみの労務管理が登場して来る．夫婦もので，社宅に住んでいれば，それだけ労務管理もたやすいことになる．しかも，労働者の採用は，きわめて入念に行われていた．例えば，就職希望者を直接雇い入れるようなことをせず，請負から出される「人夫」を「供給夫」とした．これは，あくまでも請負から差し出される「人夫」であり，売店の通帳もなければ，劣悪な労働条件にも甘じなければならなかった．しかも，それが全労働者の半数もいたのである．三井は，「供給夫」から成績優秀なものを選抜して試験をうけさせ，合格したものを「直轄夫」（従業員）とした．この試験は，大変むずかしく，それだけに「供給夫」のあこがれも大きかったといわれている．

　こうして，労働者が労働者を軽視し，敵視しあう三井の労務管理形態が完成する．それは，アメリカ的労務管理にも劣らぬ，ブルジョア的に優秀な日本的労務管理の一形態であり，現在にいたるまでも有形無形に引きつがれてきているものであった．そして，これらの労務管理にもみられるように，「差別政策によって労働者と労働者とを反目させ，彼等の会社への不満を仲間同士の対立の中に解消させるという会社の政策は，こと戦前に関するかぎり完全に成功していた」[22]のであった．

5 労資協調制度の確立

5-1 労働争議の激化

　労働組合の結成が，労働者の正当な権利として認められるまでの三池炭鉱の労働者の闘争は，いずれも暗い影をひいている．だが，労働者階級は，常にだまされつづけてきたわけではない．たとえ散発的であり，非組織的ではあったにしても，その時々の最大限の力をふりしぼって，資本家階級の搾取と闘ったことも何度かあった．

　この非合法時代に闘われた争議としては，1918年（大正7年）の，いわゆる「万田坑暴動」と，それにつづく1921年（大正10年）の三池製作所を中心にした三井系各事業所の大連合争議がある．周知の通り1918年には，時の施政者を驚愕させた「米騒動」が惹き起こされている．もとより「万田坑暴動」が，この風潮に刺激されたかどうかは明らかではない．むしろ，人間としてのぎりぎりの要求が，つもりつもって「暴動」と呼ばれる形をとり，爆発したというべきであろう．1918年9月6日の福岡日日新聞は，その様子を次のように伝えている．

　「大牟田市三井三池鉱業所万田坑の採炭夫は，去る1日発表の増給に不平をいただき，尚洗炭方法厳重にして石炭10貫に対し約4割方の減少となり，殊に売勘定の日用品の価格を引きあげたるは，以前よりかえって坑夫側に不利益になりたるとて，寄々密議しつつありしが，遂に4日午後9時40分，丙組採炭夫五百余名が甲組五百余名と交替せんとする一刹那暴行を始め，乙組五百余名が之が中堅となり，相呼応して一瞬にぼっ発し，つるばしを以って安全灯を片端より破壊し，一隊は売勘定に殺到し暴行放火したるも民家類焼のおそれありとて，これを消しとめて破壊し，在り合う酒樽の鏡を打ち破り冷酒をあおり，はては冷酒にて顔を洗い，足を洗い，醤油樽はことごとくこれを破壊し，白米，木綿切れ，その他の日用品大部分を略奪し去り，それより炭坑納屋事務所，坑夫繰込所，同事務所，選炭機械を破壊し，千余名の坑夫の女房連まで加わりて吶喊し，馬小屋，舎宅，巡査派出所等を襲撃し，悉

---

22) 三池炭鉱労働組合編『前掲書』15ページ．

く窓硝子を破壊して高所に瓦礫を投じ，運搬車の如きは低所に突きとばし乱暴の極に達したり.」[23]

1918年（大正7.年）には，このほかにも唐津，宇部等の諸炭鉱でも暴動が起きたし，それ以降も争議の数は減少しなかった．これらは，いずれも自然発生的であり，一揆的であったが，労働者階級の団結力の強さを改めて資本家階級に認識せしめ，より入念な労務管理の必要性を痛感せしめるにいたった．次のような指摘は，その間の事情をよく物語っている．

「将来炭坑経営上最も注意を要する点は，争議問題である．元来炭坑争議は，英国のそれの如く秩序あるものもあるであろうが，我国におけるが如く，ややもすれば暴動化せんとする傾向を有する所では（特に筑豊の如き），一度その運動起れば，あたかも革命を起したる如く，秩序全く破れ，その結果事業に支障を来す事は勿論，たとえ労働者側の勝利に帰したる場合といえども，此秩序を旧に回復せんとするには数年を要するも尚困難な場合が多い．かかるが故に争議の勃発は，事後に之が対策を講ずるは，甚だ愚策で，之を未然に防止する方法こそ最も賢明なる策なりという事が出来る．しからば，その予防法はいかにすればよいか．吾人はいう．他になし，事業に当る総べての人が，ただこれ親切と誠意とをもってこれに当り，労資協調，真に国家社会の立場より自己のベストを尽すのみ．吾人は重ねて言う．一も人，二も人也と．大事に至るべき問題も，人の如何によりては，これを未然に防ぎ，小事も人の如何によりては大事に至るべく，実に問題の重心は，常に人にある事を念頭におき，労働者は資本家を思い，資本家は労働者を思い，相互的温情主義こそ労資間のこの如き問題の根絶を現実に招来すべき唯一の手段で，それが労働問題解決の要諦たる事を失わないのである．」[24]

5-2 共愛組合制度の設立

1918年の三池炭鉱での労働争議は，急遽かけつけた軍隊と，警察の力によって弾圧され，終りを告げた．しかし，このことにより，資本家階級，とり

---

23) 三井化学大牟田労組編『組合 15 年史』5～6ページ．
24) 貝島慶太郎著『本邦炭山労働事情一般』131～132ページ．

わけ当事者としての三井のうけた衝撃もまた大きく,これまでの原始的な労務管理をより近代化し,拡充する必要に迫られたのであった．その結果,三井鉱山では,各事業所に労資協調のための機関として「共愛組合」を創設していくのである．その主たる目的は,次のようなところにあった．

「大正六年室蘭の日本製鋼所に労働争議が起り,友愛会是が主導者となり労働界是より漸く多事ならんとし,大正八年友愛会は旧衣を棄てて階級闘争的社会主義団体たる名乗りを揚げ,労働総同盟と改称したので,此の時勢の変遷にかんがみ,生れたのが共愛組合であった．共愛組合は労資協調の主義をもって組織されたもので,初め三井鉱山の各事業所に共済会の組織があったものを,その組織を拡大し,労働者の自発により共済,衛生,貯金,勤勉,取締等を励行せしむると同時に,雇傭条件及会社の施設に対する希望等を一定の順序を経て腹蔵なく開陳せしめ,不穏の心事に対する安全弁たらしむると共に,制規を以って節制し,懇諭を以って諒解を得しむるを目的とし,各事業所に一組合または数組合を設置することを会社より指令したのが大正8年12月であった．」[25]

労働争議は,国家権力の力で押さえ込むことができたにしても,それが一時的な効果しかもたなかったことは,誰よりも三井の労務担当者がよく承知していた．そのために生まれたのが,この共愛組合制度であった．これは三菱における「協励会」,また,明治における「信和会」等と同じ目的をもったものであったが,ブルジョア的機能は最も優れていたといえる．次の図Ⅲ-1の組織図からも明らかなように,この制度の核心は「相談役会」にあった．この「相談役会」がいかに重視されていたかは,1924年(大正13年)に再び発生した労働争議の経験に学んだ三井側の次の意向にもみることができる．

「争議も落着したので,此争議の経験により労働界の気運を察して共愛組合を労働組合とすべしとの意見もあったが,君(團琢磨)は断じてこれを聴かず,結局労働者の気分も緩和し,労働組合の名乗りを揚げた者も解散し,共愛組合はまた内部の組織を改め,職員は組合より脱退し,ただ,準組合員と

---

25) 『團琢磨伝』上巻442〜444ページ．

第Ⅲ章 日本的労資協調制度の古典的形態 37

図 Ⅲ-1 共愛組合組織形態図

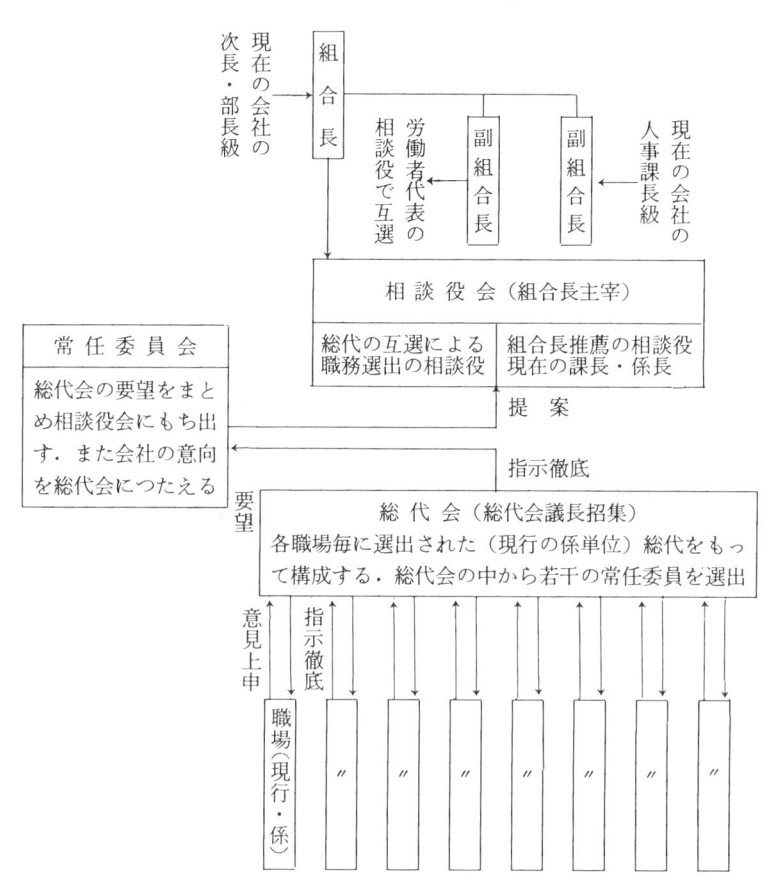

出所:三井化学大牟田労組編『組合15年史』より.

して相談役会に少数の者出席し,労働者をして忌憚なく発言しうるようにし,後更に準組合員の名を罷めて賛助員とした.かくて労資の意思は此機関により十分に疎通し,労働組合との交渉ならば其要求事項たちまち労資衝突,ストライキとなるべきことも,此相談役会においては至極平穏に談笑の間に解決しつつある.」[26]

――――――――――――――――
26) 『團琢磨伝』上巻 444ページ.

すでに明らかなように，三井の労務管理の基本方針は，労働者同士がお互いに反目しあい，監視しあうことにより，その団結を内部より分裂せしめ，統一を阻止するところにあった．そして，共愛組合は，まさにそれにふさわしい機能をもった制度であった．例えば，次のような指摘のなかに，われわれは共愛組合がもつブルジョア的機能の本来的な役割をみることができるのである．

「……総代会議長をつとめれば，その功績によって職員になることが約束され，相談役になることは，職員昇格試験証をもらうことであり，総代に選ばれることは，当番になることを約束するものであった．また毎年の昇給時には，総代以上の者について一部の者（抵抗意識があると会社がみとめている者）を除き，しかるべく御配慮されたいと労務係から各現場の首席係員に通達が出された．そのため，それらのものは必ず一般の者より一銭程度多く昇給をした．そのため総代以上に選出されることは，個人としては出世への道であるというあやまった認識が常識化し，毎年行なわれる総代選挙は大変なものであった．自分の人気をあげるため，酒，まんじゅうを職場にばらまき，自分の支持者に対しては作業上も特別に気をくばり，反対者は徹底的に酷使するということが平然と行なわれた．もちろん選挙の際には買収，きょうおう，戸別訪問が堂々と行なわれ，どんなに親しい友人同士でも，一度選挙で対立すれば，その友情は一度にふきとんでしまう程であった．」[27]

1924年（大正13年）の労働争議の際の要求項目の1つに，この共愛組合の廃止が掲げられていたのも，いわば当然なことであった．だが，結果的には，規約の一部改正が行われ，労働者代表のみで構成される総代会がつけ加えられたにとどまった．その結果，共愛組合を構成する各組織単位には，次のような役割が与えられたのであった[28]．

(1) 総　代　会

　　各職場の希望，意見をもちよって討議したが，労働条件の改善については無視されがちであった．また，会社からの要望，意見を部下に徹底させる任務をもっていた．

(2)常任委員会

　　総代会で，相談役中より若干名選出し，総代会の決定事項を相談会にもちこむことを任務とした．また，総務部，修養部，体育部等の事務局を担当した．

(3)相談役会

　　総代会から要望されたこと，また会社自体が考えていることを懇談し，結論を出した．しかし一切の権限は副組合長（会社推薦）にあって，いかにすれば会社の業績，即ち能率向上をはかることができるかということが一番大きな問題であった．

　労働者の直接の意向を反映させるとうたわれた総代会が，実際にはどのような役割をはたしたかは，すでに明らかにした通りである．この共愛組合の事業としとは，(イ)慶弔見舞を主とした共済事業と，(ロ)社宅内の衛生風紀の取締り，(ハ)業務上の出勤の督励，熟達の推奨，怠慢の戒告，(ニ)子弟の教育，各自の修養，(ホ)会社施設の改良に関する希望，(ヘ)その他組合員の改善向上に資すべき事項が掲げられ，労働者の権利の確保という側面は，どこにも見出すことはできなかった．

　このようにして，三井の労務管理は，共愛組合を通じて労働者の団結を内部から切りくずして職制の支配を家庭の内部にまでおしひろげ，末端にまで三井をうやまい，愛社精神を定着させていくのに，最も効果的な役割をはたしたのであった．

5-3　共愛組合制度の成果

　三井の労務政策の中心的役割をはたした共愛組合制度について，かつて，隅谷教授は次のようにいわれたことがある．

　「……共愛組合は何よりも『労資協力』の機関として組織されたものであり，『沿革史』は率直に『当時一部ノ識者間ニハ労働組合ガ最モ時宜ニ適シタルモノデアルトノ意見モ可也有力デアッタガ慎重考究ノ結果，工場委員会制度ノ中ニ我ガ国伝統ノ産業精神ノアル事ヲ認メ，此ノ制度ノ生成発展ニヨッテ労資間ノ一切ノ問題ハ円滑ニ解決シ得ルモノデアルトノ信念ヲ得タ』と記しているように，当時為政者によって提唱された工場委員会制度の上にの

---

27)・28)　三井化学大牟田労組編『前掲書』8～10ページ．

り，『伝統の産業精神』＝経営家族主義による労働組合対策として形成されたものであった．なお，共愛組合の結成に伴って生じた労務管理上の重要な変化は，『労務管理ノ対象ハ従来ノ社宅中心カラ共愛組合中心ヘト移行シタ』と記されているように，共愛組合が労務管理の重要な機関となり，したがって，これを通じて労務係の管理が坑夫から一般従業員へ拡大されていくことになった点にある．」[29]

　こうして，前近代的ではあるが，日本人特有の「感情」に依拠した，そして，それなりに完成された日本的労務管理制度が確立された．この管理形態の特徴は，単に各職場で職制が労働者を直接監視しつづけるばかりでなく，家庭を含めた私生活まで，警察とともに厳重な監視体制を確立していた点にある．そのために，各所ともども特高的役割をはたす係があり，その下に世話方制度をおいていた（図Ⅲ-2参照）．また，いろいろな所に請願巡査が配置され，職場，私生活ともに目を光らせていたのである．雑誌『改造』や『中央公論』の購読は禁じられ，会社主催の修養講座に力が入れられた．とりわけ，三井が力を注いだのは，青年対策であった．1933年（昭和8年）に組織された共愛青年団は，その現われである．これは徴兵検査を終わったときから，25歳までの青年労働者を構成員としたものであり，その組織図は，図Ⅲ-2，Ⅲ-3の通りであった．ここで共愛青年団も，組織的には自治機関となっていたが，実際の運営，指導のすべては，青年団長と事務局長とによって行われていた．三井が，この共愛組合制度にいかに自信をもっていたかが，うかがえるであろう．

　このような三井の労務管理の特徴を規定する場合，かつて三池の事務長であった團琢磨の次のような言葉を忘れてはならない．

　「……坑夫などと云うものに文字を知るものなし．また，その義務を知らず成るべく丈私欲を貪ぼり今日を送らんとし，明日の事実に省みる所にあらず．是唯に坑夫のみにあらず，*management* の枢位にあるものさえも信用す

---

29) 隅谷三喜男稿「炭鉱における労務管理の成立」（『企業経済分析』）269～270ページ．

第Ⅲ章　日本的労資協調制度の古典的形態

図 Ⅲ-2　三池炭鉱組織図

```
          鉱 業 所 長
              │
            次  長
    ┌─────────┼─────────┐
  採炭技師長  労働事務長
  機械技師長      │
    │       鉱夫主任──各坑派出所
  各坑主任              │
    │          ┌──────┴──────┐
  係 員        世話方        世話方
 （坑内          │            │
  夫作業      稼 稼        稼 稼
  繰担        働 働        働 働
  込当        者 者        者 者
  及 ）
```

出所：間　宏著『日本労務管理史研究』636 ページ

図 Ⅲ-3　共愛青年団組織図

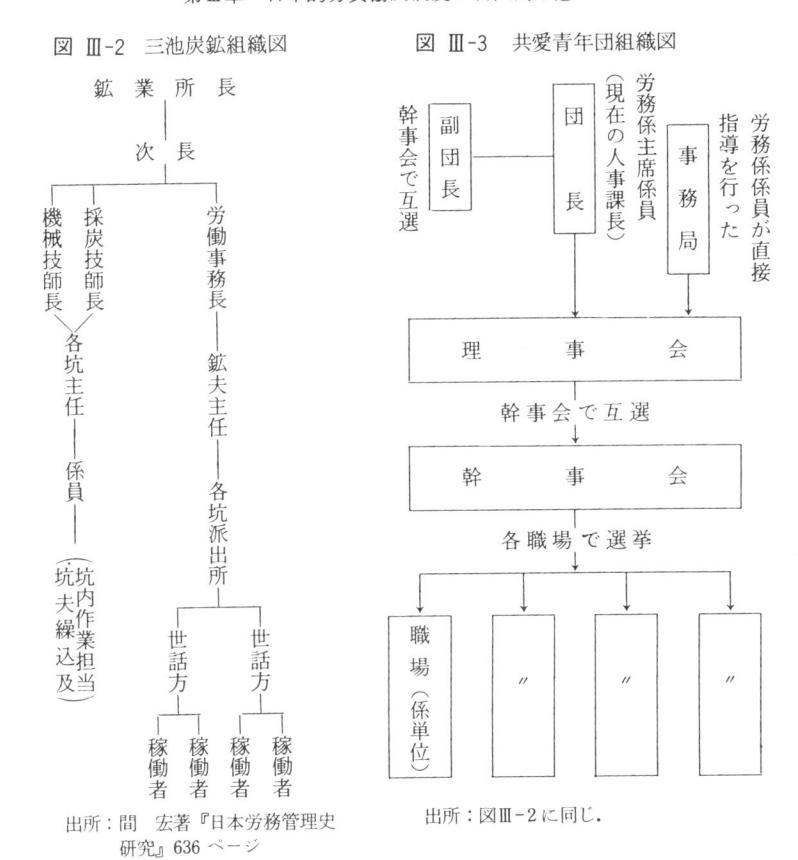

```
                  労務係主席係員
                  （現在の人事課長）   労務係係員が直接
  幹事会で互選                          指導を行った
    │   副  団          事
    │   団  長          務
    │   長              局
    └────┬──────┬──────┘
              │
          理  事  会
              │
       幹事会で互選
              │
          幹  事  会
              │
        各職場で選挙
    ┌────┬────┬────┐
    ▼    ▼    ▼    ▼
  職場   "    "    "
 （係
  単位）
```

出所：図Ⅲ-2に同じ．

べきもの甚だ稀なり．坑夫已にかくの如し．これを引上げて小頭とし取締とする事已に甚だかたし．何をもってか，これを坑場取締の長位を占て，坑内一切の事を委任し行く事を得んや．さればやむを得ず，少しく文字あるもの，即ち旧来両刀を挟みしもの，もしくは，学生たりし如きものを用いて，その監督を為さざるべからず．是等のものは坑内の事一も知る事なし．主なる坑夫に聞て，わずかにこれを知る．人の心服せざる思うべきなり．人の心服せざる尚可なり．是等の者一朝茲に来るは，ただ糊口の道を得んためのみ．坑業前途の事自身一箇名誉上の事，さまで懸念する所にあらず．故にこれを信任することあたわず．此者を使用して実地の取締につけん為めと，および，

その平生を監査する為めには坑内のことに明かなる，かつ，文字あるものを以てその *head* におき，これを主たらしめざるべからず．是が先坑場の係長というべきことなるか．しかれども，この *head man* 自身も，未だ容易に信用すべからず，尚これを監督するものを要す．斯く漸くその監督の *stage* を歴て，坑長その人の身に及ぶまでには，坑夫より数多の *stage* を歴来らざる可からず． *management* の複雑なる亦あやしむに足らざるなり．"*Work and management are largely distant and have distinct difference.*" というは團氏が日本鉱業社会を評せる適当の語にして，実際の *work* をするものは *management* にあずかりえず，*management* にあずかるものは，実際の *work* を知らず，かつ日本には情実の弊あり，他人の添書などもち来りて糊口の口を依頼し来り，やむをえず無益の人足を使うに必要なるに至ることあり．また日本の資本家は勿論坑主たるもの自らも実際の *work* の事いささかもこれにあずからず，全く他人に一任して其なすに任す．いたずらに人間を多くして，互に関係監督せしめて，実際は自らこれに関する事を避く．"*A Japanese can not protect into own interest*" とは同氏が日本の坑業主人を評せる痛語なり．」[30]

團は，当時の経営者としては，一定のブルジョア的合理性をもっていた．しかし，その合理性にも限界があったことは，彼の提唱になった共愛組合にも明らかであった．三井の労務管理は，封建的身分制度による拘束関係を中心に，労資協調をうたいながら展開されてきた．それは，何も鉱業にのみ限ったことではなかったのである．

---

30) 『團琢磨伝』下巻201〜202ページ．なお三井の共愛組合については，同じく炭鉱経営者の1人であった貝島慶太郎が「これは他の炭坑の如き微温的なものと異なり，事業上，生活上の問題につき，自由かつ徹底的にその意見を吐露し，公開的に遂行しつつある点は，筑豊炭坑中最も進取的のものといえる」と評価している．なお，本文の原文は片仮名である．一部読みやすくしてある．

# 第 IV 章

日本的経営と経営家族主義

1 過酷な労働条件

1-1 「織姫」たちの労働条件

　三井の労務管理を語る場合,経営家族主義を忘れてはならない.石炭産業の労働者の場合と同じように,激しい搾取に泣き,彼女達の血と汗で日本の資本主義の発展を支えたのが「織姫」たちであった.わが国の資本主義は,明治維新からはじまるが,その発展過程で紡績業のはたした多大な役割について,例えば野呂栄太郎は次のように指摘している.

　「明治23年はじめて2,364円の輸出をみたる綿糸は,爾来跳躍的にその輸出額を増大して,日清戦争後においては輸出総額の1割前後をしめ,半製品たる生糸を除くときはわが国最重要なる輸出品となった.他方綿糸の輸入は加速度的に激減して今やきわめて少額の高級品のきわめて重要ならざる額をしむるにすぎなくなった.かくてわが綿糸紡績業は,日露戦前にあって,相対的には,すでにその生産技術において,その工場組織において,その経営の規模において,その生産額において,はたまたその国際貿易上にしめる地位において,わが国におけるもっとも代表的な資本主義的生産たるにいたったのである.」[1]

---

　1)　『野呂栄太郎全集』(上) 77ページ.

この場合，次のような指摘も忘れてはならない．

「日本の資本主義の原初的蓄積の特質は，農村から供給される豊富で低廉な労働力を一方的に喰い潰していくことで進行していった．イギリスのように，都市に労働力が流入して溜められるという状態がつくり出されていなかったので，直接，農村から吸引した．しかも，それは農村の疲弊と結びついて，喰い潰しても尽きることのない豊富な鉱脈のように思われていた．だから，工場主や工場の人事係は『どうせ 1，2 年で郷里に帰ってしまうのだから，労働力の保全培養に気を使う必要はない，結核なども工場では問題にはならないのであって，農村でこそ対策を考えるべきことなのだ』と放言してはばからなかった．」[2]

紡績業における女子労働者の状態については，昔からさまざまな文献があるが，例えば，山本茂実氏の『ああ野麦峠』は，苦汗にあえいだ彼女たちの姿を，克明に描き出している．また，歴史的な文献として有名な細井和喜蔵の『女工哀史』は，初めて労働者階級の立場に立って書かれた名著であったが，ここにも，苦汗労働にあえぐ当時の紡績女子労働者の姿が描き出されている．その巻末に，当時の紡績女子労働者達が唄ったという，次のようなうたが収められている．いささか長いが，彼女たちの労働条件の酷しさをよく現わしていると思われるので，ここに紹介してみよう．

　　よいとこよいとこ思えども
　　来てみりゃ紡績火の出山
　　朝は 4 時半夜は 6 時
　　寄宿に帰ればはや 7 時
　　電気が消えて寝る時は
　　浅黄のふとんに木の枕
　　胸に手をあて思案する

---

2) 『女工と結核』（生活古典叢書第 5 巻）の篭山京教授の解説より．『同書』17 ページ．

第Ⅳ章　日本的経営と経営家族主義　　　　　　　　　　45

　　国を出るとき舟で出て
　　汽車や電車に乗せられて
　　神戸ステンへ降されて
　　織物会社へ身を売られ
　　織物会社というとこは
　　ぐるりレンガで屋根かわら
　　中の女工さん籠の鳥
　　三度の食事は鳥のえさ
　　もしも機械が損じたら
　　技師さんや部長さんににらまれて
　　これじゃわたしの身が立たぬ

1-2　女子労働者と職業病

　このうたにもうたわれているように，当時の女子労働者のほとんどは，貧しい農村や漁村から，「身を売られるように」して，つれてこられたのであった．募集人達の甘言にのせられた彼女達は，ほとんどが18歳にもならない未成年者であった．彼女達は，工場で働くことは親のためであり，また，何よりも「御国」のためであると信じ込んでいたのである．

　しかし，工場での労働条件はあまりにもひどく，非人道的なものであった．『女工哀史』には，「工場法から今日にかけては，紡績11時間，織布12時間というのが最も多数を占める」[3]と指摘されている．しかし，実際には，更にそれに「夜業（よなび）」が半強制的に加わり，まさに殺人的な労働時間であった．

　まだ，十分に成人しきらない身体で11時間以上も労働を強制されるのであるから，病気にならないのが不思議であった．なかでも，結核は，職業病としてはびこった．

　1910年（明治43年）に，当時の農商務省の嘱託として，工場の衛生状況や労

---

[3]　細井和喜蔵著『女工哀史』119ページ．

働者の病気などを調査し，報告書を書いた石原 修は，「女工と結核」と題した講演のなかで[4]，結核が女子労働者達の間に，いかに広範にひろがり，彼女達の若い生命をむしばんでいるかを指摘して，次のようにいっている．

「いわゆる矛を執つて敵に向って戦をして死んだ者は，敬意をもって迎えられ，国家より名誉の戦死者とされ，また，負傷者となったものは，充分の手当を受け，名誉の負傷者として報いられ迎えられます．それにもかかわらず，平和の戦争のために戦死したものは，国民は何をもってこれを，迎えつつあるのであるか．国家は何をもって，これに報いているのか，ということは私には分りませぬ．涙深いことを申すようでございますが，女工の運命は，実に悲惨なものでございます．矢張り彼等女工といえども，我々の大事な同胞の1つであろうと思います．」

「女工」も1人の人間であり，人間らしく扱うべきだとする石原の訴えは，同時に，資本家階級の非人道的な搾取に対する勇気ある告発であった．

この講演には，河上肇も深い関心をよせ，「社会問題管見」のなかでとりあげ，言及している．ここで彼は，「私の是認するのは，女工の労働であって，その苦役ではない．罪人の取扱いでさえ，罪人を容れる牢獄でさえ，次第に改良せられつつある大正の御代に，罪なき少年少女が罪人以上に酷役虐待せられるということは，吾等の看過し能はざる所である」[5]と，資本家階級の搾取に，激しいいかりを現わしている．

しかも，河上が，「この如くにして恐るべき殺人未遂は，到る所の工場に於て，公々然法律の保護の下に行はれる」と痛烈に批判しているように，国家は，積極的に資本家階級の利益を擁護こそすれ，それを制約することはしなかった．例えば，1887年（明治20年），農商務省で検討された「職工条例」の原案には，次のような規定があった．

1. 年齢10歳未満の児童を職工として使用することを得ざること．

---

[4] 石原修「衛生学上ヨリ見タル女工之現状」（『女工と結核』生活古典叢書第5巻所載）196ページ．
[5] 『河上肇全集』第9巻 272～274ページ参照．

1. 年齢14歳未満の者は1日6時間，17歳未満は1日10時間以上使役することを得ざること．
1. 婦女及び14歳未満の職工を夜間使用することを得ざること．

ところが，これを制定することについて当時の資本家階級は猛烈に反対し，遂には未発表に追いこんだのであった．政界が，いかに財界に弱腰であったかが，この一事でも明らかになる．そして全く骨抜きになった工場法が，曲がりなりにも成立したのが，1911年（明治44年）のことであった．

2 経営家族主義の思想的背景とその機能

2-1 労務管理の近代化

日露戦争以後，日本の産業界では，次第に資本の集中・集積が進展し，巨大な独占が発生するにいたる．当然のことながら，紡績業にも独占が生成してきた．とりわけ，日露戦争前後の紡績業界は，生産力，生産高が倍増している．しかし，企業数自体は次第に減少しはじめ，1901年（明治34年）66社あった企業数は，1911年（明治44年）には，34社にまで減少している．これは紡績業界の資本の集中・集積が進み，巨大な紡績独占が強大な支配力をもつにいたったことを示している．たとえば，1913年（大正2年）には，鐘紡，大阪紡，摂津紡，尼崎紡，富士瓦斯紡，大阪合同紡の7社が，紡績連合会加盟44社総計の57.7％の払込資本を占ている．それとともに，早くも，この時期に海外進出がはじまっていることにも注意すべきである．

このように国家の積極的な支援のもとに，独占の支配力が強化されるにいたると，当然，それと照応して資本主義の矛盾も激化する．その1つの現われが，労働運動，即ち階級闘争の激化であった．第1次大戦は，わが国に対してもつかの間の繁栄をもたらした．しかし，その恩恵をうけたのは，ごく一部のブルジョアジーであった．バルガは，それを，次のように指摘している．

「世界大戦後のブームを伴った致富は，勿論ブルジョアジーに関してだけのことであった．労働者農民の広範なる大衆は，極めて困難な立場に立たさ

れた．この地盤の上に労働者階級および農民の大衆的進出が開始されたのである．」6)

　資本家階級が，労働者をあたかも牛馬の如く扱い，意のままに搾取し，資本家の繁栄が謳歌された明治期がすぎ，大正の年代に入ると，ロシア革命や大正デモクラシーの影響もあって，労働者の階級的自覚も高まりを見せた．また，労働者階級の先頭に立って闘う階級的政党も生まれた．

　このように，労資を取り巻く情勢が厳しくなるに従って，資本家階級としては，自覚を高め，団結を強めはじめた労働者階級に対し，一方では国家権力による弾圧をますます厳しくしながらも，他方では，労働者の結束を内部から切りくずす近代的な「労務管理」を必要とした．日本的労務管理が成立する要因がここにある．

2-2 日本的労務管理の特質

　それでは，日本的労務管理は，どのような特質をもっていたのであろうか．例えば，間教授は，この点について，次のように指摘されている．

　「幕末から明治初年にかけて，新生産様式である，"洋式技術"の導入期には，外人技術者・職工とともに経営組織も移入された．そののちにも，アメリカで F. W. ティラーの"科学的管理法の原理"が発表されると，数年後には日本に紹介され，一部の工場では実際に採用された．また，第1次大戦後の世界恐慌期以後昭和初年にかけての，いわゆる"産業合理化運動"では，合理的賃金形態としてハルシー式あるいはローワン式の能率給制度が推奨され，これも八幡製鉄所その他の諸会社で採用されている．しかし，これら欧米の労務管理様式の導入にあたっては，その基礎にある経営の論理——とくに能率の論理——そのものが全面的に受容されたのではなく，基本的な論理とは切り離された主として技術的部分が断片的に取り入れられたにすぎなかった．そして経営の基本方針は，依然，日本の伝統的な経営様式や労働慣行——家業経営や親分・子分関係——が再編されて存続し，その基礎のうえに，これら新管理様式が組み込まれたといえる．」7)

6) E. バルガ著，永住訳『世界経済恐慌史』第1巻，第2部，405ページ．

このように間教授は，日本的労務管理の特徴を，欧米的な管理の諸方法の導入と，日本的・温情主義的経営理念との巧妙な調和という点に求めている．

　労働者階級が封建的身分関係から解放され，次第に近代的な雇傭関係に組み入れられるにおよんで，何らかの形での労務管理が重視されるのは当然である．明治年間の炭鉱における飯場制度などは，間接的ではあれ，労務管理の1つの典型であった．だが，近代的雇傭関係が確立し，労資間の関係も近代化したかに思える大正以降でも，封建的身分関係は形を変えて労資間に持ち込まれてきた．いわゆる温情主義がそれである．

　戦前の経営者や資本家が常に口にし，彼等があたかも慈愛にみちたすばらしい人間であるかの如く教えこんだ温情主義は，まさに労資協調の思想的基盤であり，また，労働者の団結を切りくずすための絶好なイデオロギーであった．それは，労働者にとって，大変闘いにくいものであった．もちろん，義理とか，人情とかいった，封建制下で培われた日本人独自の感情を巧みに利用した，この温情主義にも，限界はあったのである．何よりもこれは，経営者や資本家の人格によるところが大きく，体系化，制度化しにくい．われわれは，それが成功したケースとして，鐘紡の武藤山治の場合を，また成功しなかったケースとして，古河鉱業の鈴木恒三郎の場合をみることができる．

　いずれにしても，労働運動の激化と対応して，アメリカで発展してきた工場管理の方法や，能率給制度などが部分的に取り入れられ，一部の企業で定着した．それとともに，固有なイデオロギーとして，封建的な身分制度や家族制度をそのまま企業内に持ち込んだ「経営家族主義」も有効な機能をはたした．こうして，一方では「温情的」な「経営家族主義」によって，労働者を企業内部に束縛し，他方では「科学的管理」のような新たな苦汗制度を定着させていくことによって，次第にわが国独自の労務管理制度が確立し，定着していくのである．われわれは，その1つの典型を，鐘紡の「経営家族主義」と，それにもとづく労務管理にみることができる．

---

7)　間宏著『日本労務管理史研究』16ページ．

3 ブルジョア経営理念とその功罪

3-1 温情主義から経営家族主義へ

1906年（明治39年）3月に，鐘紡は，当時の国民新聞に次のような広告を出した．

> ### 会社の職工に対する設備および待遇
>
> 　職工に対する設備待遇は，当会社の熱心に実行する所にして去る6月ドイツクルップ会社の例にならい創設せる鐘紡共済組合は，その後大いに発展し，8，9月の頃，気候不順にして罹病者多数を生じたる時に当り，よくその救済の効をまつとうし，疾病休業者の生計を救助せしこと少なからず，かつ，勤続者の年金を受くる者次第にその数を増加せり……かくの如く歳月とともに各種救済資金のますます増加するを以て，当会社に従事する，使用人および職工は，後顧のうれいなく安心して職務に従事し，一朝，病災にかかり，または老衰に及び職務にたえざるに至るも会社と組合の恩恵により無事に生計を営みうるは，けだし，他にその比を見ざる所なるべし．

　つまり，鐘紡が，いかに労働者のことを考え，福祉厚生に意をつくしているかということの自己宣伝である．

　鐘紡は，三井財閥下の企業であった（表Ⅳ-1参照）．もともと当社は，1886年（明治19年）に資本金10万円で，棉花の定期売買，棉種改良を目的として設立された東京棉商社の後身である．1893年（明治26年）に中上川彦次郎と朝吹英二とが経営陣に加わることにより，本格的な発展期を迎えるにいたった．以後順調に発展し，第2次大戦直後には，次のような規模に達していた．

　「持株会社としての指定当時の資本金は，324百万円（払込 266,120千円）で鐘淵機械工業以下77社の傘下企業を有し，所有有価証券の総額は 239,728千円（内株式94%）で，繊維業，化学工業，鉱業，農林牧畜，水産のほか，蚕

第IV章　日本的経営と経営家族主義　　　　　　　　　　51

種，肥料，酒類，食料品，医薬，化粧品，車輛等を製造する現業部門を有していた．」8)

表 IV-1　第1次大戦前における三井系諸会社　　（　）内は公称資本金1,000円

```
                    ┌─三井物産(20,000)─台湾製糖(27,500)
          ┌─直系諸会社─┼─三井銀行(20,000)
          │         ├─三井鉱山(20,000)
三井合名    │         └─東神倉庫(2,000)
(50,000) ─┤         ┌─王子製紙(12,000)
          │         ├─芝浦製作所(1,000)
          └─傍系諸会社─┼─鐘淵紡績(17,430)
                    ├─北海道炭鉱汽船(27,000)─日本製鋼所(15,000)
                    └─三　越(2,000)
```

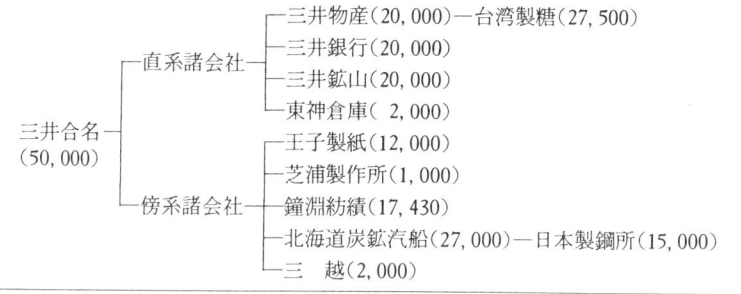

出所：持株整理委員会編『日本財閥とその解体』(1) 6ページ．

　福沢門下の中上川は，経営者としては大変豊かな才能をもち，鐘紡では十分にその手腕を発揮した．兵庫に，当時としては超一流の生産能力をもった紡績工場をたてたのも彼であったし，また労働者の「優遇策」を打ち出したのも彼であった．鈴木梅四郎は，中上川を回想して次のようにいっている．

　「先生のやり方は，十分に職工技術者を精選して採用し，それに十分な手当を支給し，待遇をよくするというのであったが，従来の工業者はいずれも職工技術者を奴隷視し，賃金はできるだけ低廉にし，食物はたんに空腹をしのげばよいとしたのにもかかわらず，まったくこれと反対に，比較的立派な待遇をし，給料も相当に出したから，優秀な職工，技術者がみな他の工場を捨てて鐘淵紡績に集まったので，同業者間に大恐慌を起こしたことがある．」9)

　中上川が，意識的に何故このような労務政策をとったかは，必ずしも明らかではない．ちなみに，明治から大正にかけての鐘紡の経営規模にかかわる若干の指標の推移を示すと次の表のようになる（表IV-2）．ここからも，明治末期から大正にかけての，紡績業の飛躍的発展をみることができる．

---

8)　持株会社整理委員会編『日本財閥とその解体』(1) 275ページ．
9)　中川・由井編『経営哲学・経営理念─明治，大正編』(I) 293ページ．

表 Ⅳ-2　鐘紡の指標の推移

	運転錘数	職工数	女工比	1人当錘数
明治33年	94,336	7,642	80.5	12.3
38年	230.4	225.4	83.3	12.6
43年	288.6	263.0	82.8	13.5
大正3年	289.3	245.0	83.5	14.6
8年	512.1	288.9	82.4	21.9

注：①女工比及び1人当錘数を除く他の項目は，明治33年は実数，他年次は明治33年を100とした指数を示す．
　　②女工比は職工数に対する%を示す．
　　③1人当錘数はすべて実数を示す．
出所：『日本労務管理年誌』第1編(下) 62ページより作成．

3-2　企業内教育制度と共済組合

　日清・日露の両戦争を契機にして，わが国の資本主義は急速に拡大・発展し，重化学工業はもとより，紡績などの軽工業にも独占を生み出していった．独占の生産規模の発展が急速であればある程，良質な低賃銀労働がますます大量に要求される．したがって，独占にとって急務だったのは，優秀な技術者を確保し，それを企業内に定着せしめることと，企業内教育により労働者の質を向上させることであった．とりわけ，鉱業や紡績業では，次第に労働者の募集も困難をきわめていた．したがって鐘紡でも，積極的に労働者を養成し，定着させる方針をとった．（表Ⅳ-3参照のこと）．鐘紡が，いかに温情主義といえども，本拠地の兵庫においては，「逃亡者は少なからず輩出

表 Ⅳ-3　鐘紡の

	施設	創設時	採用資格 年齢	採用資格 教育程度	採用資格 その他	修業年限	義務年限	教科 普通教科
鐘紡 同京都支店	中央職工学校 職工学校 女学校第1部 　　　第2部	明38 (明42) 改編	15以上 同上	高小卒以上 同上 尋4修以上	6ヶ月以上勤続 同上	1 半 6	3	(6課 普通教育
同兵庫工場	女子養成所 新入男工養成所	大5		同上 同上	新入者	3 3ヶ月 4〜7週		裁縫,茶,花 修身,会社事情 会社常識

出所：『日本労務管理年誌』第1編（下）より作成．

し，ときには自殺者さえ出し，あるいは父兄から訴追された」こともあり，やはり労務対策は深刻な側面をもっていたのである．

初期のように，労働者を思うように搾取できた時代が過ぎると，労務管理も次第に異質な面をもちはじめてきた．単に数を集めることから，各々の労働者の質の向上に取り組むようになったのである．資本家達が次第に「職工募集に金を入れる代わりに，現在いる職工を大切にして，なるべく募集をせぬようにしたい」と考えたのも，当然であった．問題は「大切にする」ことの内容である．

労働者の忠誠心を高め，企業内に定着させるためのもう1つの方策として導入されたのが，先の広告のなかでもふれられていた「鐘紡共済組合」制度であった．こうした扶助制度は，もとより，鐘紡だけに限ったものではない．官業にも「職工共済会」はあったし，各財閥系企業各社にも同様な制度がおかれていた．とりわけ，1916年（大正5年）の工場法施行により，各工場は扶助規則を設けたが，温情主義を看板にした鐘紡では，独自な，「他社に比して一段と優れた」制度を確立していたといわれる．

ドイツのクルップ社の労働者に関する調査書を手に入れた武藤山治は，早速鐘紡にも同様の制度を導入することとし，1905年（明治38年）6月から鐘紡共済組合を創設した．その主たる目的は，次の諸点にあった．

(1)基金については，組合員が毎月給料の3/100を拠出し，会社側が組合員

企業内教育制度

及 び 時 間					処　　　遇	そ　　の　　他
業務教科	時間	実習方法	時　間			
に分つ)	24	実地練習	34	給料全額支給 賄費，小遣(月2円)被服1 着等社給，教科書用具貸与	工場長の推薦による男工 原則は全寮主義，卒業後5年間他社に雇われない誓約を要す．志望により中央職工学校へ入学許可 本科,高等科,普通科に分ち各2年同上のほか予科を別設（各1年）
	30				
	20				
技術講話	半日	特別養成	半日	見習日給支給	養成室，特別養成方を設置し指導技術を要する程度で3種に区別
普通工務講話	66	実地指導	0～8時		

拠出総額の半額以上を拠出する．

(2)組合員罹病については，医師の診断書を添えて申し出れば，4日目から給料半日分を支給する．

(3)工女で妊娠中または産後休業については，医師の証明により一定の時期扶助料を給与．

(4)有家族の組合員の罹病については，普通の扶助料の他に増額支給．

(5)病気扶助料は3ヶ月間給与．ただし組合加入後5年以上の場合には，期間を5ヶ月間までに延長．

(6)職務上の負傷については，(イ)組合費で療養また全治まで給料全額給与．(ロ)負傷のため終身不具となり退職した場合には，相当の救済金支給．(ハ)負傷全治後会社に復職した場合は，相当の救済金支給．(ハ)負傷全治後会社に復職した場合は，在社中年金を給与．

(7)年金支給の条件としては，(イ)男子で満10年，女子満5年勤続は在社中支給．(ロ)男子満15年，女子満10年勤続は退社後でも満15年間年金給与．

この制度の特徴は，労働者の勤続を促進するための年金制度にあった．共済組合が発足して1ヶ月たった7月の実績は，次の通りであったといわれている．[10]

①加入者　12,823名　②保険料収入　3,050円62銭　③支出総額　1,204円12銭─㋑死亡6名234円70銭　㋺年金877人969円42銭　④差引残高　1,846円50銭　⑤会社補助　3,050円62銭　⑥会社基金　4,897円12銭．

これらの諸制度は，いずれも労働者を企業内に封じこめ，他にはいっさい目をむけさせない体制を創るには，きわめて効果的であった．だが，鐘紡の待遇は，資本家が宣伝した程，本当にすばらしいものであったのだろうか．

3-3　経営家族主義の実情

周知の通り，『女工哀史』には，きわめて豊富な資料がのせられているが，そのなかに当時の新聞万朝報の記事として，次のような一文が転載され

---

10)　いずれも労務管理史料編纂会編『日本労務管理年誌』第1編下巻より．

ている．いささか長文ではあるが，鐘紡の「職工優遇策」の実情を知るには好都合の文章なので，ここに転載してみることにする．

鐘紡の職工待遇

（中 津 梅 生）

　『社会問題として見たる鐘紡の配当』と題して掲載せし拙稿に対し，向島における本紙の一愛読者ＫＨ氏から，氏は自分が鐘紡の待遇は他社に比し良好のようであるといったのに対し，決して宜くないといっておられる．『大日本紡績連合会月報』7月号によれば，6月中の鐘紡社職工賃銀1日平均率は，男工1円75銭2厘，女工1円24銭1厘となっている．これは，他社に比して決して少くないようであるが故に，良好といったまでである．

　所がＫＨ氏に従えば，男工日給50銭，手当7割の35銭，合計85銭ということである．食料費は1日20銭であるが，玄米1割混合と称して3，4割を混ぜるをもって到底食するに堪えないというのが実情である．のみならず，売店に種々なる食物を並べて職工の食欲をそそり，その他種々の日用品を備えて同社のみに通用す金券をもって販売し，職工に与えられた賃銀は売店によって会社に回収される．しかのみならず月に4日の休日あり，共済費50銭を差引かれ，月末手にする所は20円内外となる．その中から6円の食費は，のどを通らないものを供せられても遠慮なく引かれる．しかして次に賞与の問題であるが，次に表にして示せば，

　1 等担当　　400円以上　700円以下
　2 等担当　　300円以上　500円以下
　3 等担当　　300円以上　400円以下
　4 等担当　　200円以上　300円以下
　主 席 工　　100円以上　200円以下
　主席工助手　 80円以上　150円以下

> 優　等　工　　50円以上　100円以下
> 準優等工　　20円以上　50円以下
> 平　　　工　　5円以上　20円以下
>
> いかに非人道的な賞与であろう．余りに累進率が大である．作業能率は，フォーマンの力によるにあらずして，むしろ多数労働者の力であることは今更言をまたない．かかるが故にＫＨ氏は嘆じて曰く．同盟罷業せんにも多数職工は無力にして，フォーマンは組せざるが故に不能であると（中略）．故にこそ，記者は同社が7割の配当をなす前に使用人の待遇をいやが上にも改善せんことを忠告したのである．
>
> （大正11年9月6日）

　資本家階級が経営家族主義として宣伝し，温情的な日本的労務管理として自ら誇った「優遇」策の実態が，ここにはよく物語られている．

3-4　経営家族主義と武藤山治

　大経営家族主義を唱え，それにふさわしい労務管理を行ったのが，鐘紡の経営者であった武藤山治である．彼が中上川に出会ったのが1893年（明治26年）のことであった．その場で三井に採用された彼は，初めは三井銀行に勤務したが，やがて鐘紡に転出したのである．

　武藤の経営方策における基調は，しばしば⑴温情の表露としての親切・丁寧な態度・取扱，⑵永遠の大利，⑶良職工主義の3点にあるといわれている[11]．紡績業の経営者は，自らをロバート・オウエンの如くにふるまうことを理想としたが，武藤の場合もその例外ではなった．ただ，注意しなくてはならないのは，温情主義をいう場合でも，武藤は「経済的合理性」を忘れていなかった点である．それは，彼の三男で，鐘紡の社長でもあった武藤絲治の次の言葉の中にも，よく語られている．

　「20年間も無料で従業員を療養所に入れるかと思うと，1銭1厘もおろそかにしてはいけない．コストダウンで1銭1厘でも安くして工業的利益を生

---

11)　労務管理史料編纂会編『前掲書』23ページ以下を参照のこと．

む，そして，結局，生産性を上げなければ事業というワクでは，従業員の優遇は，いうべくしてなかなか行われないなどと総合的な面から父は，徹底した合理主義をとったのだと思います．」[12]

　鈴木恒三郎の温情主義が，やや主観主義的であったのに対し，武藤山治の場合は，経済的合理性に貫かれたそれであった．それは武藤自身，自らを「営利会社の番頭」と認識していた点にも，よく現われている．

　いずれにしても，鐘紡での「従業員待遇施設」については，1902年（明治35年）頃から武藤山治により漸次取り組まれていくのであるが，その中心は，前述の「共済組合」制度にあったことはいうまでもない．

　だが，こうした温情的諸制度が，経済的合理性を背景にしていたことは，既に指摘した通りである．この経済的合理性は，常に高い忠誠心がなくしては遂行できない．武藤山治が，労務管理の中心にこの問題を据えたのは当然であった．その1つが，1915年（大正4年）9月から取り組まれた「精神的操業法」である．

　ティラーの科学的管理などの欧米的管理法の研究は，わが国でも比較的早くから取り組まれ，部分的な適用が検討されてきたが，それがアメリカのような効果を発揮しなかったであろうことは，想像に難くない．鐘紡の場合でも，労務管理の方法としては，まず温情主義的方式が採用され，1912年（大正元年）末頃から科学的管理の検討，吸収が開始された．1914年（大正3年）には，時間研究などもはじめられている．だが，武藤山治は，そうした合理化努力を行いながらも，1915年（大正4年）9月には，「精神的操業法」を提唱し，それ以降の労務管理の1つの中心的方法となした．その主旨は次の点にあった．

(1) 経営者を初め，全労働者の個々人の精神を自己の仕事に集中させることにより業績を向上しようとする．

(2) 目的は，各人の直接の労働量を増大させることよりも，むしろ，労働の質を高めることにある．

---

12) 中川・由井編『前掲書』394ページ．

(3) 経営者，管理者も含めて，すべての人々の行為を精神化し，一種高尚な鐘紡気質を形成する．

(4) 成功すれば，現在の監督者数で倍の事業拡張が可能となり，労働効果の増大が顕著になる．

このような武藤山治の提案には誤解もあったようで，更に彼は次のような注意を促している．

(1) 「精神的操業法」の主旨は，一層苛酷な労働を強いるものではなく，各人の働きを精神的にし，いわば真面目ならしめるにあり，温情主義とは背馳するものではない．

(2) 主として取締まるべきは，使用人の精神的でない行為である．

(3) 誤ってなせる精神的な行為は，結果のいかんにかかわらず寛大に扱う．

ここでは武藤山治は，むしろ帰属意識の昂揚を主張しており，具体的内容については，必ずしも明らかにしていない．要は，他社よりもすぐれた「鐘紡気質」を創り出し，労資一体の関係を，更に大きく確立しようとした点に，その目的があった．この「鐘紡気質」が創られ，それが有効に機能すれば，当然，労働者も労働運動に対して封鎖的になり，外に向けて目を開かなくなる．労働者を企業内にとじ込めることは，労働運動が次第に高まりを見せはじめる時代に，きわめて重要なことであった．それには，経営一家主義的思考が，日本人の感情とあいまって有効な効果をもったのである．もとより，これは，欧米に発達してきた「合理的」管理方式と矛盾するものではない．科学的管理が，労働の量を対象にするとすれば，「精神的操業法」は労働の質を対象にした．後者は，現在のQCサークル運動と同様な内容をもっていたのである．

4 経営家族主義と労務管理

4-1 河上肇と武藤山治の論争

中上川や武藤が，「良職工主義」をかかげ，優秀な職工を優遇したことは，当然，明確な意図があってのことである．彼等が，専ら「優遇」の対象とし

第Ⅳ章　日本的経営と経営家族主義

たのは，能力的にもすぐれ，そして忠誠心の高い，一部のエリート労働者にすぎなかった．武藤山治の「経営大家族主義」も，こうした路線を発展させたものであった．そして，それが細井和喜蔵が指摘した次のようなブルジョア的成果を生んだのである．

「鐘紡の職工待遇法などを観て来て感服する者は，労働問題をはきちがえた輩にほかならないし，またそれに甘んじている同社の友達は，もし武藤御大が死んだら，後を追うて殉死でもすればよく似合う御主従だ．」[13]

温情主義が何であり，それが労働者にどんな影響を及ぼしたかについては，武藤山治と河上肇との間に論争があった．面白い論点も含んでいるので，長文であるが引用してみる．

「1．略．

2．『小生（武藤氏）は営利会社の番頭に過ぎず，然るにオウエンを以て小生を律し批評せらるるは其当を得ず．若し小生にして貴下（河上）の称賛を得んと欲すれば，吾社（鐘紡）を破産せしめざる可からず云々』といふこと．——私はオウエンを以て武藤氏自身を律する積りはない．只オウエンの前半生（温情主義者としてのオウエン）を記述するに当り，はからずも武藤氏の所説に言ひ及んだのは，オウエンが重役をしていた会社では，数千の職工を数ヶ月も遊ばしておいて，賃銀の全額を与へたり，又其の株主は僅かに年5分の配当に甘んじ，其の他の収益は総て職工の利益のために使用することを承諾したりしているが，日本では，そんな事は到底むづかしかろう，と思ったからである．しかも温情主義は日本の『国宝』であって，日本の資本家は西洋の資本家と違い，温情主義を以て其の信条としている！　そんな不可解なことがあるものか．是れ私が武藤氏の言説に対し短評を加へた所以である……

3．『重役賞与金の事に付御批判ありしも云々』……私はかつて鐘紡の重役の賞与金のことを批判した覚えはない．鐘紡の決算報告は引用したが，それについては只『これ等の事実が，読者に向って雄弁に何物かを語っているであろう．私は之に蛇足を加うるの必要を見ない』と言っておいただけだ．

13）　細井和喜蔵著『前掲書』145ページ．

もし強いて蛇足を加えた点を指摘するならば『株主配当金(但年2割)』の2割に圏点を附し,又『臨時株主配当金(但年5割)』の5割に圏点を附しただけである.それはオウエンが重役をしていた会社の株主が,永久に年5分の配当を以て満足していた事と,対照せしめんが為めであった.私の比較したのは西洋の資本家と日本の資本家とである……略…….」[14]

ちなみに,ここで河上が言及している決算報告とは次のようなものであった.

当期純益金及び前期繰越金	15,716,778.246
株主配当金(但 年2割)	1,578,697.000
臨時株主配当金(但 年5割)	3,946,742.000
諸種積立金	2,500,000.000
使用人病傷老衰退職恩給資金	200,000.000
職工幸福増進資金	200,000.000
使用人職工臨時給与金	350,000.000
役員賞与金	300,000.000
後期繰越金	6,641,338.756

「試みに,温情主義の鼓吹者武藤山治君がその専務取締役たる鐘淵紡績株式会社の最近の決算報告を見るに,大略次の如くである.彼我の事実が,読者に向かって,雄弁に何物かを語っているであろう.私は之に蛇足を加うるの必要を見ない.」[14]

こうしてみると,温情主義ないしは経営家族主義によって確立される労務管理は,少なくとも戦前では,大きな役割をはたしたといえる.

4-2 経営家族主義的労務管理

ジャーナリストでもあった武藤山治は,欧米の事情にも詳しかったといわれている.彼は,日本古来の家父長制や武士道精神を大いに評価しながらも,そのうえに欧米の近代的思想を調和させて,独自のビジネス・イデオロギーを創り上げた.鐘紡の共済組合制度は,一面では大正デモクラシーのなかでも通用できるような近代性をもっていたが,本質的には,資本家と労働

---

14) 河上肇「武藤山治氏よりの書簡」(『全集』第11巻)394〜395ページ.なお同書150〜151ページ,また165〜166ページも参照のこと.

者の関係を，封建的な身分関係＝家父長制に置きかえたものであった．そこでは，たとえ「囚人労働」ほどではないにしても，依然として厳しい労働条件のもとで厳しい作業が行われ，労働者の生産性向上のために厳格な労務管理が貫ぬかれたのも当然であった．

　何故かといえば，いかに経営大家族主義を唱え，一部職工を「優遇」したとはいっても，武藤山治もまた資本家の代理人であった．当然のことながら，彼は資本主義的合理性を徹底して追求する．この場合，彼が拠り所の1つとしたのが，アメリカに発達した「工場管理」の方法であった．1904年(明治37年)には，武藤山治は，『鐘紡の汽笛』のなかで，次のようにいっている．

　「いまや工場の経営は，一種の科学となり，欧米の工業家は争ってその方法に全力を傾注している．わが社に従事するものは，直接工場に従事するものもそうでないものも，みな工場の経営を主にして，各人の意を結束すべきである．」[15]

　従って武藤山治は，早くからティラーの「科学的管理」に注目し，鐘紡の工場でも実際に適用した．ちなみにティラーが「工場管理法」を発表したのは1906年(明治39年)であり，また「科学的管理の諸原理」を発表したのが1911年(明治44年)であった．この「科学的管理」を初めて日本に紹介したのは，鈴木恒三郎であったといわれている．彼は1912年(大正元年)にアメリカから帰り，「科学的管理」を古河鉱業の日光清滝精銅所に初めて適用した．そして，それが非常な成果をあげたといわれている．ただし，この場合注意しておかねばならないことは，この管理法も，「いわゆる主従関係なるわが国古来の良俗を利用し，温情主義を加味して，わが労働(者)階級の弱点と，時代の幼稚とに対応し，かつまた，その当時勃発せる日独戦争に対する国民の愛国心，敵がい心を巧みに援助とした」[16] ものであり，ティラーの「科学的管理」の日本的適応であったことである．同時にこれは，アメリカ

---

15) 中川・由井編『前掲書』403ページ．
16) 中村清彦著『工場管理法精髄』32〜33ページ．

の労働者よりも、はるかに厳しい苦汗制度のもとに日本の労働者がおかれていたことを意味していた。

鐘紡では、早くも1912年(大正元年)に、「科学的管理法」についての検討を始めている。前述の『女工哀史』には、鐘紡や東洋紡での「標準動作研究」の事例が紹介されている。わが国の紡績業界にアメリカ流の工場管理の方法が紹介され、定着したのは、意外に早かったといえる。また、農商務省に「能率課」が設置され、国策として能率問題が取り上げられたのが1921年(大正10年)だったし、テイラー協会が日本に設けられたのが1925年(大正14年)のことであった。ようやく高まる大正デモクラシーと、労働者の階級的自覚のなかで、原始的・封建的労務管理を脱却し、「科学的管理」の原理に従った近代的労務管理が、資本家階級にとって重要な関心事になりはじめたのである。

例えば、大正年間に鐘紡で実施された労務管理上の諸制度を年代順にみると、およそ次のようになる[17]。

大正元年　科学的管理法に関し注意
　　　　　機関誌「鐘紡の汽笛」「女子の友」発行
　　　　　京都支店工手勤統調査委員を設置
　　　　　注意書制度改正
　　　　　京都支店矯風会(社員有志の会)設置
大正2年　共済組合定款．施行細則改正
大正3年　使用人及び職工幸福増進係設置
大正4年　専務直接面会制．健康診断フォーム．救済院設置．精神的操業法実施
大正5年　新入工養成法．能率研究開始．負傷予防法教案
大正6年　専門的補習教育奨励．懲罰解雇不服者専審制．呼吸器患者取扱規程制定．標準動作練習会．パーソナル・インタービュー法．栄養問題研究
大正7年　寄宿舎設備調査．寄宿工女の居心地良化策
大正8年　工場標準用語制定．寄宿係・世話係等各種服務標準制定．工場附世話係設置．定員適正・服務分量の公平化検討．工場内意思疎通委員制設置．疲労回復研究．職工村建設案提出．早期診断法
大正9年　経費節約．人心の緊張につき注意．新入工養成短期化努力
大正10年　余暇利用研究．植樹奨励．旧工手及びその家族との懇情保持方法．家族式管理法実施

---

17)　間著『前掲書』317ページ参照．

大正12年　能率調査規定制度．作能検査法確立．品性検査
大正13年　能率査定法
大正14年　懸賞投書規定

　このようにみると，鐘紡では，かなり早い時期から積極的に能率問題について検討が行われ，「合理化」が推進されてきたことが判明する．しかし，いかに経営大家族主義がいわれ，温情主義が強調されたところで，それが資本家側から一方的に押しつけられる「アメ」であり，その背後には鋭い「ムチ」が隠されていたことは否定できないのである．そして，このような日本的労務管理制度は，依然として封建的な社会構造をもっていた明治・大正・昭和初期には，かなり大きな成果をもたらしたのであった．われわれは，その要因として，次のような点を求めることができる．

　「とくに家父長的観念や天皇を絶対不可侵とする考え，国家への幻想や官吏にたいする屈従観・仏教的諦観や修養の倫理・排外主義思想や軍国主義イデオロギー等々が，ありとあらゆる方法によって不断に宣伝され，たたきこまれ，労働者大衆および一般人民を無知と無抵抗の状態におしとどめるべく努力されたのである．」[18]

---

18)　社会経済労働研究所編『近代日本労働者運動史』8ページ．

第 V 章

日本的「労使協調」とその制度化

1 経営家族主義の近代化

1-1 経営家族主義に対する河上肇の批判

　日本的経営が,その内容はともかく,強烈な「労使協調」で世界の経営者達の注目を集めたのは,最近のことである.元来,それは,独自の日本主義的精神構造に支えられた諸制度のもとで,固有な機能をはたしてきた.その源泉が,かつての経営家族主義にあった.

　戦前の封建的経営思想の典型たる経営家族主義思想は,封建的身分関係をそのまま雇傭関係のなかに持ち込み,多くの労働者に対して,資本家があたかも慈愛にみちた父親であり,その命じるところに逆らうのは,道義的にも許されぬということを教え込んできた.その典型が,武藤山治などが唱えた温情的「経営家族主義」であった.

　ちなみに,河上肇は,この「経営家族主義」に対して,次のような批判をしている.いささか長文であるが,引用してみる.

　「『近来,学者論客中,頻に吾国資本家を攻撃するものあるも,予は之を以て労働者諸君のため思慮ある業と考えず.吾国資本家の如き,中には強慾,非道かつ其成功手段悪辣なるものあれど,大部分の金持は,西洋と違い全く組みし易きもののみにして,諸君は学者論客の言を信じ,其正面に之を敵視

するは甚だ不利なり．宜しくこれと協調して諸君の目的を達するを可とす．……特に日本の資本家は，西洋と違い，家を愛し，諸君の中にも随分主人に見出さるるか，又は美男子なれば，家付の娘に懸想されて，他人の身代を易々と受取りて，急に主人となるも鮮からず』という武藤山治の主張に対して，『即ち武藤氏によれば，吾国資本家は西洋と違い云々，日本の資本家は西洋と違い云々であるが，併し其れは果して何う違うのであるか？　私は誠に刻下の恐慌時に於ける日本の紡績職工に向かって次の如く尋ねて見たいと思っている．今の日本に数千の職工を数ヶ月間も遊ばせておいて，一文も差引かずに賃銀の全額を支払って呉れてる資本家が凡そ幾人あるであろうか．」[1]と．

河上肇の指摘は，資本家や経営者が労働者に対して一方的に押しつけるビジネス・イデオロギーの本質を鋭くついている．こうした封建的経営理念が，長い期間にわたり，わが国の労働者を企業内にとじこめ，連帯をさまたげ，団結を阻止してきたのである．

1-2　労資関係の近代化と現代化

第2次大戦以後，アメリカを中心とした占領軍が強行した「経済民主化政策」，とりわけ労働立法の施行は，わが国の資本主義のなかに温存され，労働者の弾圧に大きな役割をはたした封建制の一掃に一定の意義をもった．だがそれは，労働者を真に解放したものではない．アメリカの占領政策には，当然，1つの限界があった[2]．こうして一応，労働者の基本的諸権利は公認され，雇傭関係も近代化された．そうしたなかで，かつての経営家族主義的イデオロギーと恩恵的労務管理にかわって，アメリカ流のプラグマティ

---

1) 河上肇稿「ロバアト・オウエン（彼の人物，思想及び事業）」(『河上肇全集』岩波書店刊　第11巻) 150〜151 ページ．
2) 労働立法をめぐって占領軍当局者，とりわけ米ソ間に見解の相違があり，激しい議論があったようで，当時の有様は朝海浩一郎のメモに詳しく述べられている．次を参照のこと．
　　外務省編『初期対日占領政策―朝海浩一郎報告書』(下) 84 ページ以下．また 90〜96ページも参照のこと．

第V章　日本的「労使協調」とその制度化　　　　67

ズムに装われた「現代的」な経営管理制度や労務管理制度が導入され，定着化していったのである．それには，次のような諸制度があった．

「……それらを概括すれば，① TWI, WSP, PDI 等の労働組合の弱体化ならびに合理化，とくに職制強化と労働強化のための方法，② MTP, JST, CCS講座等の監査職能の事務化，単純化ならびにその賃金引下げのための方法，③トップ・マネジメント，コントローラー・システム等からなる経営内支配機構強化のための諸制度や，④人事相談制度，会社機関紙発行，愛社精神の強調等，いわゆるヒューマン・リレイションズに基づく偽装された民主化方法等から構成されていた.」[3]

もとより，アメリカで生成・発展してきた経営管理の諸制度は，そのままでは，わが国で適用できない．それは，わが国の精神構造にふさわしく再編されなければならない．それでは，日本的経営を特徴づける精神構造は，どのような要因によって形成されてきたのであろうか．その要因をめぐるアンケートの結果が，次の表V-1である．これは，関東地区生産性労使会議が，経営者と労働組合の指導者に対して行ったもので，ここには，日本人独自の意識がよく現わされている．

1-3　日本的経営の基盤(1)

ここで指摘されている諸要因を参考にしながら，日本的経営を支えてきた諸条件をさぐってみると，次の点が指摘できる．

第1は，いうまでもなく，国家と独占との融合関係である．国家は，歴史的にも，また現代でも，独占の代弁人として積極的な機能を果たしてきた．明治維新以来の国家と独占との長期間の融合は，独占の力を強大なものとし，日本的経営を支える力でもあった．戦前では，低賃銀労働者の創出，確保に，国家がはたした役割は，きわめて大きかった．戦後の経済「民主化」政策の結果，労働者の無権利状態は一応終止符が打たれたとはいえ，国家と独占との癒着はますます著しいものとなり，先進的な労働者に対し敵対しつづけている．その点では，戦前のファシズム国家と同様に機能をはたし，それ

---

[3]　木村他編『現代経営会計講座II』（経営労務編）228〜229ページ．

表 V-1　要因別労使の回答率（％）

	経営者	組合幹部
(1) 企業別要因＝明治の官業払下げ等企業制度（財閥の官僚制化），大正期の技能工養成，確保（労使関係安定策）	54	47
(2) 社会制度的要因＝明治憲法，教育勅語，地主制，身分制導入等人間の質的事情	47	46
(3) 民族的要因＝単一民族（信頼関係），農耕民族（勤勉性，感受性，適応性），ムラ形成（集団志向性，共同性）	38	32
(4) 経済的要因＝資金，貧困，人口稠密（工業化の後進性，雇用機会の稀少，交通・通信機関の情報の発達，二重構造）	17	17
(5) 政策的要因＝富国強兵，殖産興業，和魂洋才の国民的風土の延長（日本株式会社）	12	19
(6) 宗教的要因＝イデオロギー的要因＝仏教・儒教（武士道）の影響（価値観＝イエ意識，ムラ意識，タテの人間関係による親分・子分意識，私益と公益とが結びつく国家意識，相互信頼，丸抱え，甘え．	5	5

出所：「日本生産性新聞」昭和55年7月30日付.

表 V-2　業界団体及び企業から自民党への政治献金

① 業界団体	（1,000円）	② 企業	（1,000円）
石油連盟	91,000	新日本製鉄	75,000
鋼材倶楽部	90,000	日立製作所	75,000
日本化学繊維協会	90,000	東京芝浦電気	73,000
日本鉄鋼連盟	90,000	三菱電機	69,350
セメント協会	90,000	三菱商事	64,250
日本自動車工業会	85,100	日産自動車	64,040
全国相互銀行協会	70,000	三菱銀行	63,100
不動産協会	65,850	日本鋼管	63,000
大証正会員協会	61,710	三和銀行	62,350
石油化学工業協会	60,325	住友銀行	62,350
		富士銀行	62,350

出所：1982年政治資金報告書

を資金的にも支えているのが，財界，独占からの政府＝自民党への献金である．それがいかに多額なものであるかは，上の表が示している（表V-2）．

1-4　日本的経営の基盤(2)

　第2は「教育」の問題である．低賃銀労働に不満を抱かず，資本家の命じるままに従順に働く労働者を育成するためには，天皇制や「家」を中心にした封建的道徳教育が絶大に効力を発揮した．それは，かつて私達が，わけのわからない「教育勅語」を，頭を下げて聞かされたことにも，よく現わされている．

　戦前の教育の中心理念であった滅私奉公，忠君愛国思想は，無謀な侵略戦争に直結するとともに，労働者を弾圧するイデオロギーとして効果をもった．独占や国家が，自己に好都合な教育を必要とするのは，けっして過去だけのことではない．独占や国家は，常に権力に順応する労働者を求める．最近の独占や国家の要求は，教科書検定問題に対する文部省の異常なまでの執念にもみられるし，また，国民の意向を無視し，財界の要求に応じた教育臨調にもみられる通りである．

　第3は，依然としてつづいているわが国の労働者の過重労働である．これは，同時に，わが国の労務管理が，いかに厳しく行われているかを意味している．第2次大戦までのわが国の労働者階級は，徹底した未組織状態におかれたこともあって，低賃銀，長時間労働がごく当然のように強行されていた．むしろ独占は，そうした状態を意識的に創造し，自らの地位を維持するために積極的に利用した．例えば，第1次大戦後の情況について，森氏は次のように指摘している．

　「(第1次)大戦後の賃金は，軽重量工業部門間の較差などさまざまの較差を内包する低賃金を，資本は経済激変局面の切抜け手段に利用．若年齢，安価な労働者を多く雇用し，基幹的企業内の身分的職階制と結びついた年功序列賃金体系に組み込んで企業意識を育成し，労働者の社会意識をゆがめる方向を強めることができた．

　大戦後の10年間，賃金が上昇した半面では大量の失業者，半失業者を抱える事態も出現し，以前に比べて短縮されたとはいえ国際的にはかなり遅れた長時間労働によって，より多くの利潤を生み出す生産性向上という名の労働

強化にかり立てられるなど, 労働者階級としては, 賃金上昇の実効もゼロに等しくなるほどの労働条件に従うことになった.」[4]

こうして労資協調のもとに成立した低賃銀労働と長時間労働とは, 日本的経営制度とともに, わが国の独占を支える最も基本的な基盤であった.

しかし占領軍の経済「民主化」政策の結果, 限定された範囲で労働者の基本的権利や組織も公認され, 戦前に比べれば労働者階級の力量もたかめられた. 労働組合も, しばしばその戦闘性を発揮し,「反合理化」闘争にも取り組んだのである. 経営者側の労務対策機関たる日経連は, 春闘のたびごとにわが国の賃銀は,「世界のトップ・レベル」にあるとか,「ヨーロッパの先進国なみ」とかいうキャンペーンをはっているが, 実態はどうなのであろうか. ちなみに, ある国の賃銀が, その国々でどれだけの購買力をもつかを考慮に入れた購買力平価にもとづいて, 各国の賃銀水準を西ドイツ連邦統計局が計算した結果を示すと, 図V-1のようになる.

この計算からも明らかなように, わが国の労働者の賃銀水準は, アメリカ, 西ドイツの労働者に比べて約3分の1, イギリスの労働者に比べても約2分の1にすぎないのである. 日経連の主張が, いかに意図的なものかが明らか

図 V-1 購買力を加味した賃銀──1時間当たり
(製造業生産労働者・1979年)

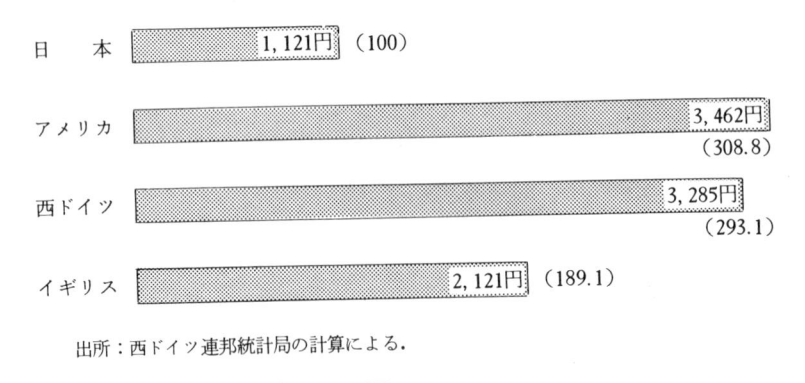

日 本	1,121円	(100)
アメリカ	3,462円	(308.8)
西ドイツ	3,285円	(293.1)
イギリス	2,121円	(189.1)

出所:西ドイツ連邦統計局の計算による.

---

4) 森喜一著『日本の近代化と労働者階級』176ページ.

第Ⅴ章　日本的「労使協調」とその制度化

になる．同様なことは，年間実労働時間についてもいえる．表Ⅴ-3からも明らかなように，1982年の時点で各国と比較してみると，わが国の労働者は，イギリスの労働者よりも年間446時間，フランスの労働者よりも403時間，アメリカの労働者よりも285時間，西ドイツの労働者よりも245時間も長く働かされているのである．

表 Ⅴ-3　年間実労働時間（製造業・生産労働者）時間

年	日　本	アメリカ	イギリス	西ドイツ	フランス
1979	2,162	1,919	1,736	1,946	1,791
80	2,162	1,893	1,728	1,887	1,782
81	2,146	1,898	1,707	1,891	1,769
82	2,136	1,851	1,690	1,891	1,733

出所：労働省調査，EC統計局，ILO各国資料

1-5　日本的経営の基盤(3)

　第4の要因は，第3の要因とも重複するが，戦前までの労働者を根強くとらえていた，固有の価値観であった．

　封建的風土のなかで，仏教思想などによって国民のなかにうえつけられ，育成されてきた権力者崇拝，偶像崇拝思想は，たやすく忠君愛国思想に結びつく．経営理念についていえば，それは「滅私奉公」とか，「私益と公益との同一視」などのブルジョア・イデオロギーと結合し，労働者を資本家の支配下に二重・三重にしばりつけるために，積極的な役割をはたした．かつて，「紡績工場で働くのは国のため」という言葉にだまされて，無数の若い女子労働者が結核で倒れ，死んでいった．それが，資本家にとっては，この上もない「美風」だったのである．

　だが，ロシアに初めて労働者，農民の政権が確立し，わが国の労働者も次第に階級的意識をたかめてくると，資本家階級は，国家権力に依存して弾圧を強めながらも，他方では労資協調を強めざるをえなかった．例えば，当時の倉敷紡績の大原社長は，次のようにいっている．

　「昔は使用人と被使用人間には一種の美風があって，主従関係を作り美し

い情誼で結合されていたが，今日では㋑事業組織に大変化をきたし，㋺職工の知識が進歩して権利を自覚，㋩世界戦争の影響として経済界に著しい変調をきたし，貧富の懸隔が甚だしくなり，㋥諸物価騰貴し生活上の不安を感じ，㋭労働者の気風は自然変化せざるを得なくなった.」[5]

特にここで大原が主張したかったのは，労働者階級の「知識が進歩して権利を自覚した」ことであった．したがって彼は，「是非とも労資の完全なる一致点を発見する」必要性があることを強調した．こうした時代の風潮を反映して，1919年には「協調会」が官民一体になって結成された．この「協調会」は，必ずしも労働組合の存在を否定するものではないが，労働者に対し「階級ノ調和融合ヲ図ル」ための官民あげての組織であったが，さすがに大日本労働総同盟友愛会会長の鈴木文治は参加しなかった[6]．

こうした「労資協調」を根底で支えたものは，企業内教育制度――とりわけ職工養成制度であった．例えば，三菱の場合では，長崎造船所に「三菱工業予備学校」が設けられたのは1899年（明治23年）のことであったし，また三井鉱山に「三井工業学校」がおかれたのは1907年（明治40年）のことであった．また住友の場合も，住友伸銅所に「住友養成所」を1916年（大正5年）に開設した．ここでは，責任者であった鈴木左馬也が，次のような教授要旨をしめしている．

「修身実内訓――教育勅語の趣旨にもとづき，専ら正直を尚び妄語せざるより始むるの気運を養成し己れを修め人に接し，事に当り世に処するの間に於て，職工の身分に適応し実施欠くべからざるの心得方を訓誡し，一に之を実践せしめて以て着実善良なる職工たらしむる事を期す.」[7]

このような養成工制度の充実は，企業に対する忠誠心を育成・定着させ，労働運動のたかまりを労働者自身の手で切りくずしていくために，大変効果的であった．だが，それは終身雇傭とか，年功給制とかを前提にした場合で

---

5) 労務管理史料編纂会編『日本労務管理年誌』第1編 下巻 954ページ．
6) 詳細は池田信著『日本的協調主義の成立』32ページ以下を参照のこと．
7) 労務管理史料編纂会編『前掲書』955ページ．

ある．だが，独占の意図は，現在においても，例えば自衛隊への体験入隊の強制，徹底した反共イデオロギーに貫かれた新入社員教育に，そのまま引きつがれている．

2 日本的経営の精神的基盤

2-1 日本主義的精神構造

わが国独自の日本主義的精神構造は，近代資本主義が成立しても依然として封建的身分関係を根強く残存し，権力者中心志向的に構築されていたこともあって，資本家階級にとってはきわめて有意義であり，かつ効果的なものであった．農・漁村や都市の下層に潜在的に存在していた豊富な低賃銀労働力は，労働者に対しては絶えず「失業」の恐怖感を与え，低賃銀に甘んじ，資本家に順応する気風を創り出した．しかし，前述の大原の言葉にも示されているように，封建的な「主従」関係的労資関係は，資本主義の発展に応じて次第に崩壊しはじめ，1900年（明治30年代）には，「近代的」な雇傭関係に転換した．労働者階級の近代化を促進した要因としては，一般に，(1)労働者の大量化——質から量への転換，(2)人間関係の主従的関係から賃銀労働関係への転換，(3)技能修練よりも生活への志向転換，(4)労働者の権利意識の抬頭，(5)新職種の登場などが求められている．

このように，労働者階級の意識の近代化に対応して，労務管理も当然近代化される．元来，日本的労務管理は，次のように類型化されていた．

「経営の近代化，労務管理前史を形成していったのは，むしろ経営者の中の道義性が強い，いわゆる啓蒙的経営者たちによるところが大きいといわざるをえない．例えば，佐久間真一（秀英舎），朝吹英二（鐘紡，王子製紙），波多野鶴吉（郡是製糸），中上川彦次郎，團琢磨（三井），荘田平五郎（三菱），広瀬宰平（住友），安川敬一郎（明治鉱業），山辺丈夫（大阪紡），菊池恭三（尼崎，摂津，平野紡），伊藤伝七（三重紡），武藤山治（鐘紡），和田豊治（富士紡）などである．……これらの人たちを区分すると，(1)養成主義を採ったもの……山辺，波多野，武藤，佐久間，(2)温情主義を採ったもの……朝吹，伊藤，和田，

荘田等に分け得よう．但し『比較的に』という冠註付にすぎない．そして彼等の主たる活躍舞台であった会社は，種々の点でわが国経営・労務の支柱となっていったといっても過言ではあるまい．なかでも佐久間貞一と波多野鶴吉及び菊池恭三には特に注目すべきであろう．佐久間は労働者の保護及び組織化に，波多野は教育養成主義に，菊池は勤倹主義に，いずれも徹底した．しかしてこの 3 様態は，また当時の経営・労務の核心をなすものであったといってよいであろう．」[8]

2-2 日本的労務管理制度と「労働委員会」

資本家にとって体系的な労務管理が重視されてくるのは，特に，第 1 次大戦以後のことであった．資本家や経営者の対労働者問題に対する苦悩は，封建的身分関係を前提にした日本的精神主義に装われた独自の労務管理制度を生み出した．例えば終身雇傭制とか年功給制，あるいは右翼的労働組合の育成などが，その代表的なものである．

もとより，これらの日本的労務管理制度は，「労資協調」があって初めて成立・機能するものであった．したがって，資本家や経営者の「温情」や「恩恵」を労働者に十分に理解させ，それを通じて，労働者の積極的な「協力」を確保していくことが重要であった．こうした資本の要請に応じて展開されてきたのが，「労働委員会」制度であった．

わが国で，初めて「労働委員会」を設置したのは，鐘紡と淡陶であった．だが，労資協調の機関としての「労働委員会」は，淡陶の方が優れていた．淡陶の場合には，1900年（明治33年）の不況期に発生した労働争議を背景にして導入されたので，それだけ現実的意義が大きかったのである．この「労働委員会」が本格的に発展してきたのは，第 1 次大戦以後のことであった．大正デモクラシーから引きつがれた労働者の権利意識は向上し，各地で相ついで労働争議が発生したこの時期の情勢については，一般に，次のようにいわれている．

「欧洲大戦後一度財界の不況襲来するや，各地に大規模な争議続発して労

---

8) 労務管理史料編纂会編『前掲書』第 1 編 上巻 70 ページ．

資間の軋轢は深刻となり，かくて我国労働委員会制度を，真に見直すべき時が到来した．けだし，当時主として阪神地方に頻発した藤永田造船，住友電線，三菱造船，川崎造船等の大争議は特に団体交渉権の確認，工場委員会制度の要望が端緒となり，大正10年の如きは労働委員会制の実施を要求事項の1とせる争議は25件の多きに達した．かくて政府の勧奨と労働者自身の要求並に時勢に善処せんとする企業主の真意とが相俟ってここに協議機関としての労働委員会は漸く全国に普及し，本制度に対する世の認識も次第に深められた．」[9]

この労資調整機構としての「労働委員会」が，右翼的労働組合の要求にもとづきながらも，国家主導のもとで設定されたことは重要である．大正年間，資本主義の矛盾の激化を反映して多発した労働争議は，資本家達を大いに憂慮せしめ，国家と独占の代表者たちは，「労資協調」を促進する機関として1919年（大正8年）に，財団法人「協調会」を設立した．当時，設立に参加し，副会長となった渋沢栄一は，次のようにのべた．

「……資本と労働との共同活動が即ち産業である．更に適切にいえば，資本家と労働者との人格的共働が即ち産業である．労働者の"クセ"に怠けるとか，反抗するとか．つまりこの"クセ"というのが根本の誤りである．……この陋習の打破，即ち産業家の自覚が第1だと私は考えたのである．……第2は労働者自身の自覚である．労働の根本義は社会奉仕である．社会の必要とする物質を生産して社会に貢献する．これをなすには資本と労働と協力しなければならぬ．……私はこのような考えをもって，資本家，労働者双方の覚醒を促すことに努力を続け，大正5年に事業界を隠退するとともに，今後の生涯の一部をこの方面に捧げるつもりであった．

時あたかも床次内務大臣の主唱にて，朝野同憂の諸士及び工業倶楽部の諸君もその相談にあづかって協調会創立の議が持ち上った．資本，労働双方の覚醒を促して切に両者階級闘争の謬見を正し，其間の協同調和を保って行くには，両者の執れにも偏せずして公正不偏の立場にある機関を組織して，そ

---

9) 西実著『我国労資調整機構の発達』24〜25ページ．

の誠実なる活動に俟つのは最も適切な方策である.」[10]

2-3 国家的労務政策と協調会

この協調会は,内務省の外郭団体であったところに特徴があった.まさに,強制命令による労資協調機関だったのである.この協調会は,1921年(大正10年)に「労働委員会法制定に関する建議」を行った.そこでは,協調会会長の徳川家達は,次のようにのべて,日本的「労資協調」の精神を強調した.

「……今や労働者が其の自ら選びたる代表者に依り親しく企業家と交渉せむことを望むの情甚だ切なるものあり.各企業の組織内に於て進んで之を与うるに非ざれば勢の趣くところ之が為に徒らに争議を醸生して労働者自ら窮地に陥るのみならず産業の安定を壊り社会の康寧を脅すに至るなきを保せず.故に企業者自ら現在の事情に照らし最も適切と認むる範囲及形式に於て労働者と触接協議するの機関を設くるは寧ろ賢明なる措置なりと謂うべし.然るにこの種制度の樹立を企業者の任意に委すときは容易にこれが実現を期し難き事情あり.もしそれ労働者の強要に会いて始めて之を与うるが如きは……徒らに事端を繁かしたるのみならず,事後に於ける該制度の運用にも支障を来すの嫌いなしとせざるなり.

前述の理由に基き立法手段に依りて労働委員会制度の設立運用に適当なる標準と規制とを与え,以て企業者及労働者をして協調の精神に基き親しく交渉協議することを得しむるは最も機宜に適したる措置なりと信ず.」[11]

---

10) 西 著『同書』より.
　　ちなみにこの協調会が建議した主要な事項は次の通りであった.
　　大正10年　労働委員会法制定に関する建議
　　大正11年　社会政策に関する行政事務統一機関設置建議
　　大正12年　工場法改正案に対する意見書
　　　　　　　工場法施行令及び同施行規則中改正案に対する修正意見
　　　　　　　臨時国立職業紹介所設置に関する意見書
　　　　　　　労働統制及び失業手当支給に関する意見書
　　大正13年　能率増進に関する建議書
　　　　　　　労働者募集取締令案に対する修正意見

この「労働委員会」(名称は工場委員会, 工場協議会, 協力委員会, 産業協力委員会, 懇談会などいろいろとあった) は, 労働者の要求事項を団体交渉する機関というよりも, むしろ, 資本家の要請を労働者側に諮り, 賛同をえる機関としての性格が強かった. 政府と独占とが一体になり, むしろ労働運動の防波堤としようとしたのが, この機関だったのである. 従って, それは, 当然, 労働組合と対立する. 当事者の西ですら,「当初労働委員会設立の全般的事情より見れば労働組合の存在を要件とせざるのみならず, 却ってそれは組合勢力の伝播拡張を牽制し, もしくは横断組合の設立阻止を導く傾向にあり, 労働組合との関係は頗る微妙であった」[12] と指摘している.

だが, 国家と独占の「労働委員会」に対する期待は, まさにこの点にあったといえる. だが, 実際上は, ののち急速に侵略戦争に突入したこともあって, この「労働委員会」制度は, 必ずしも十分な成果をもたらさなかった. その原因として,「日本の労働委員会が概ね失敗に帰したのは, 矢張り自由主義闘争関係に於て組織されたことに基因する」と指摘されている点に注意しておかねばならない.

2-4 日本型ファシズムと労務政策

特に注意されるのは, この国家主導による「労資協調」が, 容易にファシズムのもとで再編され, 国家総動員のための思想的基盤になったことである. 1937年に開始された日中戦争が拡大するにつれ, 労働組合運動は「産業報国運動」に代置され, 国民運動として展開された. ここで, 再び, ファシズム的な「労資協調」が労働運動のなかに持ち込まれ, 労働組合は解散を余儀なくされる. それとの対応で, 1938年には, 協調会も「労資関係調整方策

大正14年　労働争議調停法案に対する修正意見
昭和7年　農村窮状打開策に関する協調会時局対策委員会の決議
　　　　中小工業窮地打開策に関する協調会時局対策委員会の決議
昭和10年　実務教育振興方策に関する意見書
昭和11年　工業教育に関する建議書
昭和13年　労資調整策に関する協調会時局対策委員会の決議
　　　　西 著『前掲書』より.

11)・12) 西 著『前掲書』25～26ページ.

要綱」を可決しているが,そこでは「労資関係」は,次のように位置づけられていた.いささか長文ではあるが,「日本主義」的労働観＝日本型ファシズム的労働観がよく現わされているので,ここに紹介しておく.

「労資関係の指導精神（骨子）」

「産業は,事業者,従業員各自の職分によって結ばれた有機的組織体であり,而も産業究極の使命は,産業の発展によって,国民の厚生を図り,以て,皇国の興隆,人類の文化に貢献することである.

かかる使命の達成に当っては,両者は正に一体とならねばならぬ.即ち,事業者は,経営に関する一切の責に任じて従業員の福祉を図り,従業員は産業の発展に協力し,事業一家族親和の精神を高揚し,もって,国家奉仕の為に各々自己の職分を全うしなければならぬのである.

事業者の経営

事業者は,まず第1に,産業の国家的使命を体得し,産業報国の精神に基いてその経営に当らねばならぬ.事業は単に自家と利殖または幸福の為にのみ存するのでなく,更に進んで,皇国の発展の為に存在しているのである.

同時に,事業が重大なる社会的使命を有する所以のものは,多数の従業員を使用するがためである.即ち,事業者は,謂わば,従業員の父となって,その個人的ないし社会的生活を保護指導すべき責務を有するのである.単に従業員の経済的方面のみならず,進んで,その文化的精神的方面の向上に努め,日本国民たるに相応しき教養訓練を授けなければならぬのである.

従業員の勤労精神

従業員は,まず,勤労の神聖なることを自覚し,勤労報国の精神に基いて精励努力しなければならぬ.即ち,勤労は単に自己の生活の為にのみなされるのではなく,更に進んで皇国の興隆に貢献せんが為になされるのである.

従業員は,すべからく産業人として自己の職分を自覚し,規律を厳守し,技術を練磨し,知徳を高め,もって事業の発展に協力しなければならぬのである.」[13]

---

13) 西 著『前掲書』126～127ページ.

協調会は，更に，こうしたファシズム的労働体制の確立にふさわしく，小学校から大学にいたるまでの教育体制の軍国主義的再編と，軍国主義的勤労観の確立の必要性を提案している．このように，国家の積極的な指導により，個別企業では勿論のこと，国策的労務政策の基本的イデオロギーとして確立された「労資協調」論は，年功給制，終身雇傭制などという日本に独自な経営制度と結合して，労働者はもとより，その家族にまで生涯変らぬ忠誠心をうえつけるのに役立ったのである．こうして権力者を中心とする「一家主義」の思想は，労働者をして二重，三重に資本の搾取に拘束させるのに最も有効な方法であった．

3 生産性向上運動と労使協議制

3-1 労務政策の近代化

敗戦と同時に，極東委員会は，「日本労働組合に対する原則」を明らかにし，労働組合の結成も，労働者の正当な権利として認め，奨励した．とりわけ，その第1項に規定された次のような観点は，初期の対日占領政策の方向を示すものとして注目される．

「日本の労働者が次の3つの目的をもって，組合を組織することを奨励する．

1　労働条件を防護し改善するため．
2　上記の目的をもって産業労資協約を交渉するため．
3　平和的民主的日本の建設に団体として参加するため，また正当の労働組合としての利益を増進するため．」[14]

また，この「原則」の第14項には，次のような規定があった．

「愛国的産業組織の如き非民主的労働者組織またはその附属団体は，すべてこれを解散し，復活することを許されない．」[15]

こうして，第2次大戦までわが国に根強く残されてきた封建的身分関係に

---

14)・15) 塩田・長谷川・藤原編『戦後史資料集』212～213ページ．なお，この「原則」が発表されたのは1946年である．

もとづく労資関係は，一応は一掃され，現代化された．だが，一見平和で，民主的な方向を追求するかに思えた占領政策も，朝鮮戦争を契機にして，わが国をアジアでの反共軍事拠点にしようとするアメリカの占領政策の転換に従って，大きく保守化し，早くも1950年には，日経連が「赤色分子排除対策」を声高く唱えるまでにいたったのである．

3-2 生産性向上運動の推進

こうした日米軍事ブロックが強化されるなかで，経営者は積極的に攻勢に転じ，新たなイデオロギーによる「労使協調」を確立しようとした．その場合の拠り所となったものが，アメリカの指導で世界的規模でくりひろげられた「生産性向上運動」であった．イギリスや西ヨーロッパ諸国に，マーシャル・プランとともに持ち込まれたこの「運動」の狙いは，次の点にあった．

「……フランス，イタリアで，マーシャル・プラン受入れの条件として民主的連合政府から共産党，社会党閣僚が追放され，労働組合も分裂させられて，各国で労働組合の分裂が CIA の活動によって起こり，遂に1949年世界労連も分裂させられて国際自由労連が結成されたことは，とくに注意されなければならない．」[16]

わが国で日本生産性本部が官民一体で設立されたのは，1955年のことである．日本生産性本部が担う生産性向上運動は，次の3原則に依拠して行われた．

1　生産性向上は，究極において雇傭を増大するものであるが，過渡的な過剰人員に対しては，能うかぎり配置転換等の方法により失業を防止するよう，官民協力して適切な措置を講ずる．
2　生産性向上のための具体的方式については，各企業の実情に即し，労使が協力してこれを研究し，協議する．
3　生産性向上の諸成果は，経営者，労働者および消費者に，国民経済の実情に応じて，公正に分配される．

当初，日本生産性本部が特に力を入れたのは，アメリカ経営学の諸技術の

---

16) 黒川・佐竹編著『日本生産性本部』15ページ．

導入と定着とであった．1955年5月には，海外視察団の第1陣として，鉄鋼業視察団をアメリカに派遣し，また，9月には，第1次トップ・マネジメント視察団を派遣するなど，創立初年度には17チーム，次年度には36チームをアメリカに派遣している．また，アメリカから講師を招いて開かれたトップ・マネジメント・セミナーも，1955年を第1回とし，毎年数回ずつ開催され，1958年からは，これに日本人講師も参加している．

このような日本生産性本部の活発な活動の目的は，アメリカのコングロマリットの支配下におかれた，わが国の独占の管理を近代化することと，労働者に対する巧妙な思想攻撃とにあった．

3-3 労働組合と「労使協議制」

政界・財界あげての思想攻撃は，一部の労働組合の積極的支持をえ，厳しく労働者に敵対するものとなった．この生産性向上運動に理解を示し，積極的に参加したのは，戦前の総同盟の伝統を受けつぐ同盟系労働組合であった．例えば，1964年の「全日本労働総同盟結成宣言」では，基本的方針が次のように述べられている．

「われわれは，労働者のみの経済的，社会的利害に目を奪われることなく，すべての国民の福祉に関心をはらい，国民経済との正しい関連のもとに諸計画と方針をたて，わが国民のすべてに繁栄をもたらすために，産業社会の近代化を促進し，生産性の向上に関する有効な計画をたてその実践活動に進んで参加し，産業民主主義の徹底を期するなど，建設的な活動を進める．」[17]

その後の同盟系の労働組合の「労使協調」ぶりについては，改めて言及するまでもない．とりわけ，「生産性向上運動」の第2原則の「労使協議」を，積極的に推進したのが同盟であった．この「労使協議制」は，機能的には戦前の「労働委員会」と類似しているが，一部労働組合の積極的参加をもたらしているだけに，労働者には複雑な様相を生み出している．生産性本部の主張によれば，「労使協議制」の特徴は，次の点にあった．

「労使協議制は，雇用条件の決定の制度である団体交渉とは区別され，企

---

17) 塩田・長谷川・藤原編『前掲書』613ページ．

業レベルにおける労使の協議及び協力の制度として性格づけられている．この協議と協力の当事者は，企業における使用者とそこに雇用される労働者の代表者である．ここには，企業において使用従属関係にある個々の従業員の立場を離れて自律的意思を有する従業員集団の存在が想定されているが，この集団は労働組合とは必ずしも関係があるわけではない．つまり，これは企業内における従業員代表制なのである．」[18]

　生産性本部が創立以来積極的に取り組んできた「労使協議制」の狙いが，ここに語られている．ここで指摘できるのは，労使協議制を導入することによって，労働組合の団体交渉の役割を弱体化しようという点であった．この労使協議制に対して，積極的な意義を与えるブルジョア的意味は，どこに求められるのであろうか．この点について，木元教授は次のようにいっている．

　「……団体交渉──『労使の利害の相反する問題』，労使協議制──『労使の利害共通する問題』，というように，団体交渉と労使協議制とを機械的・形式的に切断し，一方では，団体交渉事項を労働条件に関する事項に限定することによって争議権の行使を縮小させたうえで，団体交渉において資本家を『信頼し承認すること』を労働組合に強要し，団体交渉を『労使協力』の場に堕落させようとするとともに，他方では，生産事項に関しては労働組合から実質的に争議権を奪いとり，生産資料や経理内容の，労使協議制の場での『提示』というみせかけの譲歩にもとづく『意思の疎通』によって，職場のすみずみのひとりひとりの労働者はもちろんのこと，労働組合ぐるみ，企業意識をもたせ，労働者や労働組合を企業のなかにとじこめ，言葉の正しい意味での労働組合を蒸発させようとしているのである．」[19]

---

18) 日本生産性本部労使協議制常任委員会報告書『新環境下の労使協議制』3ページ．
19) 木元進一郎著『労働組合の「経営参加」』214ページ．

4 「労使協議制」の日本型モデルとその目的
4-1 日本的労使協議制の目的

「労働委員会」として，わが国の資本主義のなかで早くから発展してきた労使協議制は，第2次大戦後も，資本家の要望を反映して展開されてきた．戦後，その推進の中心的役割をはたしたのは，生産性本部であった．とりわけ教育，普及の過程で生産性本部が強調してきたことは，いわば「日本型モデル」とも称されるべき日本的労使協議制の姿であった．それを日本生産性本部は，次のようにいっている．

「日本では，個人は特定の仕事を遂行するためにではなく，企業体の構成員として雇用される．仕事の縄張りや仕事と賃金との明確な対応は原則としてない．昇進や解雇についてのルールは必ずしも明確でなく，使用者の裁量の幅が大きい．ただ，そこには暗黙に期待された終身雇用や年功序列などの慣行があり，裁量がこれを逸脱したと見られるときは紛争が生ずる．労働協約や就業規則に具体的な定めがある場合でも，それは文言通りに運用されるとは限らず，かなり弾力的に運用される．このような経営風土の中で個々の労働者を企業活動に向って組織・統合するのは，明示の契約よりむしろ暗黙の了解であり，相互の信頼と『和』が説かれることになる．」[20]

このように，「日本型モデル」としての労使協議制が成立するのは，わが国に独自な労使関係の「柔構造」によると日本生産性本部はいう．つまり，アメリカや西ヨーロッパ諸国にみられないほど緊密な「労使協調」関係が，わが国の労使間には存在しているということであった．従って，「日本型モデル」は，次のような特徴をもつ．

「したがって，日々生起する労使関係の問題を処理するにあたっては，明示されているルールの範囲内での機械的適用では不十分であり，当事者による何らかの補完措置を必要とする．『協議』はこの補完措置の1つであり，これが状況に応じて適切に機能し，明示されているルールの欠陥を埋めているところに日本的労使関係の特色があるといってよいであろう．この『協

20）・21） 日本生産性本部『前掲報告書』7ページ．

議』は，必ずしも一定の形態をとらない．共同規制のルールである協約を補完するものであるから，その限りにおいて何らかの規制作用をもつ筈であり，この面では，団体交渉の延長或はその変型といった意味をもつものと想定することができる．ただ，これは必ずしも明示のルールの設定を意味せず，暗黙の了解を前提とした経営側の裁量の形を取ったり，時に情緒的な結果に到達したりする．」[21]

　労使協調のゆきとどいているわが国では，団体交渉よりもむしろ「協議」の方が，実質的に有効な機能をはたしていると生産性本部は主張している．とりわけ，この「協議」が団体交渉で直接とりあげない「経営上・生産上の諸問題」について「協議」し，「協力」し合うとすれば，労働組合の役割を実質的に大きく阻止することになる．「労使協調」のうえに展開される生産性向上運動にとって，この「協議」が重要な意味をもつのは当然であった．だからこそ，日本生産性本部創設以来，この「労使協議制」が評価され，教育・普及の努力がつづけられてきたのである．日本生産性本部は，その機能を評価して，次のようにいっている．

　「……さらに一歩を進めて考えてみると，生産性運動が労使協議制をその中核においた意味は単に消極的な紛争予防に止まらず，より積極的な意義を含んでいる．それは，労と使という立場の異る当事者の協議であることからくる．企業は経済活動の1つの単位としてそれ自体の論理をもち，労働組合はこれと異なった存立の論理をもつ筈である．この異質の論理が協議を通じて触れ合うとき，そこには両者をたして2で割った単純な妥協ではなく，これを止揚した新しい価値の創造が行われる可能性をはらんでいる．生産性運動が目指したのは，まさにこのような『価値の創造』であった．」[22]

　生産性向上運動は，労働者に対しパイの増大，配分をめぐって労資が同じテーブルにつき，ともに協働し合うことを教育する思想教育であった．戦前の「労働委員会」とは異なり，一部の労働組合の積極的なこの運動への参加は，労働者をしてその本質を見誤らせ，資本の要請を忠実に実現する体制を

---

22) 日本生産性本部『前掲報告書』10ページ．

創り出す．企業別，産業別，地域別「労使協議」制の設置を訴え，その実現に努力してきた生産性本部は，昭和55年に，全国証券取引所に上場されている全企業1710社を対象にアンケート調査を行い，おおよそ次のような結論を導き出している．いささか長文になるが，日本的労務管理の特徴とされている「労使協調」の実態が，よく現わされていると思われるので以下で検討することにしたい（なお，この調査の有効回答数は533社である）[23]．

4-2 日本的労使協議会の機能(1)

まず設置状況については，「労働組合のある企業482社のうち，90.0％にあたる434社」に設けられており，その内容は次のように指摘されている．

「企業単位のほかに事業所単位あるいは職場単位にも設けているものが66.8％を占め，企業規模別でみると5000人以上では92.0％であるのに対し，1000～4999人で68.9％，1000人未満では49.3％と差が認められるが，規模の小さいところでは，1企業1事業所が多いためと思われる．」

また，付議事項の取扱いについては，おおよそ次のように指摘されている．

「経営的事項では，『経営方針』『会社の業績』『経理』などがおよそ9割の企業で『報告説明事項』とされている．それに対し『会社組織機構の新設・改廃』については『協議事項』33.2％，『意見の一致の必要な事項』9.1％と比較的高くなっている……．」

「生産的事項では，『生産計画』『設備計画』について4分の3の企業で『報告説明事項』であるのは，やむをえない面もあるが，『提案制度によって提案された事項の処理』について，全体の49.2％で『該当なし』とされており，34.4％で『報告説明事項』になっている．」

「人事的事項についてみると，『配転・一時帰休・人員整理』を『意見の一致の必要な事項』とするものが47.0％，『協議事項』とするものが32.3％であるのは組合員の雇用に関わる問題であるだけに当然であり，『勤務態様

---

[23] 日本生産性本部『前掲報告書』15～26ページ．ただし，回答した企業の労働組合のナショナルセンターの過半数が同盟と無所属である．

の変更』についても同様の結果となっている.一方,『教育訓練計画』については,『報告説明事項』が54.2%,『協議事項』は13.0%,『意見の一致の必要な事項』は1.8%にすぎない.」

「社会的事項のうち,『安全衛生』『福利厚生』に関しては,『協議事項』としているものが60%を超え,『意見の一致の必要な事項』としているものも12%に及んでおり,労使の関心の高さを示している.」

「『賃金制度』『労働時間・休日制度』『定年制』などの労働条件事項では,いずれも7割が『意見の一致を必要とする事項』,2割が『協議事項』としている.」

「苦情処理についてみると,『報告説明事項』4.2%,『協議事項』45.8%,『意見の一致の必要な事項』36.4%となっているが,このことは労使協議機関が苦情処理機能を実際の運用上では兼ね備えていることを示すのであろう.」

ついで,「労使協議機関と団体交渉の付議事項の取扱い」について,次の3つのタイプに分類してのべている.

「(1) それぞれ別の制度が設けられているが,団体交渉事項については労使協議機関が先ず予備的な話し合いを行うとする『連結型』.
(2) それぞれ別の制度が設けられていて労使協議機関では団体交渉事項は取扱わないとする『分離型』.
(3) 2つの制度を特に区別せず1つの機関で団体交渉事項も処理する『混合型』である.それぞれについてみると,『分離型』37.7%,『連結型』35.4%,『混合型』26.7%と『分離型』『連結型』がほぼ同数であり,『混合型』はやや少なくなっている.」

4-3 日本的労使協議会の機能(2)

つづいて「労使協議機関で取扱われる事項」については,次のように紹介されている.

「昭和54年9月から55年8月までの1年間に労使協議機関で実際にとりあげられた議題についてみると,『会社の業績と経理内容』について全体の82.5

第V章 日本的「労使協調」とその制度化

％，『会社組織機構の新設・改廃』について55.8％,『中間経営計画』について55.1％で取り上げられるなど，全般的には経営的事項が比較的多くの企業で取扱われている．」

また組合との関係では，次の2つの点が指摘されている．

「とりあげられた議題についての組合の対応をみると，経営的事項に関しては，おおむね半数以上が『会社の説明を受けるだけ』であるが，反面『組合側から積極的な提案を出した』議題は，『労働時間・休日制度』(61.7％)，『高齢化及び定年延長の諸問題』(51.6％)，『賃金体系の改定』(50.0％)など労働条件事項に偏っている．」

「他の事項に比べて（会社と組合との間に），明らかに見解の相違が認められるのは，『労働時間・休日制度』『賃金体系の改定』『高齢化及び定年延長の諸問題』『配転・一時帰休・人員整理』などの労働条件事項に限られている．」

ついで，設置の目的については，次のようにいわれている．

「設置の目的では『経営の実情及び経営者の考え方を組合側に説明し，その理解と協力を求めるため』(60.8％),『労使のコミュニケーションの円滑化による労使間の紛争の未然の防止をするため』(56.7％)の2項が半数を超えており，『企業の民主的・効率的運営のために，経営の基本方針や計画などについて労使が自由に意見交換をするため』(32.5％)が次いでいる．また，『会社全体から職場レベルの意思決定まで，労働者の発言権の増大を図るため』とするものは，0.9％にすぎなかった．」

また，効果については，次のように指摘されている．

「『大きな効果をあげている』ものには，『組合幹部との意思疎通が良くなった』(48.6％)，『労使間のトラブルが事前に回避できるようになった』(46.6％)が最高となっており，『一応の効果をあげている』ものを含めると2項目とも90％以上の企業で効果をあげている．」

ここでは，生産性本部の自讃が述べられている．

次の「労働条件の変更の実施と労使協議制との関連」は，本来の団体交渉

事項とも密接な関わりをもっているので，やや詳細に述べてみる．この点については，次のようにいわれている．

「最近の5年間で，(1)賃金制度・体系の改訂，(2)労働時間制度の変更，(3)事業所をこえる配置転換，(4)定年の延長，再雇用制の実施，(5)希望退職の募集について，その有無と団体交渉，労使協議制との関連での合意についてみると，まず，実施の有無では，『労働時間・制度の変更』についてが80%以上で実施されて，ついで『事業所をこえる配置転換』が多かったといえよう．反面，『希望退職の募集』については，500人以下の企業の5割近くで実施されたのが注目されよう．労使協議制と団体交渉の関連では，『労働時間・制度の変更』と『賃金制度・体系の改定』で，実施のうち5割が団体交渉で決めており，(1)～(5)の中では多いといえる．」

そして，最後に，「経営施策，労務管理政策の導入」については，次のように述べられている．

「経営施策あるいは労務管理政策として，設定した8項目のうち，『提案制度』，『自己申告制度』，『QC・ZDなどの小集団活動』の3項目が半数を超える企業で導入されている．」

なお，ここでの8項目とは，(1)提案制度，(2)目標管理制度，(3)自己申告制度，(4)QC・ZDなどの小集団活動，(5)職務拡大・職務充実，(6)フレックスタイム制，(7)能力開発プログラム，(8)カウンセリングをいう．さらにつづけて，次のようにいわれている．

「『提案制度』は，8項目中最も導入率が高く，……全体でも82.3%となっている．そのうち『労使協議のうえ実施している』ものは13.0%にすぎず，『会社側から説明，報告している』ものが36.0%，『会社が一方的に実施している』ものが51.0%である．また，労組の態度では『積極的に協力している』が44.8%，『とくに反対はしていない』が48.3%となっている．」

「『自己申告制度』は全体の63.6%で導入されており，そのうち，会社の一方的実施が57.7%を占めている．」

「『QC・ZDなどの小集団活動』は全体の63.4%で導入されているが，

企業規模の大きいほど導入率は高くなっている．これの労使の取扱いについてみると，『一方的実施』が44.1％，『報告説明』が41.5％と組合の関わりは小さなものとなっている．が，組合の態度をみると『積極的協力』47.0％，『とくに反対しない』47.7％である．」

4-4 日本的労使協議制のブルジョア的役割

以上，長々と，生産性本部の調査結果をみてきたが，「労使協議」による「労使協調」は，わが国の企業で一定の成果をあげていることが明らかになる．とりわけ，その成果は，オイル・ショック以降の「減量経営」の過程で顕著に現われたが，いずれにしても，わが国に依然として残っている反共風土を反映して，「労使協調」も，一定の役割をはたしてきた．だが，労働者をとりまく経済的環境が次第に厳しさを増すに従って，従来の「労使協調」路線も，労働戦線のなかで厳しい批判をあびている．

だが，「労使協調」にもとづく労働生産性は，依然として異常な程の高水準を示し，わが国独占に，変わらぬ高利潤をもたらしている．例えば，1984年3月期の東証一部上場企業（但し金融・保険・ガスを除く）413社の決算では，売上高は前9月期と比較して8.0％増，また経常利益では45.3％の大幅増となっている（和光経済研究所調べ）．

とりわけ特徴的なことは，この3月期決算では，膨大な内部留保を資本市場で運営したり，あるいは関連企業へ投資したりすることにより，金融収支に大幅な黒字を出している企業が多くなったことである（表Ⅴ-4参照）．これはまさに，独占の支配力の強化を示すとともに，独占の腐朽化の深化を示すものであった．

だが，反面，リッカーの倒産などにもみられるように，消費不況による倒産も史上最高である．企業倒産は，中小企業を中心にして広がっており，また，完全失業者数も約163万と史上最高の水準をしめしている．「労使協調」至上の路線では，こうした厳しい現実は，何ひとつ解決できないのである．

こうしてみると，日本的「労使協調」の特質は，労使双方が協力して行う「合理化」の遂行にあるといわねばならない．海外の経営者が「日本的経

営」の特徴として大いに評価するゆえんも，またここにあるのである[24]．

表 V-4　金融収支黒字上位10社 (100万円・%)

順位	社名	黒字額	57年度順位	黒字／経常利益
1	トヨタ	99,492	1	25.0
2	日産自	53,495	3	44.3
3	松下	47,799	2	25.3
4	日立	18,101	6	9.7
5	シャープ	16,975	5	32.5
6	日電装	11,956	10	18.0
7	千代建	11,571	4	19.8
8	三洋電	10,861	7	25.4
9	松下貿	10,250	8	28.9
10	小松	7,574	12	13.4

出所：和光経済研究所調べ．

---

24) 例えば，日本経済新聞は，「西独の中のニッポン」という記事で，西独の保守系有力紙ウェルト日曜版発行人クライヤー氏の次のような話を紹介している．
「日本の労組幹部がやって来て『週35時間労働制の導入は大賛成だ』というから，私は，それなら日本がやったらと薦めたところ『いや，ドイツでやってくれ』．この問題をめぐって，西独の労使協調体制が崩れれば，日本企業の思うつぼかもしれない．国民に分配される富は，国民自身が稼ぎ出さなければならないこと，勤勉，労働に代わりうるものはないことをドイツ人は再認識すべきです．それにしても，こんなばかげた要求を日本の労組も掲げてくれたら（日独貿易不均衡の解消に）助かるんですがね．」なおこの記事のなかに，製造業の労働者の年間労働時間（1982年）が次のように紹介されている．これとのかかわりで，西ドイツの経営者は次のようにいっている．「ローデンシュトック・ドイツ産業連盟（BDI）会長は，『日本人が年間2,000時間以上働いているのにドイツ人は1,700時間

日本	2,136時間
イギリス	1,888 〃
アメリカ	1,851 〃
フランス	1,707 〃
西ドイツ	1,682 〃

注：労働省調．生産部門の労働者の残業を含む実労働時間数．

たらず，これで輸出競争に勝てるか』とぶてば，BDAのエルンスト専務理事も『日本の競争力の一因は長時間労働，隣のスイス人だって欧州で一番長く働くからこそ，低失業と高い生活水準を実現できた』と強調する．ある州では，経営者団体が『週35時間労働なんて日本人が笑う』と訴えたビラを配ったという．

第 VI 章

日本的労使関係の形成過程と動揺

1 日本的労使関係の展開

日本的労使関係とは,いうまでもなく日本に独自に展開されてきた労使関係のことである.その特異性を分析する場合の方法としては,一般的には次のように類型化ができる.

その第一は,日本人に伝統的な意識(イエ・ムラ意識),心理,行動特性,文化風土などにもとづく日本社会の特異性を基準にして,これが大企業の労働者間に集団への帰属性ないしはアイデンティティ,集団内部のコンフリクトを回避してコンセンサスを美徳とする価値観や人間関係を作り出し,日本的企業社会に結実したという立場である.このような仮説によってダイナミックな労使関係を「日本に伝統的なもの」ということだけで理解しようとする見解は,必ずしも日本の労使関係の特質を解明するのに相応しい方法とはいえない.

第二は,大企業が創りだした年功的雇用関係によって説明しようとするものである.年功的雇用関係によって,労働者の企業間移動が例外的となり,労働市場が企業別に閉鎖され,従って労働組合も,その団結の範囲を企業内労働市場にとどめるという理解方法である.これは,第一の場合と比較すれば,説得的な方法であるといえる[1].

いうまでもなく，日本的労使関係は日本資本主義の発展過程で生成されてきたものであるが，ほぼ第一次大戦後から昭和初期にかけての不況期に確立されたといわれている．日本の労働運動史上はじめて組合が登場してくるのは，1897年頃のことである．その栄誉をになったのは組合員1,800名で組織された鉄工組合であったが，この時期は日清戦争を契機とする産業資本の拡張期であるとともに，独占の出現期でもあった．

日本の資本主義の発展を支え，独占の生成に貢献したのは，苦汁労働を当然のこととして強いられていた男女の未熟練労働者であり，労働運動のにない手もまたこのような労働者であった．彼等の間では，しばしば「暴動」といわれるほどの激しさで，運動が展開されている．それにたいして，国家や資本家達は一体となって厳しい弾圧を加えた．

しかし，重工業，特に軍工廠・造船業，鉄道業に典型的に見られた男子熟練労働者によって創られた職業別組合もあった．熟練労働者達は「親方職工」を中心にして「組」を作って自己の利益を擁護し，あるいは工場内部での作業を「組」で請負うなどのことを行なっていた．その意味では，本来の労働組合とはやや性格を異にしている組合であったが，資本家達はそのような組合に対しても警戒を怠らなかったのである．

2 日本的労使関係と使用者団体

日本の労使関係を考えるとき，労働運動との対応で組織され，労使協調路線を追求・定着させてきた使用者団体の役割を無視することはできない．日露戦争後の不況，ロシア革命の影響等で先鋭化した日本の労働運動は，資本家にとっては脅威であり，国家権力と共に断固阻止しなくてはならないものであった．財閥系企業では「労務部」が相次いで設置され，大学出の優秀な社員がそこに配置された．また1929年に成立した浜口内閣が提案した「労働組合法案」は，使用者団体の結束を一層強固なものとした．この法案の反対運動で重要な役割をはたしたのが，団琢磨をリーダーとする日本工業倶楽部

---

1) 高橋恍他編『日本的労務管理史―労使関係』2ページ．

第Ⅵ章　日本的労使関係の形成過程と動揺

であり，この点については次のような指摘がある．

「当時率先して労働組合法案反対の口火を切ったのは，資本陣営の中枢であった日本工業倶楽部で，昭和4年12月13日の理事会で決定した意見書は，従来各方面で発表されたものと全然その趣旨を異にし，当時一にも二にも外国の翻訳を無批判に受け入れる風潮の中で，敢然として日本の国民性を強調し，労働組合に対する誤った認識と観念を根本的に否定した画期的な意見であった．すなわち，一には階級闘争的社会主義に反対し，二には産業労働事情の異なる外国の法制の直訳に反対し，三には労働組合の弊害の助長に反対し，四には労資協調的労働者団体（いわゆる企業内の会社組合）を疎外して，闘争的組合のみを保護することとなることに反対し，五には政略的に労働組合を保護助成して，産業を政治の犠牲とするに反対し，六には震災金融恐慌後の金輸出解禁によって益々産業の不振を来すの時，産業に甚大な影響をおよぼすことに反対したのであった．」[2]

日本工業倶楽部が労働組合法案に反対する理由として掲げている点は，戦前の労使関係のあるべき姿を資本家側から描いたものであった．しかし，ここでの条件をかなえるものは，労働組合ではなくむしろ工場委員会であった．しかもそれは，一事業場単位の従業員団体として機能するものであり，いわば現在の企業別労働組合の原型ともいうべきものであった．

政府と使用者団体のこのような意図に対して，労働組合側は「横の組合」にたいして「縦の組合」が浸透しつつあるとし，これをきわめて専制的で危険な兆候として把握していた．とくに，階級的労働運動を目標としていた日本労働組合評議会は，企業に設置された工場委員会（「資本家的工場委員会」）に対抗して「自主的工場委員会」の組織化を打ち出し労働運動の強化に取り組んだのである．しかし，十五年戦争の過程で労働運動は壊滅状態となり，やがて戦時労働政策協力機構としての産業報国運動に解消されてしまった．このように戦前期の日本の労使関係は，資本家の一方的な強権によって決められていたものであり，第二次大戦終了後まではその健全な発展はできな

---

2) 森田良雄著『日本経営者団体発展史』170ページ．

かったのである．

3 戦後の日本的労使関係

第二次大戦後，占領軍の民主化政策により「労働権」を公認された日本の労働者は，工場や事業所単位に企業別労働組合を組織した．特に戦後のインフレが激化するなかで，労働者の生活防衛のためにも労働組合は大きな役割を期待されていたし，また経営者たちも組合の存在を無視できなかった．戦後の一時期,「生産管理闘争」のようにやや過激化した労働運動とのかかわりで，日本の労使関係もドラステックに変化したが，この点について高橋恍教授は次のように指摘している．

「組合の組織活動と並行した経営民主化闘争の成果は，片務的労使関係の下に形成された戦前型の経営秩序や雇用・労働慣行を崩壊させずにおかなかったし，独占の解体とインフレは，雇用構造そのものを混乱させ，労働力の移動も促して，大企業と中小企業の格差も顕在化するに至っていなかった．わが国の歴史上はじめて賃金水準が労働組合の交渉力で左右されるに至り，職場の雇用・労働条件が，労使の双務関係で決められるようになった．身分的位階制も撤廃され，工職間の賃金格差も大いに縮小された．」[3]

しかし一時期対立傾向を深めた日本の労使関係も，その後の占領軍の政策転換や経営者団体，特に日経連の巻き返しにより変化しはじめ，労働運動も対立の時代から協調の時代を迎えたのである．

戦後の日本経済の急速な復興の一大要因は，安定した日本的労使関係にあるといわれている．とりわけ，高度成長期に重化学工業を中心にして行なわれた大がかりな設備投資と技術革新とは，それまでの雇用構造とともに企業内部の作業様式にも多大な変化をもたらした．特に，それは，これまで持続されてきた「本工」＝熟練労働者を中心とした作業集団を内部崩壊させるとともに，新たな生産様式に適応した大量の若年労働者を必要としたのである．高度成長期には，このような現象はますます顕著になったといえる．

---

3) 高橋恍他編『前掲書』12ページ．

第Ⅵ章　日本的労使関係の形成過程と動揺　　　　　　　　　　95

　このような労働力構造の再編成は，企業内労働市場にもさまざまな影響を与えた．例えば，若年労働者の意識変革による組合加入率の低下等である．このような状況を反映し，本格的な労使協調路線が労働運動の内部にもち込まれ，確立したことも，きわめて特徴的なことであった．日本生産性本部と日経連を中心とした「生産性向上運動」の良きパートナーとして労働組合が位置づけられ，労働組合組織と経営管理組織とが次第に共通性を多くしていったのも，高度成長期からのことである．このような「企業主義的労働組合」なしには，日本的労使関係の安定は無かった．

　それとともに日本的労使関係は，高度成長期に確立されてきた「春闘体制」とも，密接な関連性をもっているという高橋教授の指摘も忘れてはならない．高橋教授の指摘を，やや長文ではあるが引用してみる．

　「春闘体制は，高度成長下の生産性の飛躍的向上をテコとして，実質賃金の上昇，賃金格差の縮小，若干の時間短縮など労働者状態の一定の改善をもたらすことによって，賃金引上げを交渉する機構として定着したのであるが，それ以外の労働組合の機能を切り捨て続け，企業主義的組合体質を強めていったのである．この傾向は高度成長を担った鉄鋼，造船重機，自動車，電気，器械などの諸産業において形成されたJC傘下の大企業連合組合の体質をなすものであり，高度成長の第二期から顕著となった大型企業合併を通じてその地歩をかため，寡占体制と癒着した協調的潮流として，全民労協・全民労連結成の推進役として今日に至っている．周知のように，これらの産業は，少数の巨大企業を頂点とする系列・下請の関連企業群をしたがえた重層構造を特徴としており，その上に強蓄積と労使の'相対的安定'を実現してきたのであるが，それを支えたのは"本工""正規従業員"層の相対的高賃金・好労働条件と昇進機会の拡大，昇進の一定の保障という条件であった．この条件を欠いては，また，労務管理と組合内統制の癒着に依拠するだけでは，"正規従業員"層の企業への統合，日本的労使関係の定着は実現できなかったと考えられる．」[4]

4）　高橋祐吉他編『前掲書』16ページ．

4　日本的労使関係の変質

　高度成長期に確立され,しかも日本企業の繁栄の決定的な要因として評価されていた日本的労使関係も,最近の経済情勢のなかでは次第にその安定性を失いつつある.それは,日本の企業をとりまく国内的,国際的経営環境の変化が,かつてないほどの早さで進展しているからであった.

　例えば,日本企業のグローバル化の進展にともなって顕著になってきた産業構造の変化の問題がある.とくにオイルショックの過程で展開された大企業を中心とした「減量経営」は,企業の雇用構造の流動化を促進した.配置転換,出向,移籍,一時帰休等が一般化し,これまでの終身雇用慣行により安定した雇用を確信していた中高年労働者に大きな打撃を与えたのである.それとともに雇用形態も多様化し,パートタイマーや期間労働者,派遣労働者などへの依存も高められた.

　このように日本的労使関係の不安定さをもたらした要因としては,経済のサービス化,ソフト化がある.なかでも産業構造の転換とともに,日本経済で重要な役割をはたすにいたった軽薄短小型産業では,新たな職種が多数創出されるとともに,職種転換のできない多数の余剰労働者を生み出した.このような傾向は,とくにME化といわれる新たな技術革新の過程で顕著になった.ME化による省力投資は,現業部門,管理部門を問わず正規労働者を「少数精鋭化」することを要求し,次第に企業内の余剰労働力を増加させている.

　その結果,日本的雇用慣行の特徴とされてきた終身雇用慣行も急速に形骸化し,また年功制も能力主義に置き換えられ,賃金体系にも「職能給」が取り入れられるようになったのである.このような状況のもとでは,日本的労使関係の最大の特徴であった労使間の安定性も大きく揺らぐことになる.しかも,正規採用の社員が次第に減少しているにもかかわらず,臨時社員は増加しているという情勢のもとでは,正規社員のみを構成員としている労働組合は,ますます「企業主義」に埋没せざるを得なくなる.この点について,高橋教授のつぎのような指摘がある.

「問題は，大企業の正規従業員＝企業別組合の組合員の数が減少する一方，大企業のなかの非正規従業員の比重が増大する傾向が進行していること，および大企業，中小企業でさまざまな形態をとった労働者の雇用が増大し，企業別組合という組織形態に馴染まない分野が急速に拡大していることである．それにもかかわらず，正規従業員制をみずからの存立基盤としている大企業組合のリーダー層が，日本的労使関係の骨格を維持しようとする志向は，大企業によるその手直しに呼応して，依然として根強いものがある．こうした行動様式を維持する限り，それは企業ごとに分断された正規従業員の特権層の組織に転落せざるを得ないし，その機能も職場レベルの小集団活動と企業レベルの労使協議制のなかに埋没し，労働組合としての存在理由を殆ど喪失する可能性が大きい．日本的労使関係はこのような地点に到達しているのである．」[5]

　日本的労使関係の特質は，労働組合が組合としての本来の機能を喪失し，そのうえに築かれた安定性にあるという高橋教授の指摘は，まさに的を射ているといえよう．しかしこの指摘は，日本の労働者にとっては悲しむべきことではなかろうか．こうした状況が進むなかで，かつては財界の「労務部」といわれ，戦後の労働運動と厳しく対峙してきた日経連も日本的労使関係の安定性に自信を示し，労働組合を経営者の良きパートナーとして認識しはじめている．さらに最近では，次のように主張している．

　「わが国企業経営のグローバル化が進展するなかで，日本の労使関係は各国から注目されている．それは①雇用の重視に基づく信頼関係の形成，②自主的な労使協議による意志の疎通と情報の共有，③賃金決定や技術革新の推進に伴う働き方の柔軟性，などの積み重ねによるものである．さらに諸外国との交流のなかで，これらを時代の要請に応えるようなものにする努力が行なわれれば，日本の労使関係は，世界でも受け入れられる有用なモデルの一つともなりうるのではなかろうか．」[6]

---

5) 高橋恍他編『前掲書』18～19ページ．
6) 日経連『1992年　労働問題研究委員会報告』より．

日経連のこのような確信は，同時に日本の労働組合が，本来労働組合としてはたすべき機能を放棄していることを意味するものであった．現在の日本の労働組合運動の主流は，経営者とほぼ同一の視点にたち，同一の行動をとっているといわざるを得ない．しかし，現在の日本の労働者をめぐる状況は，ナショナルセンターが考えているほど楽観できるものではない．労働者たちの切実な要求を理解せず，ただ経営者とのパートナーとしての地位に甘んじているだけでは，労働組合としての存立の意義はなくなる．このような労働組合が正規社員としての若年労働者からも次第に見離され，その組織率も低落の一途をたどりつつあるという事実も忘れてはならない．

　特に，海外から営利至上主義とか効率第一主義とか批判されてきた日本的経営が，いま根本からの見直しを迫られている．政府も経営者も「ゆとり」とか「豊かさ」とかに，関心を示さざるをえなくなりつつある．同時にそのことは，これまでのように労使が一体になって営利活動に励んだ日本的労使関係も，大きな変革に直面していることでもある．日本が国民にとって本当に「豊かさ」を実感できる国になるためには，どのような労使関係が確立されるべきなのであろうか．例えば，日経連では次のようにいう．

　「ゆとり・豊かさの実現は，わが国社会全体の最重要課題である．しかし，ゆとり・豊かさのためのサービスを求める消費者の多くは，同時に労働時間短縮を求める労働者でもある．常に両方の立場の適切なバランスを考えることが経済・社会全体としての省力化，労働時間短縮，ひいては真のゆとり・豊かさに通じることを自覚する必要があろう．」[6]

　さらに，そのためには伝統的な日本的経営そのものを反省する必要があるとして，次のように指摘している．

　「とりわけ，企業には大きな意識転換が要請される．横並び，シェアー争い重視ではなく，特徴と品格をもった企業が優れた企業なのである．そうした企業のなかでこそ，従業員は自分の個性を活かした自由度の高い仕事が可能になるし，労働力のムダづかいを排除することも可能になる．企業のあり方の量から質への転換が，ゆとり・豊かさを実現する基本といえよう．」[6]

このように，日経連などの経営者団体も日本的労使関係の将来像を模索しているが，労働組合としても，それ以上にこの問題を真剣に考えねばならないのである．

第 VII 章

日本的雇用慣行と日本的経営

1 日本的雇用慣行と日本的経営

日本的経営を特徴づける要因とし，日本的雇用慣行が指摘されることがある．この場合の日本的雇用慣行とは，「終身雇用制」ないしは「生涯雇用制」を求めるのが一般的であろう．もっともこれらのものは，必ずしも制度化されているものではなく，むしろ労使双方の間で，長期にわたり慣行として合意されてきている「雇用慣行」というべきである．従って，日本的雇用慣行の特徴として求められるものは，当然，日本に独自な要因でなくてはならない．この点について，例えば間宏教授は次の諸点をあげている．

①募集方法は，学校または縁故を中心として行なわれ，新聞広告や職業安定所などを通さない．

②募集対象者，つまり採用者は原則として新規学校卒業者とし，1～2年の他職業経験者は，これと同等とみなされる．

③採用方法は学歴によって異なるが，学校からの推薦，一般教養や専門的知識，さらには外国語の試験，体格検査，面接などにより，知識，能力，健康および人柄を総合的に評価したうえで，採否を決定する方法をとる．

④新規学校卒業者の採用を原則とするため，採用の際にどの職種につかせるかは明確ではない．従って雇用契約書を交わさない場合が多いが，交わし

たとしても労働条件についての詳細な記入がなく，使用者に対する誓約書としての性格が強い．しかも，しばしば連帯責任者を必要とする．

⑤採用された者は一定期間，企業の内外での新入社員教育が実施され，一人前の従業員として仕立てあげられる．必要に応じて，社外の教育機関に教育・訓練を依頼する場合でも，その費用のすべては企業が負担する．

⑥このようにして採用された正規の社員は，定年まで大きな過失や，景気の後退のために業績が極端に悪化し雇用調整が避けられなくなり，解雇または一時帰休が行なわれる以外は，かなりの不況期であっても，仮にその期間昇給停止や減給があったとしても，解雇は行なわれないことが慣行となっている．そして不況や業績不振への対応としては，株主にたいする配当金の減額・停止，残業のカット，臨時従業員の解雇，下請に出していた製品の内製化，新規社員の採用停止，管理職手当のカット，配置転換，関連企業への出向・派遣などが，まず実施される．

⑦定年後も，退職金，企業年金，再就職の斡旋，また定年が近づいた場合の再就職や老後の生活などについての再教育，再訓練がおこなわれ，正規の社員の定年後の生活の面倒をみる[1]．

このような終身雇用慣行がわが国の企業で定着しはじめてくるのは，ほぼ1910年代からであり，各企業で，特に熟練工の確保のために長期勤続の奨励が積極化した時期からである．各企業では退職手当制度とか，定期昇給制度とかを導入し，熟練工の定着化に努力するのであるが，その背景にはたび重なる不況によって，熟練工といえども次第に転職がしにくくなったという事情もあったようである．

こうして確立された終身雇用慣行は，従業員の総てに適応されたものではなかった．終身雇用慣行の成立は，他方での臨時工の発生を必要としたが，企業が自由に雇用したり，解雇したりできる臨時工は，長期に雇用する必要はなかったのである．従って終身雇用慣行は，正規社員のなかでも男子社員

---

1) 間　宏稿「終身雇用慣行」(中條他編『日本労務管理史　1　雇用制』) 15～16ページ．

を中心として展開された雇用慣行であったといえる．

このように終身雇用慣行は，日本資本主義の発展過程のなかで，日本の企業の独自の諸条件を反映して展開されてきたものであったが，このような終身雇用慣行がはたしてきた特徴として，間教授は次の諸点を求めている．

(1) 第二次大戦中のように国家権力が著しく強大となり，企業の自主性が失われていた時期と，戦後の一時期，特に労使関係において労働者側の権力が経営者側のそれを上回ったかに見えた時期を除いて，終身雇用慣行は経営者にとって経済合理性にかなうものであったばかりでなく，そこに「温情主義」がつきまとっていた．特に戦前の場合は，施恩と報恩という関係が強烈であり，温情主義というよりは「恩情主義」とでもいうべき性格をもっていた．

(2) 明治末期に重工業において直傭制が普及するまで，渡り職工による横断的労働市場が日本でも形成されていた．また，労働者たちも転々と工場を渡り歩く者も多かった．このような状態にたいして，特に日露戦争後のころから職工を優遇して工場に定着させようと考える経営者が登場してきた．例えば鐘紡の武藤山治，古河日光電気精銅所の鈴木恒三郎，倉敷紡の大原孫三郎などである．ここで注意しておかねばならないことは，温情主義とはいいながらも，それと一体化して経済合理性が厳しく追求されていた点である．特に武藤や大原は，彼自身，またはそのブレーンが欧米先進工業国での見聞や体験を通じて，合理的な経営方法を学び，それを積極的に自分の工場にも取り入れたのであった．

(3) 終身雇用慣行には，経済合理性を貫くメカニズムが存在しなくてはならない．それがないと，かつて官庁の「三ズ主義」（休まず，怠けず，働かず）の弊害におちいってしまうことになる．経済合理性を貫く第一のメカニズムは「年功制」（年功賃金，年功昇進）であり，第二は，従業員の構成を極力ピラミッド型として維持するように経営者が努力してきた点である．特に日本の賃金体系は，まず初任給が単身者賃金として編成されている．そして勤続年数が長期化するに従って，賃金もまた上昇する仕組みになっていた．従っ

て勤続年数の比較的短い者を多数使用することが，経済合理性にかなうことになる．つまり終身雇用慣行と年功制とは，従業員のピラミッド構造と一体化されて機能しているのである．例えば，不況期での雇用調整でも，比較的長期の勤続者から出向や転籍をさせるなどの方法により，経営者は従業員のピラミッド構造を維持しようとしているのである．

(4) 終身雇用慣行は，労使関係の安定化を意図したものである．第一次大戦後から急速に高まってきた労働運動に対処するため，大企業は正社員を雇用する場合に，特に彼らの「思想」を重視した．その結果過激な思想の持ち主を排除し，穏健な思想の持ち主に限って採用した．このような傾向は，第二次大戦後近代化された労使関係のなかでも継続されている．従って企業の構成員は，経営者はもちろんのこと，労働組合の構成員である従業員にいたるまで，すべて穏健で保守的な思想の持ち主ということになる[2]．

2 終身雇用慣行のメリット

日本の大企業の，しかも正規に採用された社員のみを対象として展開されてきた終身雇用慣行は，日本の資本主義の発展過程で，それなりの優れた成果を発揮してきた．例えば経営者としては，新規学卒者を対象とし，厳しい選抜によって採用することができるので優秀な人材を集められること，また生涯一社を原則としていることから高いモラールをもち，愛社精神に燃えた従業員を獲得できることなどであった．また，従業員側としては，比較的良好な労働条件が得られることや，失業の不安がなく安定感が得られること，また大企業に勤務していることが，しばしば高い社会的信頼性を得る要因となっていることなどの利点があるとされている．

日本的経営を論じる場合，しばしば終身雇用慣行，年功賃金，企業別労働組合のいわゆる「三種の神器」が，その内容としていわれてきた．終身雇用慣行と年功制とは，ともに日本の伝統的な労使関係によって構築されてきたものであるが，この場合の「年功」とはどのような内容をもつものなのであ

---

2) 間　宏稿「終身雇用慣行」23～27ページ．

第Ⅶ章　日本的雇用慣行と日本的経営

ろうか．この点について，例えば原田実教授は次のように指摘されている．

「わたしは年功とは，年齢・学歴・勤続のみならず，所属企業なり職場で習得し，蓄積した個人的技能・熟練を含むものと解する．これはあらためて断るまでもなく自明のことであって，年功的とか年功制という時，厳密に年齢・学歴・勤続のみで一義的に賃金や職位配置が決まるとは誰も思ってはいない．問題は，年齢・学歴・勤続という属人的な要素と，熟練・技能・対人関係のごとき職場経験の蓄積との比率である．」[3]

ここでの原田教授の規定は妥当である．年功には，年功給といわれているように，日本の企業の賃金決定基準の一つとして認識されている部分とともに，年功序列ともいわれているように職務遂行のための規律的序列の基準ともかかわりをもっていた．たしかに年功という基準は，例えば欧米での職務遂行能力という基準と比較すると，内容としてはきわめてあいまいな性格のものであることは否定できない．日本的経営は，あいまいな基準の上に成立しているマネジメント・システムをもっているが，年功制もその一つである．年功制が「年」の部分と「功」の部分とに区分して考えられるとすれば，まず「年」の部分では当然勤続年数が基準として求められることになる．

日本の企業に就職する正規の従業員は，まず学校教育の過程で一般的，原則的な知識や技能を学習し，新入社員として企業に入社する．そしてそれ以降，新入社員としての教育・訓練を受けることによって，次第にその企業にのみ通用する具体的な知識や技能を習得するのである．さらに彼等は，企業内外の研修などにより職務遂行能力を高め，さらに企業に対する帰属意識を徹底して教育される．さらに配置転換などによりさまざまな職務遂行能力を身につけ，いわば「多能工」として育成されていくのである．

従ってその背景には，長期の安定した雇用関係がなくてはならない．つまり勤続年数に応じて職務遂行能力が次第に向上するという前提があって，日本的賃金体系が成立しているのである．また年齢を加えるとともに家族数も

---

3) 原田実稿「日本的経営と年功制(1)」（原田他編『日本労務管理史　3　年功制』）8ページ．

増加し，企業内での昇進・昇格も行なわれ，それとの対応によって，賃金も増加していくことになる．換言すれば「年」すなわち勤続年数を基準として，勤続年数の累積が「功」，すなわち企業に対する貢献度もたかめるという前提があるのである．たしかにこのような要因は，客観的に測定したり，評価したりすることはできない基準ではある．いわば集団主義的なあいまいさであろうか．

　それとともに年功制は，「年功序列」ともいわれているように，職場における作業遂行上の秩序をも意味していた．例えば，かつての日本の商家の場合の昇進は年功主義にもとづく場合が多かったが，同時にそれは厳しい身分的な拘束関係をも意味していた．それにたいして職人や技術者の場合は，能力主義による昇進が一般的であったといわれている．しかし，企業内外の教育・訓練により熟練工となった労働者は，職場では未熟練労働者の教育・訓練にあたるとともに，優れたリーダーシップを発揮することも期待されていた．特に作業が，次第に職場集団単位で行なわれるようになると，そこでの評価の基準は能力とともに，人格が大きな要因となった．これは，長期間にわたっていかに企業のために働き続けたかということを評価基準とすることであり，組織に対する「誠実さ」と，実際の努力とを評価しようとするものであった．

　このように，年功という概念自体はたいへんあいまいなものであったが，日本人にとっての評価基準としては，きわめて重要な意義をもっていたのである．日本的経営を特徴づける集団主義も，年功を経た労働者によるリーダーシップなしには機能しなかったのである．

3　日本的経営の再編

　日本的雇用慣行は，高度成長期にあっては終身雇用慣行，年功制などの独自な人事管理システムが有効に機能したこともあって，日本的経営の強さをもたらす要因として作用した．しかし，同時にこのシステムは企業中心主義を生み出し，先進国でもまれに見る長時間労働や「過労死」などの問題を生

じせしめた，また世界的不況が深刻化し，経営者にとっても日本的雇用慣行が次第に重荷になるにつれて，これまで日本的経営の核心とされてきた終身雇用慣行，年功制などの見直しが主張されてくるのも当然であった．日本的経営の見直し，再編の要因としては，次のような点が求められる．

その第一は ME 化を中心とした技術革新，日本企業のグローバル化の展開などにより，日本の産業構造が従来の重厚長大型産業を中心としたものから，軽薄短小型産業を中心としたものへと変化しはじめたことである．その結果，日本企業の人事管理の中心は，それまでの労働力の「量」から「質」へと変化し，職場でも少数精鋭主義が重視されるにいたった．さらに ME 化の進展は，従来とは異なる職務遂行能力を必要とし，職場にあらたな職種を創出した．例えば SE などは，その典型である．このような新たな知識と新たな教育を必要とする職種は，企業内部での職種転換を困難にする状況とあいまって，企業内での余剰就業人口を生みだした．その結果，とくに中高年者の余剰が問題とされ，オイルショックによる不況の過程では大規模の「減量経営」が実施され，終身雇用慣行を否定せざるをえないような事態が一般化した．

第二は，従来の日本的雇用慣行のうえに構築された「企業中心主義」にたいする反省が，不況が長期化するなかで国民的レベルでも，また，経営者レベルでも聞かれるようになったことである．例えば経済同友会の『第10回企業白書』（平成4年3月）には，次のような指摘がある．

「わが国企業は，特にオイルショック以後社内留保を増大させ，安定株主・企業内組合などの特殊な条件の下で，富の配分を設備投資に傾斜させ，"将来"の成長と不時の事態への対応を中心に考えてきた．それは，企業構成員一人一人の豊かさを第一義に考えるというよりも，企業そのものの存続を目的化したものである．まさに企業中心主義的行動といえよう．たとえば，労働時間の短縮はいっこうに進まない．労働分配率も，ここ数年は低下傾向にある．日本の賃金が先進諸国のそれと比較して高いか低いかについては，いかなる次元で賃金を捉えるかで議論は分かれるが，少なくとも社員一

人一人が豊かさを十分に実感しえないことは事実であろう．もちろんごく最近まで，こうした状況は日本にとって，日本経済にとって必要であり，もともと自然資源の乏しいわが国として，このように努力し，勤勉に働き，ある程度の不自由は我慢することがむしろ美徳である，と多くの人が認識していたことも事実である．しかしここ数年の間に，かつての美徳は"企業中心主義"として大幅な改善を要する対象に，急激に人々の意識のなかで様変わりした．」[4]

このように従来の日本的経営の結果として構築されてきた「企業中心主義」を批判し，日本的雇用慣行自体を見なおすべきだとする主張は，政府側からも展開されてきている．例えば1992年11月に発表された国民生活審議会の「ゆとり，安心，多様性のある国民生活を実現するための基本的方策に関する答申（案）」では，終身雇用慣行，年功制などの見直しを提言して，次のようにいっている．

「日本的雇用システムをはじめ，これまでの企業と個人の関係の見直しが必要．中途採用者が不利にならないよう，企業内の能力評価や昇進の仕組みを変え，やり直しのできる職業生活を送れるようにする．従業員が過度に企業に依存しないよう社宅などのフリンジ・ベネフット（付加給与）の透明性の確保が必要で，賃金として支払うよう検討することが望ましい．

総実労働時間年間1,800時間の達成に努める．費やした努力や時間などが過度に重視される評価制度は，残業の増大につながるため見直す必要がある．法定割増賃金率の相当程度の引上げも検討すべきだ．サービス残業にも厳しい対応をしなければならない．

高齢者が安全で快適に就業できるよう職務体系の見直しや勤務形態の多様化を推進．高齢者の就労を後押しするような年金制度等の見直しが必要．」[5]

もとよりここで指摘されていることは，いわば「たてまえ」論であり，その具体化というと，いろいろと困難な問題も多いであろう．しかし，これま

---

4) 経済同友会編『第10回企業白書』（平成4年3月）12ページ．
5) 「日本経済新聞」より．

第Ⅷ章　日本的雇用慣行と日本的経営

での日本的雇用慣行に依拠した日本的経営を根本的に見なおすべきだという点では，財界の主張と一致した面をもっている．現実的には，現行の不況の過程で終身雇用慣行も次第にその意義を失いつつあるし，また，年功主義も能力主義に変化しつつある．その意味では，日本的経営も大きな転換期に当面しているといえよう．ただしこの場合でも，日経連の会長である永野健氏が「日本的経営の長所が企業の中における労使の一体感を醸成し，日本の安定した労使関係を作り上げる基礎になってきた」という前提のもとに，次のような主張があることにも注意しておく必要がある．

「日本経済の強さを支えるものとして，日本の労使関係の良さがあることは，今では世界にも広く知られています．それをさらに成熟したものにしていくことが，日本経済を労使関係の面から，さらに効率の高い安定したものにしていくために必要であることは明らかだと考えています．

連合の山岸会長は，日経連の『労働問題研究委員会報告』について，八割方は共通の認識といっていますが，今後も人間中心の日本的経営の理念を基本にした労使関係の前進という意味で，積極的に連合との話し合いを続けていくことが，ますます大切になると考えています．」[6]

---

6)　「経営者」（1992.10.）より．

第 VIII 章

「ME」合理化と労使協調

1 減量体制下の「日本的経営」

1-1 日本経済の矛盾の深化

イギリスはもとより,アメリカ,フランス,西ドイツなど,かつて,世界の資本主義諸国で指導的役割をはたしてきた諸国で,次第に矛盾が露呈し,危機が表面化しているのは,現代において最も特徴的な事態である.たとえば,失業率の問題一つを取り上げても明らかなように,この矛盾は永続的であり,しかも次第に拡大しつつある.

そうしたなかで,わが国の経済は,曲がりなりにも「成長」することができた.もっとも内に目を向ければ,その矛盾はきわめて大きく,かつ深刻である.若年労働者の雇傭問題は次第に深刻さを増しているし,また,中高年労働者のスクラップ化は,ますます加速化されつつある.突出した防衛費や赤字国債は,労働者のうえに重税としてのしかかり,わが国の経済の破綻を示している.

だが,そうしたなかでも,わが国の独占が依然として繁栄し,高水準の利潤を実現できたのは,何故であろうか.たしかに,そこには,世界中の経営者の注目をあびた「日本的経営」の積極的な意義を認めることができるであろう.だが,この場合の「日本的経営」とは何であろうか.その実態を何に

求めるべきであろうか.

これまで,「日本的経営」の理論およびその内容については,多くの研究者が,それぞれの立場から論じてきた.だが,その内容ないし実態については,必ずしも一致していない.いまだに,多くの論点を残しているというべきであろう.ここでは,その具体的内容を,経営者が一部の労働組合とともに行っている徹底した思想攻撃と,そのうえに成立している日本的「労使協調」に求め,「日本的経営」とのかかわりで,それぞれの役割を検討してみたい.

1-2 「日本的経営」の成果

第2次大戦以後のわが国の独占が再建される過程で,アメリカ経営学,とりわけアメリカ流の労務管理が積極的な役割をはたしたことは周知のとおりである.そこでは,伝統的に築き上げられてきた「経営家族主義的」労資関係が部分的には残存されながらも,近代的なアメリカ経営学の成果が導入され,古いものと新しいものとがたくみに融合されて,絶大な成果を生み出したのである.このようにして行われた管理の同質化は,わが国の独占がアメリカの独占に追従し,支配される体制を容易に創り出した.とりわけ,古い体質をもったわが国の経営者達のイデオロギーを,プラグマティズムに装われたアメリカ的イデオロギーで再編し,強化することは,きわめて重要な意義をもっていた.アメリカ経営学に対する信仰は,絶大であった.

だが,オイル・ショックを契機にして,長期にわたる世界的不況が発生するやいなや,「減量経営」を強行し,不況を乗り切ったわが国独占の「日本的経営」方式に,世界の経営者の目が向けられるにいたった.QCサークルに代表される小集団活動や「カンバン方式」などは,一種の流行語となって世界をかけめぐったのである.いったい,何が,世界中の経営者の注目をひいたのであろうか.多くの欧米の経営者達が,わが国の経営から学びとろうとしているのは,「日本的労使関係」だという.例えば,日本経済新聞に,西ドイツに進出した日本企業の経営者の話が,次のように紹介されている.

「西独で現地生産している日本企業のうち先発組のひとつが東洋ベアリン

グの現地法人NTNクーゲルラーガー・ファブリーク・ドイチェランド・……同社が操業を開始したのは72年10月. 10年以上も前になるわけで"当地での生産活動は完全に定着した"と昨年春同社社長に赴任したばかりの鈴木氏は語る. 鈴木氏の説明によるとNTNドイチェランドの従業員は110人, そのうち日本人スタッフは鈴木社長を含め4人だけ. 幹部社員の"ドイツ化"も順調に進んでおり, "名実ともにドイツの会社"といえそうだ.

　もっとも経営方式は, 現地の慣習を尊重しつつも日本式を貫いている. 鈴木さんは責任者として赴任してから, 特に日本式経営に重点をおいている. 前任地のカナダの経験から"結局は日本流のやり方が一番うまくいく"との自信があるからだ. 同社の特徴のひとつは活発なQC (品質管理) 活動. 現在8つのQCサークルがあり, 自主的に品質月間を設けるなど, すっかり根づいている. 工場内には各サークルの活動内容を示す表やグラフがあちこちに掲げてあり, 日本の工場そのものといった感じ.

　社員間のファミリー意識の育成にも熱心で, 社内にはサッカーやボウリングのチームができている. 昨年は社員クリスマスもやってみた. ことしは5月に土曜日の半日, 工場を社員の家族に開放する計画を進めている.」[1]

　もとよりこれは, ヨーロッパでの話である. 周知の通り, 日本の「お家芸」といわれた日本独自の「労使協調」は, 日本の独自の封建的身分制度にかかわる経営理念を反映している. また, そのような経営理念のもとに展開された独自の経営制度も存在していた. 例えば, 年功給制, 終身雇傭制, 稟議制などといわれているものがそれである. 勿論, 戦後の企業の経営管理の近代化や技術革新の進展によって, 労働者の意識はもとより, 労働の質及び量も大きく変革しているため, これらの諸制度も次第にその内容を変えつつある.

　とりわけ, オイル・ショックは, わが国の独占にも深刻な打撃を与えた. 長期的構造不況に苦悩した不況産業では, ヒト, モノ, カネの徹底した「減量」を図り, 低操業でも十分に利潤を生むことができる体質を創り上げた.

---

1)　日本経済新聞 1984. 4. 23.

重要なことは、このブルジョア的「合理化」に、一部の右翼的労働組合が深くかかわり、積極的に推進したことである。世界の経営者達のうらやむ「日本的経営」の真髄がここにある。

そして今や、従来の技術革新とは、質的にも異なった、拡大された社会的、経済的影響を生み出しているＭＥ革命が急速に進んでいる。若年労働者の雇傭機会を狭め、中高年労働者のスクラップ化を早めているＭＥ革命は、いままで「日本的経営」を支えてきた「労使協調」を、根底からゆるがす要因であった。換言すれば、ＭＥ化の進展を契機にして、すでに進行していたわが国独占の矛盾が、急速に顕在化してきたのである。

独占の危機は、当然、それを克服するための新たなイデオロギーと管理方法を必要とする。その１つが、「日本的経営」の真髄ともいうべき「労使協調」にあったことは言うまでもない。それでは、欧米の経営者がうらやむ「労使協調」は、どのような形態をとり、どのような機能をはたすものとして構築されたのであろうか。それには、まず、労働者に対する徹底した思想攻撃が積極的な意義をもつ。以下において、その系譜を探ってみることにしたい。

2 「合理化」過程における「労使協調」論の系譜

2-1 日本生産性本部のイデオロギー

「労使協調」を名実ともにおしすすめるのは、いうまでもなく、さまざまな経営者団体である。とりわけ、日本経営者団体連盟と、日本生産性本部とは、その代表的なものであった。「たたかう日経連」ほど勇ましくはないにしても、より大きく労働者階級を体制内に取り込もうとしている生産性本部は、アメリカ的な合理化された理論をもち、それに対応する労働組合の姿勢もまちまちであった[2]。労働戦線に分裂をもちこみ、労働貴族を養成して、ともども「合理化」の担い手たらしめようとする狙いをもつこのアメリカ製

---

2) 詳しくは次を参照のこと。
　日本生産性本部編『戦後経営史』761〜763ページ。

の思想攻撃は，次のような理論的根拠をもっていた．

　まず，経営者に対しては，当然のことながら，「経営の主体」としての役割が与えられ，次のような期待が寄せられていた．

　「経営者は，企業自体の立場に立脚して資本提供者から提供される資本と労働者から提供される労働とを結合し，有機体としての経営を成立させ組織する者である．この意味において，経営者は経営の主体である．」[3]

　経営者をオルガナイザーとして規定することは珍しいことでもないが，彼等の責任・権限の根拠が，労働者等には不可侵な「経営権」にあるとしている点は注目してよい．たとえば，それは，次のようにいわれている．

　「（経営職能を遂行する権限と責任とを）『経営権』とよぶならば，経営権は，経営職能の担い手たる経営者に固有の権限責任であり，労働提供職能の担い手（労働者）にも，はたまた資本提供職能の担い手（投資者）にも属するものとはかんがえられない．」[4]

　経営者に固有な権限として附与されている「経営権」は，それ自体，独立した絶対的なものとして存在しており，他の構成員には，全く関わることのできないものであった．したがって，労働者がそれに参加するというようなことは，考えられてもいなかったのである．生産性本部のイデオロギーの特徴が，まず，ここに示されている．

　他方，労働者に対しては「協働の秩序」が義務づけられていた．具体的には，それは，「組織における個人と集団との統合原理」として認識されており，次のような内容が与えられていた．

　「経営における出資者，経営者，従業員三者の社会関係が，自発的な協働関係であるためには，三者が，組織的全体たる経営の存立のために，それぞれ別個の職能をはたしながら，第1に，その活動の方向が，相克矛盾の方向でなくて，全体的企業目的にむかって同一方向に指向され，組織されていなければならない．第2に，三者は，組織構成員として，いずれも人間的に対

---

3) 中西・鍋島編著『現代における経営の理念と特質』78ページ．
4) 中西・鍋島編著『同書』80ページ．

等の立場をもつものでなければならない．この点において，とくに問題は従業員にある．経営における三者の協働関係の成立は，従業員の人間性の確立に依存するといわなければならない．」5)

2-2 共同体的思考の現代的意義

もとより，ここでいわれている「人間的な対等」とか，「人間性の確立」とかは，資本への忠誠を自らの義務とし，労働の階級的性格を無視して，純粋に労働を規定し，そこに共同体的結合の核心を見出そうとする労働者に対して与えられる抽象的な理念であり，何らの実体もないものである．その原型は，かつてナチズム華やかなりし頃のドイツ経営経済学が追い求めた「労働共同体」と同質のものであった6)．そしてその延長線上に労使の共通の成果としての「生産性成果」が位置づけられ，その「配分」が想定されているのである．

いずれにしても，生産性本部が，アメリカ的合理主義に依拠した「生産性向上運動」の核心として，たえず主張しつづけてきた点には，次のような特徴が含まれていた．

その第1は，「生産性成果配分」であった．とくにここでは，「生産性成果配分方式による長期賃金協定により，総額賃金上昇率を生産性の上昇率以下におさえこむ」ことが強調されていた．その狙いは，協調的「労使関係」の成立を前提に，一見，資本家，労働者双方に合理的と思われる生産性基準に従って賃銀を決定し，賃銀に対する労働者の発言を封じこめようとするところにあった．その主張の要点は，次の2点に絞られる．

「わが国においても，(昭和) 30年代を通じて大きな賃金上昇が行われてきたが，賃金のみならず労働時間の問題も含め，労働条件の向上を長期的に可能とするには，あくまで経済実態に即した解決が肝要であり，つぎのような2つの基本条件を充たすことが必要であろう．すなわち，

---

5) 中西・鍋島編著『前掲書』62〜63ページ．
6) この点については，例えば次を参照のこと．Völker, G., "*Heinrich Nicklisch-Grundzüge Seiner Lehre*," SS. 23-26.

(1)インフレーションを激化させないこと
(2)企業および業界の支払能力を逸脱しないこと
であり，これの貫徹をはかろうとするものが，生産性基準原理にほかならない.」[7]

そして，この理念のうえに職務給や能力主義管理がいわれ，「財産所有への参加」の名目のもとに，従業員持株制度や持家制度が提唱されていた.

第2は，「雇傭管理の近代化」であった. ここでは，「雇傭制度の能力主義化」がいわれ，省力化投資を含む少数精鋭主義，中高年者，女子労働力の定着対策，教育訓練，人事・労務管理全般にわたる定着対策が提唱されていた. なかでも，「少数精鋭主義」が「最適雇傭」の最も重要な条件であるとする主張こそ，生産性本部のいわんとするところであった.

第3は，「労使協議制」である. 生産性本部は，「産業レベルにおける労使協議制の活用・発展」のためと称して，「産業別労使会議」の設置を呼びかける. この労使協議制については，労働組合とは元来無関係な形態が考えられているが，その性格については，次のようにいわれている.

「労使協議制は，雇傭条件の決定の制度である団体交渉とは区別され，企業レベルにおける労使の協議及び協力の制度として性格づけられている. この協議と協力の当事者は，企業における使用者とそこに雇用される労働者の代表者である. ここには，企業において使用従属関係にある個々の従業員の立場を離れて自律的意思を有する従業員集団の存在が想定されているが，この集団は労働組合とは必ずしも関係があるわけではない. つまり，これは企業内における従業員代表制なのである.」[8]

ここにも指摘されているように，労働者には何らの権利的保障もなく，むしろその権利を形骸化しようとすらしているこの「協議制」は，企業防衛意識の育成こそが，その本来の目的であったのである.

---

7) 日経連『変革期に立つ日本経済と賃金問題』72ページ.
8) 日本生産性本部編『新環境下の労使協議制』(労使協議制常任委員会報告書 No. 81) 3ページ.

2-3 生産性向上と労資協議制

このように，生産性本部の役割は，わが国では，すでにいい古された「労使協調」思想を，一見合理的にみえる配分論を加えて，再編・近代化したものであった．労働者には「闘争にかえて協調」を訴え，経営者には「経営権」を絶対化することにより，彼等に絶大な権力を与えようとするこうした思想は，アメリカ経営学，ドイツ経営経済学をとわず主張されつづけてきたものであり，典型的な経営思想であった．

もとより，わが国の生産性向上運動は，何も1970年代に限ったことではない．だが，70年代は，わが国の独占が世界的規模での活動を積極的に展開し，急速に多国籍化していった年代である．そのためにも，生産性本部のはたした役割は大きかった．

もとより，こうした運動がそれなりの成果をもつためには，労働組合の右翼的部分の積極的支援が何よりも必要であった．日本的「合理化」の進展には，何よりも日本的「労使協調」が必要であった．それを制度化し，労働組合に代わるものとして機能させようとしたのが「労使協議制」であった．こうした，生産性本部を中心とした運動は，きわめて強烈な思想攻撃としての側面をもっていた．この運動の本質は，次の点にあった．

「……『成果の公正配分』と称する所得政策，労働者の株式所有・持家化や『雇傭革命的視野』からの『最適雇傭』と称する労働力・雇傭政策を通じて，労使協議制を確立し，『新しい労使関係の確立』，『福祉と参加の社会をめざして』，労働組合を実は日経連のいう『労使結集』路線，かつての太平洋戦争中の産業報国会の『労資一体』路線にひきいれ，まさに日本軍国主義，日本帝国主義復活の体制内にひきづりこもうとしていることを，われわれは重視しなければならないであろう．」[9]

---

9) 黒川・佐竹編著『日本生産性本部』51ページ．

3 企業の「社会的責任」論の再編
3-1 経済同友会の「社会的責任」論

　労働者の「協調」意識の育成のためには，「成果配分」という物的要因もさることながら，「企業の社会的責任」の一方の担い手として労働者を位置づける論理もまた重要であった．悪名高かった「日本列島改造論」に象徴された，大企業本位，国民無視の高度経済成長政策も，オイル・ショックなどを契機にして崩れ去り，わが国の独占を取り巻く矛盾も一段と尖鋭化した．独占の行動に対する国民の激しいいかりが，いたるところで表面化するなかで，独占は自らの行動を美化するためのイデオロギーを再編する．それは，何も目新しいものではなく，修正資本主義観のもとに，経営者の一方的な社会的責任論を再編し，より深いところから労働者階級をとりこもうとする企業の「社会的責任論」であった．例えば，次のようなものがその典型である[10]．

　修正資本主義的企業理論をもとに，財界の一方のオピニオン・リーダーである経済同友会では，1973年に発表した「社会と企業の相互信頼の確立を求めて」のなかで，企業の「本来の機能」と「社会性」とについて，次のような定義を与えている．

　まず第1は，企業の「本来的機能の充実」についてである．ここでは，「良質にして安全な財・サービスの効率的な供給」，「従業員に対する適正な所得配分と安全・快適な職場の提供」，「株主の利益の確保」などが，企業の「本来的機能」として規定され，その充実が求められている．

　第2は，公害・資源利用問題についてである．70年代は公害が社会問題として大きく取り上げられ，直接の責任者である経営者は，国民からの厳しい批判にさらされた．そのためにも，第3の「社会的に容認される行動」の必要性が，特に強調されたのである．ここでは，「よりよい環境の創造」，「都市開発と地域コミュニティの形成」，「企業内外にわたる人的能力の開発」な

---

10) 以下の引用は，特に注記のない限り『東洋経済新報臨時増刊"企業の社会的責任―反産業主義の底流とその対応"』所載の資料による．

どがいわれ,「福祉社会」の確立が主張されていた.

第4は,企業活動のチェック・アンド・バランスについてである.つまり,独占は市場条件の確保とともに,「外部の社会集団による建設的な批判」を率直に受け入れるべきだというのであった.最後には,「企業」と「社会」との対話の必要性が強調されている.

このような経済同友会の主張は,独占に対する国民の激しいいかりを,ある程度は受けとめるべきだとの姿勢を示しながらも,それを労働者も負うべき責任として定義しているのである.換言すれば,現代の独占の維持・繁栄は,もはや労働者の積極的「協力」なしにありえなかった.この認識は,どこの経営者団体でも共通している.

3-2 三井物産の「社会的責任」論

同様なことは,日経連でも次のようにいっていた.

「理念や使命は,それが自分のあずかる職場に実現されなければ意味がない.われわれは,政治や社会について『顧みて他をいう』ことを止めて,職場に帰り職場に実現しえたところをもって答えといたすことを念頭とする.」

つまり,日経連は,「社会的責任論」は単に理念として主張されるだけでなく,「労使協調」のうえで実現されて,初めて有意義であることをいうのである.

それでは,「社会的責任」や「社会的倫理」を自覚したはずの経営者達は,現実にはどのような行動をくりひろげたのであろうか.その典型が,国会でも問題にされた総合商社の行動であった.

例えば,三井物産では,「社会的責任」を自覚した次のような経営理念が,掲げられていた.

まず「消費者問題」についてである.ここでは,「大衆社会への移行に伴ない消費者の意向を無視した企業活動はもはや許されぬ時代となった」として,次の点が強調されていた.

「商品取扱いに際しては常に一般消費者の利益を優先し,特に安全性,価格安定に留意し,国民経済的視点から流通合理化,重要物資バザール開催,

プライスガイド等を実施し，積極的に末端消費社会に寄与すべきと考える.」

つづいて「公害」問題については，商社としての責任を規定して次のようにいう.

「公害問題は，一企業一地域のみにては解決出来ぬケースが多く，当社は総合商社オルガナイザー機能をこの面にも発揮し，三井グループ及び関連企業のコンセンサス取付けに努力し，環境改善への力と結束を計りたい.」

また，社会的にも大問題になっていた「開発」についても，「法規遵守」，「地元住民の利益の優先」の立場から，「政策補完機能を発揮し，公共施設の受注に当っては価格その他の面でできる限りサービスに徹し，結果的に土地値上り益の発生した際は，社会への還元を常に考慮すべき」ことが強調されていた.

また，異常な海外進出を強行し，世界的に非難をうけた「関係会社」については，「支配独占の疑念」をもたれないように，「資本的・人的支配に行きすぎがないか，関係会社従業員の労働条件に対する不満，あるいは当社に対する悪感情はないか」等について点検すべきことがいわれていた.

ついで，「中小企業」問題については，「中小企業の特性・利点を十分勘案しながら長所を伸ばし，一企業として当社ができる範囲での救済策を講じると共に，企業社会（財界等），更には，国，政府の役割，問題点を明確にし，これらに対す有効なる進言，提案を行い，官民協力し，わが国経済産業の近代化に注力すべきこと」がいわれているのである.

最後は，同じく世界的に厳しい批判をうけた「海外投資」についてである．ここでは「より現地経済への溶け込み，その発展に資すると共に限られた資源を友好的に配分しあう」ことを前提に，「利潤の現地還元，現地職員の待遇改善と経営参加，派遣邦人職員の質的向上等に留意しながら，合意的国際分業体制の推進に努力」すべきことがいわれているのであった.

3-3 新時代の「経営理念」

こうした「倫理規定」が，改めて必要とされたのは何故であろうか．そこには，国民の犠牲の深化，国民生活の破壊が，かつてない程のいきおいで進

んだ事実がある．国内の矛盾の激化に苦悩した独占は，その解決策を海外進出に求めた．この場合注意すべき点は，技術革新の急速な進展が，先端産業分野の比重をますます大きくし，ここに新たな日米多国籍企業の結合をもたらしたことである．それを，山脇友宏氏は，次のように指摘している．

「日本独占が，巨大な技術開発力を独占しているアメリカ巨大独占とむすびつこうとしていると同時に，アメリカ多国籍企業，産軍複合体は，コンピュータ，原子力，航空・宇宙の先端技術を武器に，日本独占を目下の同盟者とする国際的・独占連合結成によって，アメリカにつぐ資本主義世界第2の市場である日本でのヘゲモニーを確立しようとしている．」[11]

70年代の世界資本主義のなかで，わが国の独占のはたした役割は，きわめて大きかったが，それは同時に，質的にも量的にも拡大された新たな矛盾に当面することでもあった．したがって，その克服のためには，より強固な「労使関係」の確立と，洗練された労務管理が必要であった．QCサークルやZD運動のような小集団活動にみられる労働者の「参加」が論じられたり，新たに拡大された「社会的責任論」がいわれたのも，そのためであった．もちろん，こうしたブルジョア・イデオロギーのイニシアティブは，経営者諸団体が発揮したのである．

例えば，生産性本部は，「社会経済国民会議」の結成を呼びかけ，経営問題の国際的視野からの解決を強調するとともに，「活力ある福祉政策」実現のために，労働組合の右翼層に積極的に協力を要請した．そして，労働組合も，独占の「社会的責任」遂行のために，その責任を負うべきだと強調するのである．また，日経連の場合でも，同様なことが「人間性回復の経営」として語られ，「新時代に即応する経営理念」とか，「経営体制の創造」とかが訴えられた．そして，その実現のためには，労務管理として，「人間信頼」による「管理なき管理の理想像」の追求こそが重要であるとされたのであった．

---

11) 山脇友宏稿「『先端産業』をめぐる対米従属の再編成」(『経済』1973.11. No. 115) 49ページ．

70年代には，わが国の独占を取り巻く環境は大きく変化し，収奪・搾取も世界的規模でくりひろげられた．労働者間の階級的構造も流動化し，意識もやや保守化傾向が進んだ．多国籍化したわが国の独占の行動は，国際的にも，また国内的にも，多様な矛盾をひきおこしている．とりわけ，国内では徹底した「合理化」を強行し，中高年，若年を問わず，労働者階級に一層の犠牲と，一部労働貴族の一層の協力とを，厳しく求めるにいたっている．これは，当然80年代にも引き継がれる方向性であった．われわれは，その一端を現在の「ＭＥ革命」にみることができる．

4　80年代の「合理化」── ＭＥ革命の特徴

4-1　産業用ロボット王国日本

周知の通り，わが国は世界でも有数なロボット王国である．一般的にいえば，産業用ロボットは，最も基本的なマニュアル・マニピュレーターから，高度な性能をもつ知能ロボットまであるといわれているが，現実にロボットが機能している工程および作業は，どのようなものが多いのであろうか．例えば，1982年3月，「日本的労使関係」を積極的に構築してきた全国金属産業同盟の傘下の350社（うち回答企業数154社）に行ったアンケート調査によると，次の2つの表(表Ⅷ-1，Ⅷ-2)の如くであった[12]．もっとも，結果については，業種によっても，また保有するロボットのタイプによっても異なるであろうが，おおよその傾向は知ることができる．

わが国の産業用ロボットは，研究・開発中のものも含めれば実に多様であるが，現実に実用化されている代表的なものをいくつか挙げてみると，次のようになる[13]．

(1)機械工業用ロボット

フレキシブル生産システム（FMS）に最適なロボットとして開発され，

---

12)　全金同盟「産業用ロボット・OA化による雇用への影響」（『賃金と社会保障』No. 863・4合併号所載）．
13)　詳細は，日刊工業新聞社刊『ロボット技術百科』を参照のこと．

表 Ⅷ-1 ＜工　程　別＞

	回　答　数
計	112社（ 100％）
鋳　　造　　工　　程	5例（ 4.5 ）
ダ イ キ ャ ス ト 工 程	1 （ 0.9 ）
樹 脂 成 形 工 程	2 （ 1.8 ）
金 属 熱 処 理 工 程	6 （ 5.4 ）
鍛　　造　　工　　程	4 （ 3.6 ）
金属プレス・シャーリング工程	22 （19.6 ）
ス ポ ッ ト 溶 接 工 程	7 （ 6.3 ）
ア ー ク 溶 接 工 程	19 （17.0 ）
塗　　装　　工　　程	8 （ 7.1 ）
メ ッ キ 工 程	3 （ 2.7 ）
工 作 機 械 加 工 工 程	78 （69.6 ）
組 立（溶接を除く）工 程	10 （ 8.9 ）
検 査 ・ 測 定 工 程	3 （ 2.7 ）
そ　　の　　　　他	19 （17.0 ）

注：複数回答のため回答数計は187

表 Ⅷ-2 ＜作　業　別＞

	回　答　数
計	112社（ 100％）
ローディング・アンローディング作業	28例（25.0 ）
移　　載　　作　　業	16 （14.3 ）
パレタイズ・箱詰作業	3 （ 2.7 ）
抵 抗 溶 接 作 業	9 （ 8.0 ）
ア ー ク 溶 接 作 業	20 （17.9 ）
組 み 合 わ せ 作 業	8 （ 7.1 ）
ス プ レ ー 作 業	8 （ 7.1 ）
リペッテング・カシメ作業	0
ネ ジ 締 め 作 業	5 （ 4.5 ）
ハケ・ロール塗り作業	1 （ 0.9 ）
く ず 処 理 作 業	0
そ　　の　　　　他	36 （32.1 ）

注：複数回答のため回答数計は134
出所：表 Ⅷ-1.2とも「全金同盟の調査資料」

現在，機械加工用と組立用ロボット，また，多関節形の特殊用途ロボットが商品化されている．

(2)プレス加工用ロボット

これは特に，高速性と安全性とが重視されており，ロボットのなかでも普及率は高い部類に入っている．

(3)スポット溶接用ロボット

現在稼動しているスポット溶接用ロボットの95％以上が自動車産業で採用されている．自動車産業では，産業用ロボットの30％以上を保有しているが，それが利用されている工程は，ほとんどが車体のスポット溶接である．

(4)アーク溶接用ロボット

これは比較的高級なロボットに属し，あらかじめ人間が教えた動作を忠実に再現するプレイ・バック機能をもっている．大企業から中小企業まで広く採用されており，国産の自動車のほとんどがこのロボットでアーク溶接された部品を利用している．

(5)無人搬送用ロボット

このロボットは，コンベアーの代わりに数点間を往復する搬送手段であり，ファクトリー・オートメーションの有効な手段である．

このほか，新しい適用分野として原子力，医療・福祉，海洋開発，農林業，建設などが挙げられているが，いずれにしても，研究・開発中のものを加えれば，実に多様な産業用ロボットが存在している．そして，この産業用ロボットの功罪についての評価も，また多様であった．

4-2 産業用ロボットの定着要因

それでは，何故，わが国でこのように急速に産業用ロボットが普及，定着できたのであろうか．例えば，1982年度版の『労働白書』では，次の諸点がその要因として求められている[14]．

その第1は，技能労働者の不足や悪環境，危険な作業への対応策である．

第2は，オイル・ショック以後の厳しい減量のなかで，企業の成長率が著

---

14)『労働白書』（昭和57年度版）4ページ．

しく低下したために，経営者は生産性向上，コスト・ダウンに積極的に取り組み始めたことである．

第3は，製品の多様化に対応して製品の品質向上，安定化がますます要求された点であった．

第1の点に限っていえば，産業用ロボットの功績は，大いに評価されねばならない．たしかに，生産力の拡大・発展は，元来，人類にとって望ましいことであった．だが，わが国が世界でも有数のロボット保有国になったのは，オイル・ショック下の「合理化」に，その原因があったことは，政府，経営者ともども認めるところであった．その場合特に重要なのは，この「合理化」に対する労働組合の態度であった．この点について，同じく『労働白書』は次のように指摘している．

「さらに，最近までわが国の労働組合は企業の産業用ロボット等の導入に対し，柔軟な対応をしてきたという側面もある．欧米諸国においては職業・職種の区分が明確であり，企業内においても職業・職種間の移動が乏しいことなどもあって，労働組合の側から産業用ロボット等の導入に対して警戒の念が強いが，わが国にあっては，終身雇用慣行があることもあって，こうした新技術の導入に対して労働組合は欧米の労働組合のような対応をとることは少ない．」[15]

つまり，きわめて短期間に産業用ロボットが定着・普及したのは，官民あげての「合理化」の成果であるとともに，欧米の経営者が大いにうらやんだ「日本的労使協調」の成果であった．まさに80年代の特徴ともいえる点である[16]．したがって，「日本的労使協調」が密接であればある程，「合理化」も容易であった．それは，反社会的，反国民的な「減量経営」の場合と，全く同じである．

---

15) 『労働白書』（昭和57年度版）65～66ページ．
16) この点については，次を参照のこと．
　　木元進一郎稿「ＭＥ衝撃下の労働者と労働組合」（『日本の労働組合運動　第2巻
　　―労働者の構成と状態』所載）．

だが，同じく『労働白書』で，次のように指摘されていることにも注意しておかねばならない．

「しかし，わが国の労働組合も最近は産業用ロボット等の導入が雇用や労働態様に及ぼす影響について注目する姿勢を強めており，その導入について労使間の協議を要求する動きも生まれてきている．」[17]

ロボットは，「日本的労使協調」をはぐくみ，「合理化」に協力してきた右翼的労働組合にとっても，ようやく真剣に取り組まねばならない重要な問題になったのである．

それでは，何故，労働運動のなかでロボットに対する目が，次第に厳しくなりつつあるのであろうか．

まずその理由として挙げられるものは，ロボットの生産台数およびその性能が飛躍的に増大・発展したことである．いわゆる「知能ロボット」の激増である．この「知能ロボット」の導入は，これまで以上に労働者の能力に変革を求め，また省力化，省人化に役立つ．労働者の不安は，ますます深刻化しつつある．

従来，ME革命の進展は，雇傭を増大こそすれ失業問題とは結びつかないというのが，政府・財界の主張であった．その理由として，『労働白書』では，次の3点が挙げられている[18]．

第1は，研究・開発投資や新製品開発に伴う生産・事業規模の拡大が，専門的技術者に対する雇傭需要を増大させることである．

第2は，教育水準の高いわが国の労働者の技術革新に対する適応力が高いことである．

第3は，新しい生産技術等の導入に伴い，職種転換，配置転換が円滑に進んでいることである．

4-3 厳しい「合理化」とロボット

だが，労働者が現実に感じている事態は，そんなに楽観的なものではない．

---

17)・18)『労働白書』(昭和57年度版) 66ページ.

元来，産業用ロボットの効用については，楽観論，悲観論があったが，政府・財界の見解は，当然のことながら楽観論であった．そこでは，ロボットの採用は，「人間性回復への道」として讃えられていた．

もとより，生産力の発展は，人間の生活を豊かにするはずであった．したがってロボットも，それが労働者の利益を増大し，国民の生活を豊かにするために使われるべきである．例えば，危険作業，単調作業を労働者に代わって行い，長時間労働を短縮するために用いられるべきであり，「合理化」の手段として用いられてはならないのである．

他方，悲観論は，MEの発展が管理工程や生産工程に浸透し，「合理化」の手段として用いられる結果，次第に労働者自体を不要なものとし，雇傭不安，失業問題が，大きくクローズ・アップされているという視点に立っている．どちらが，現実を正しく解明しているといえるだろうか．

例えば，わが国の自動車メーカーの一方の雄である日産自動車は，欧米の経営者がうらやむ「労使協調」のゆきとどいた典型的な「日本的経営」企業であった．この日産が，1983年度の新規採用を大幅に削減する方針を明らかにした．この点について，嵯峨一郎教授は，次のようにいっている．

「今年3月初旬，同社は，来年度つまり1983年度の新規高校，大学卒業者の定期採用を82年度に比べて大幅に減らす方針を明らかにした．その場合にとりわけ採用減の対象となるのは，各工場の高卒者を中心とする生産の直接要員（『技能員』）たちである．この技能員の採用は，80年度1040人，81年度2542人，82年度2650人であるが，これを来年度には一挙に今年度の半分以下に圧縮するという．採用の枠が全体として縮小するだけならともかく，このように生産の直接部門の採用が集中的に減らされるのは，明らかに直接部門における合理化の進展がからんでいる．」[19]

ここでは，ロボットの省力化・省人化機能が指摘されている．また，ロボット導入にかかわる職場の情況の変化について，電機労連の実態調査では，

---

19) 嵯峨一郎稿「ロボットは職場をこう変えた」（『エコノミスト』57.8.3.）10ページ．

およそ次のような回答が寄せられている（図Ⅷ-1参照）．また，特に生産工程で顕著にみられる職場の再編情況について，次のような諸点が指摘されている[20]．

その第1は，ME機器導入による新設職場の編成であり，それに伴い大幅な配転・異動・出向が生じていることである．

第2は，旧職場内での再編である．これは，「職場内の20代から30代前半位までの若い層を中心に，ME知識への適応力を有するものを選抜する」ことから生じている．

第3は，「生産技術グループ」の現場進出と役割機能の増大が指摘されている．これには，次のような特徴がみられる．

「生産現場へとME機器・設備の導入が進むにつれて，検査，品質管理，機器・設備の保全，さらには自動化の研究開発を担当するいわゆる生産技術グループの役割機能の重要性とウェイトが増大し，……最近では各生産現場に生産技術グループとして直結してふり分けられ，あるいは生産技術課から各生産現場への『駐在』という形態で現場に密着する傾向が顕著に現われてきた.」

第4は，単純作業部門への女子およびパート労働者の配置である．

そして，最後に，交替勤務体制への移行が指摘されている．

このような職場情況の変化は，当然，従来の「労使慣行」を大きく変更せざるをえない．とりわけ，次のような指摘に，われわれは注意しておくべきである．

「『年功重視の労使慣行がくずれる』とみるものも66％とかなり多い．これまでは賃金制度や賃金水準にしろ，役職昇進にしろ，年功体系の労使慣行が基盤となっていた．こうした慣行が成立する一因として，例えば，生産部門の場合，経験的熟練と役職昇進や処遇が一定程度結びつくといった関係が成立していたことが挙げられる．しかし，今後，ME化がさらに進めば，多くの職種で経験的熟練が崩壊し，労働の二極分解が発生し，キージョブ

---

[20] 電機労連『調査時報 No.182』(1983.7.) 243〜252ページ参照．

図 Ⅷ-1　技術革新の将来と仕事や職場の変化（性別）
―5事業所計―
（「ハイ」の比率）

(a) 自動化が進んで雇用が減少する
(b) パート・臨時におきかえる
(c) 会社への貢献度や品質向上で価格の低下
(d) 配転・転職が拡がる
(e) 仕事が単調化しやりがいなくなる
(f) 単純な仕事から解放される
(g) 仕事の発揮拡大が高度化し創造性
(h) 仕事についていけない人が出てくるし、きつい
(i) 企業間の競争が激しく労働条件向上
(j) 交替・変則勤務が多くなる
(k) 年功重視のうすれる労使慣行
(l) 生産性向上で時短・生活向上
(m) 限られた少ない仕事で責任・権
(n) 仕事の位置不明確化し全体での
(o) 今までと異なる健康障害発生
(p) 独感職場の人間少なくなり孤
(q) 賃金の格付における仕事や職種

出所：電機労連『調査時報』No.182, 219ページ．

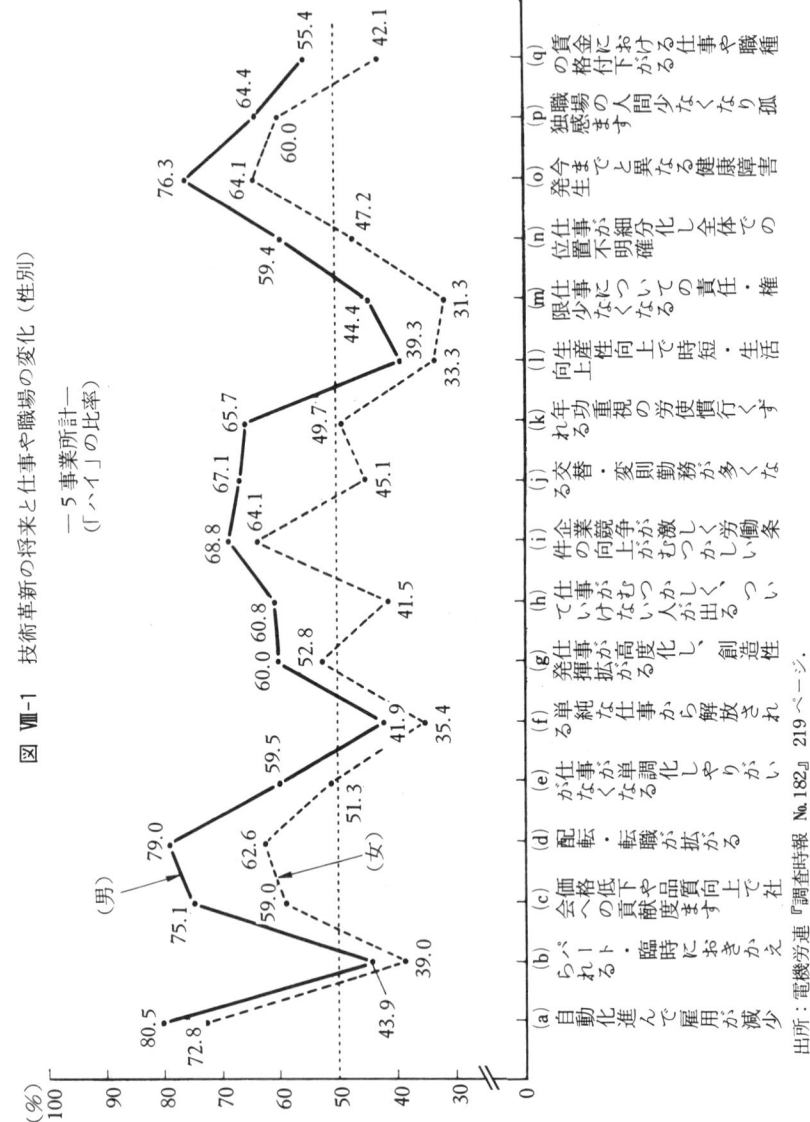

(Key Job)についてはME化への不適応者が発生することが考えられるというのが仮説である．この種の不安感をもっているものが7割近い．」[21]

産業用ロボットの採用は，労働の苦しみを救い，労働者にとって有意義な社会を生み出すものではなかった．それは，独占資本の高収益を目的とした省人化，「合理化」の手段としてのみ採用されているにすぎなかった．したがって労働組合は，独占の意図を正しく見抜き，それと闘わなければならなかったのである．

5 新たな「労使協調」の再構築

5-1 ME革命の進展と雇傭問題

80年代に入り企業を取り巻く環境は一段と厳しくなったとするのは，経営者諸団体に共通している認識である．この厳しい情況を生み出した要因が，先端技術の急速な発展にあったことはいうまでもない．それでは，各経営者団体は，ME革命をどのように受けとめているのであろうか．

まず，経済同友会は次のようにいう．

「ME化は今までの生産工程の効率化に加え，業務体系の改善などをめざしつつ，労働の質的向上をもたらしており，各分野において一層普及することが予想される．」[22]

経済同友会は，各分野に広がるME化が，「日本型成熟社会」を完成する

---

[21] 電機労連『同調査報告』218ページ．なお，高年齢者雇用開発協会が84年1月に行ったアンケート調査の結果が，次のように日本経済新聞に報じられていた．対象は，全国の上場・非上場企業約3000社で，有効回答は1182である．いささか長文であるが，紹介しておく．
「企業の人事管理の現状と今後については，『終身雇用制を堅持していく』が77.6%と約8割を占めているものの『年功制度が崩れてきている』と答えた企業も57.6%と6割近いことが注目される．これはブルーカラー，ホワイトカラーを問わず，『年功による経験・技能の意義は小さくなっている』(65.1%)との回答でも浮き彫りにされてあり，『中高年層の一部は適当な時期に出向・転籍させた方がよい』『選択定年制・早期退職制は有効な制度だ』『役職定年制は必要だ』『55歳以降の給与引き下げはやむを得ない』という企業が，それぞれ5〜7割前後に上っている．

ために不可欠であり，各企業はＭＥ化に具体的に取り組むべきだという．もとよりこの場合，雇傭不安などが生じることは否定できないが，それは，第三次産業分野の雇傭拡大などによって解決できると考えている．とりわけ，経済同友会が強調するのは，次の点であった．

「ＭＥ化の進展により，業務の内容，質が一層重視され，職場における情報・技術面での単なる年功的役割が薄れ，業務そのものが『客体化』してくるのは避けられない方向である．したがって，この問題については，従業員に対する教育の充実，適切な能力評価，労働力流動化への対応，きめの細かい労使関係の確立などに前向きに取組み，終身雇傭制を軸とする日本型雇傭形態の中で摩擦なく吸収し，その発展的展開を図っていかなくてはならない．」

次に，生産性本部の見解を検討してみる．現行のＭＥ革命のなかで，最も深刻な問題は，雇傭——とりわけ中高年労働者の雇傭問題にあることは，何もわが国に限ったことではない．わが国でも，次第に深刻な問題が起きつつあるが[23]，生産性本部は次のように事態を把握している．

「ＭＥは一方で省力化作用を持つことは明らかであるが，他方において新職種等の増加という労働力需要効果を併せ持ち，また，その導入が生産能力の拡大及び新製品の開発等による受注量の増大と結合するときは，雇用の維持ないし減少幅の抑制をもたらすことになる．さらに省力効果によって部分

これに対し，従業員の意識面では『年功序列意識は依然として強い』（78.3％）のが実態で，その一方では『企業帰属意識の低下』（38.8％）．『役職昇進意欲低下』（31.5％）．『専門職志向が強まる』（38.4％）といった傾向も，『転勤を望まない従業員が増えている』（70.1％）ことも注目される．

このほか，昨年3月末現在で子会社や関連会社への出向者がいた企業は全体の7割にあたる829社．出向者数は延べ約13万人で全従業員数の6％，このうち45歳以上の出向者が4割を占めており，『企業は終身雇用の方針を維持する中で，中高年の出向・移籍といった準企業内労働市場への労働力移動が増加している』と分析している．

22) 経済同友会「ＭＥ化の新段階をめざして」（1983.5）（『賃金と社会保障』No. 866 収録）．
23) 例えば労働者調査研究会編『シリーズ—労働者の状態2—電機』及び『同3—自動車』等を参照のこと．

的に余剰となった人員も配置転換等によって雇用の維持がはかられており，これまでのところ，これらの総合効果によって雇用量にはさほど大きな影響をもたらさなかったとみることができる．しかし，このことをもってMEが将来も大きな雇用問題を生じないと考えるのは早計であろう．」[24]

5-2 新たな労資協議の方向性

生産性本部が雇傭問題について楽観視しているのは，技術革新に伴って生じるさまざまな問題も，彼等が主張する「生産性向上」運動により，無事解決できると信じているからである．過去の技術革新の場合でも，「労使協調」体制によって，それほど深刻な問題を生じなかったという．

何故かといえば，これまでの技術革新では，「究極において労使を含む国民一般に利益をもたらす」という「労使」双方に共通する認識を生み出し，また，個々の問題については，「労使の協議を通じて処理する」慣行を創り出してきた．この日本的「労使関係」は，技術革新に対して大きな適応力をもったが，それは現在でもいえるというのである．

だが，かつての技術革新の段階と，現行のME革命とでは，その社会的，経済的影響が質量ともに拡大されて現われてきつつあることは，生産性本部も認めざるをえなかった．とりわけ，ME化が，従来の日本的「労使協調」関係に変化を与えていることを指摘して，次のようにいっている．

「MEは人間の労働を代替するかたちで生産工程に導入されるが，その結果ある種の旧型職種の消滅，新しい職種の発生という事態が進行するであろう．この場合，経験の蓄積によって形成された肉体的な熟練労働は崩壊し，より頭脳的な労働が多く必要とされるであろう．このような変化は，当然これまでの労使関係秩序にも影響を及ぼす．」[25]

ここで，生産性本部が特に憂慮しているのは，ME化が従来の「労使協調」の中心となってきた忠誠心の高い労働者層を不要とし，積極的に職場から追い出すことになるのではないかということであった．換言すれば，「労使協

---

24) 日本生産性本部『労使関係白書』(昭和57年度版) 13ページ．
25) 日本生産性本部『同書』18ページ．

調」の新たな基盤を,いかに見出していくかということである.それを,生産性本部は,次のようにいう.

「MEの導入は,既存の労働者に対して何らかの適応を要求することになるが,人の適応能力には個人差があるから,変化に適応し切れない人々の出ることも当然予想しておかなくてはならない.ことに長い経験によってその技能と地位とを築いてきた中高年者の場合にはかなり深刻な問題も発生しよう.MEが最新の技術であり,社会の進歩のために必要だとしても,生産技術のすべてがME化するわけではなく,また新技術に適応できない,あるいはしたくない人々にも,それぞれ生存権がある.また,選択の自由があることが,民主社会の理念であろう.これは恐らくは,一企業だけの対応の限度をこえる問題であり,企業を越えた労使の協議が望まれるゆえんである.」[26]

5-3 労資協議と「参加」論

ここでは,「合理化」の成果だけは独占がひとり占めにし,そこから派生する社会的・経済的諸問題の解決は,労働者自身や国家の努力によるべきことがいわれている.そして,生産性本部が,ME革命下の「労使協調」関係を維持するために重視するのは,例えば,イギリスのTUC(労働組合会議)の「技術協定」をわが国でも締結することであり,また,各職場での「参加」を促すために小集団活動を活発化することであった.いずれにしても,ME革命下の現在,新たな「労使協調」を促進することなしには,現在の諸問題は対応しきれないのであり,そのためにも,新たな「労使協調」の担い手となるべき「民主的労働組合」の必要が,今まで以上に重視されるのであった.生産性本部の結論は,次の通りである.

「……小集団活動が成功するためには経営組織内における責任体制の確立と強力で民主的な労働組合の存在,そしてこの両者の調和ある関係の形成が不可欠の条件であることは明らかであろう.われわれは,これまで企業と労働組合という組織を生産性運動の主たる担い手と考え,この両者の協議交渉によって労使関係の基本的な枠組みが形成されるべきであると説いてきた.

---

26) 日本生産性本部『前掲書』20ページ.

そのメカニズムは団体交渉と労使協議制であり,特に労使協議制は経営上の問題に関する協議と協力の機関としてその役割はますます増大している.」[27]

労働者の協調意識を足がかりにし,独占の維持・発展ばかりか,「合理化」にまで労働組合に責任を負わせようとする生産性本部の主張は,いつになっても変わらない.しかし,急速なME革命が,いやおうなしに「職場情況」の変化をもたらし,それが,これまでの日本的「労使協調」関係の基盤を,急速に切りくずしつつあることは,きわめて現実的な問題であった.

独占の抱え込んでいる矛盾は,もはや労働者の「協力」なしには解決できない.新たな「労使協調」の基盤を,若年労働者に求め,彼等に受け入れられるような方策を求めながら,生産性本部は積極的に機能している.それは,混迷を深めるわが国独占の要請を,忠実に反映している.

5-4 新たな「労使協調」の成立基盤

最後に,新たな「労使協調」を志向する日経連の見解をみることにしよう.周知の通り,日経連では,毎年春闘対策として『労働問題研究委員会報告』を発刊しているが,1983年版では,ME化を「まだ労使摩擦の原因になっていない」と規定し,その理由として次の2つの要因を挙げている[28].

「第1は,わが国の企業が終身雇用慣行をもち,労働組合組織が外国の職能別組織と異なり,企業別組織であるということである.職能別労働組合にあっては,ロボット導入によって不要となった労働力は直ちに解雇に直結するのであり,それだけにロボット導入に対して労働組合の抵抗は激化するであろうが,わが国の終身雇用,企業別労働組合にあっては,労働力の配置転換が可能であり,ロボットの導入,すなわち職場の喪失というように連動することがない.」

「第2は,今日までのロボット導入分野は,溶接,塗装等,危険あるいはダーティーな職場に限られており,そのような分野にロボットが導入されることを,労働者,労働組合の双方がむしろ歓迎したことにある.」

---

27) 日本生産性本部『前掲書』32ページ.
28) 日経連『労働問題研究委員会報告』(昭和58年版)10〜11ページ.

だが，このような楽観論は，深刻な事態とは，あまりにもかけはなれすぎていた．さすがの日経連も，84年度版の『報告』では，当面の対応策として，次の点をいわざるをえなかった[29]．

「労働力全体の立場からみると，新技術にかかわる，とくにソフトウェア関連の要員の不足と，中高年労働力の余剰といった労働需給のミスマッチの問題が生じる可能性はある．これは再訓練，適切な労働需給情報の提供を含む労働移動対策などによって解決に取り組むべき問題であろう．そしてそれは，就業者全体の立場に立った政府の役割の重要性にもつながるものである．

また，企業経営者は，いっそうの企業家精神の発揮によって，新しい技術革新時代における新規雇傭の創出への努力が要請されよう．」

日経連の提言は，「労使協調」の必要性を改めて訴えるのみでなく，それを至上とするような労働者を創り出していくために，教育体制の国家管理の強化にまで及んでいるのが特徴である．だが，それは，経営者および経営者団体の思い上りでしかない．

6　ME革命の進展と労働組合

6-1　MEに対する政府の態度

戦後の技術革新は，何度かの過程をへて現在にいたっているが，ME革命がもたらす社会的・経済的影響は，今までとは全く異なった範囲にまで及んでいる．生産工程からは中高年労働者が排除され，また管理工程からは若年労働者，特に女子労働者の多くがしめ出されている．

ME革命の進展に楽観的であった政府も，次第に雇傭問題についての憂慮を深め，「MEの利点を最大限に活用していく」という基本的視点に立ちながら，次のような5つの原則を確立している[30]．

「1．雇傭の安定－拡大に努める．中高年齢者や身体障害者も使いこなせる機器の開発を進める．ME化の進展に伴い拡大するソフトウェア部門など

---

29)　日経連『前掲報告』（昭和59年版）31～32ページ．
30)　雇用政策会議の『提言』（日本経済新聞 84.4.26.）．

第Ⅷ章 「ME」合理化と労使協調　　　137

で積極的に雇傭を増やして，失業の発生を防ぐ．

2．労働能力の向上に努める．ME導入に伴う配置転換に労働者がスムーズに対応できるよう，企業内の教育訓練を充実する．

3．労働者福祉の向上に努める．産業用ロボットをはじめME機器の安全性を高める．監視労働，交代制勤務が増えるなど仕事の中身が変わることに伴う健康面への影響に注意する．

4．労使間の協議システムの確立に努める．職場，企業，産業，国全体といった各レベルで，ME問題について労使間の意思疎通を進める．

5．国際的視野に立った対応に努める．国際シンポジュムを開いてME問題での世界的コンセンサスをつくる．またME技術，ME導入のノウハウを発展途上国に積極的に提供する．」

このように雇傭政策会議の提言は，具体的な政策については，何一つふれていない．雇傭の保障，労働時間の短縮，新たな雇傭の創出など，労資双方にとっての課題は多い．ちなみに，世界で最もよく働くといわれているわが国の労働者の労働時間を，世界的な平均にまで短縮することにより，約250万人の新たな雇傭が創出されるといわれている．

6-2　労働組合のガイドライン

他方，労働組合側もME革命下の雇傭問題を重視し，次第にチェック機能を強化しつつある．例えば，電機労連は，ME技術を「80年代の技術革新の中心的なものとして位置づけ，かつまたその成果が，生産性向上の成果配分，労働時間短縮，作業工程や環境の改善，安全面の確保など総合的な労働条件の向上と『労働の人間化』に役立てる観点を堅持し，対応する」[31]と定義し，次のような対応原則を提唱している．

「1．ME機器（ロボット，自動化・省力化機器，NC工作機，各種のOA機器など）の導入については，事前協議の徹底を制度として確立し，労働組合との協議が整わないものはその導入を認めない．

2．導入に当っては雇傭・労働条件に不利を伴なわないようにする．とり

31）電機労連『MEガイドライン』4ページ．

わけ，具体的人員整理が伴うような雇傭への直接的影響がある場合はこれを認めない．

3．労働安全面については，十分な配慮をはらわせ，導入後も定期的に労働組合としてチェックを実施する．」

周知の通り，「労使協議」にもとづく「労使協定」（いわゆる「ロボット協定」）が，初めて結ばれたのは，日産自動車においてであった．ここには，「労使協議」，「雇傭の維持」，「労働条件の維持」，「安全・衛生の確保」，「教育・訓練」などの項目が挙げられている．この「協定」は，労働者に対して，どのような役割をはたしたのであろうか．ここでは，次のような評価を紹介しておきたい．

「この労資協定は，形式的には今後ロボットが導入されることにともなって，それによって生じる問題について労資が協議することを目的として締結されたものであり，内容的には精神条項の域を出ていない．その後，この協定にもとづく第1号が追浜工場の労資間で結ばれた（83年9月）．そのため塗装第1ラインの84年春生産開始予定の決定が下されていない．その背景には，第1ラインがロボット化に伴って無人化されることがある．労働組合の説明によっても，第1ラインのロボットは，今後日産の各工場，各職場の動向を大きく左右することが明白である．そして，このロボット協定は，そのねらいがなんであれ，人減らしに対するなんらかの歯止めにならないことも，70年代後半の第1次『合理化』における労働組合の対応から容易にみてとれるのである．」[32]

ME革命の急速な進展は，伝統的な日本的「労使協調」構造を根底からゆさぶり，政府・財界を憂慮させている．とりわけ，経営者は，「ロボット協定」を認めざるをえないような立場に追いつめられながらも，新たな「労使協調」の基盤を創り上げるべく努力をしている．その典型が，「日本的経営参加」といわれる小集団活動であった．

この「日本的経営参加」は，一面では，労働者同士の厳しい内部的統制に

---

32) 労働者調査研究会編『シリーズ―労働者の状態3―自動車』74ページ．

よる「自主管理」体制を確立するものであるとともに，他面では，次のような積極的な側面ももっていたのである．

「そこでは，これまでは資本家の機能として，資本家階級に独占されていた経営機能が，形式的・部分的にせよ，労働者階級の手中に移行しつつあること，企業の意思決定が，やがては労働者階級を含む社会的諸関連の中で行なわれざるをえなくなってきていることを示すものであり，その限りでは，労働者統制への萌芽形態であるということができる．」[33]

ME革命のもと，労働者をめぐる社会的・経済的諸環境は急激に変化しつつある．そうしたなかで，資本のより一層の専制を許すのか，あるいは，労働者にとってより民主的な諸条件を作り出し，労働者統制に近づけていくのか．労働組合の責任は重大である．

---

[33] 井上宏稿「経営参加と労働者統制」(「過渡期の企業と経営」研究会編『転換期の企業と経済民主主義』) 54ページ．

第 IX 章

QC サークル活動と「自主管理」

1 QC サークルの成立基盤

1-1 日本的経営と QC サークル

長期にわたる世界的不況の過程で,「日本的経営」が, 欧米諸国の経営者から注目をあび,「カンバン方式」とか「QC サークル」などが, あたかも不況克服の万能薬であるかの如くにもてはやされたのは, つい先日のことであった. かつて, 日本経済新聞は, 次のようにアメリカ企業での QC サークル熱を紹介した.

「QC サークルを設置している(アメリカの)企業は全米で 500 社にのぼる. 業種別にみると, 自動車, 電機などで活発だが, 金融, 保険, 病院, 研究所, 官庁などにも広がり, こうした分野ではむしろ米国の方が進んでいるという.

日本では QC サークルの数は横ばいなのに対し, 米国では急膨張しており, ウェスチングハウス・エレクトリック社のように社内に 1,000 サークルも設置している企業もある. この効果はてきめんで, 最新の調査によると, 例えば QC 活動の時間外費用として, 企業が 1,000 ドル投資した場合の見返りは 2,500〜8,000 ドルにものぼるとの結果が出ている.」[1]

---

1) 日本経済新聞の記事「日本に学べ―広く深く, 米産業界」(上) より.

もしも，この記事の指摘が正しいとすれば，何と有効な投資だろうか．設備投資もいらず，わずかな時間外手当の支給だけで，数倍の効果が上がるとすれば，経営者が目の色を変えて導入しようとするのも無理はない．

だが，このQCサークルは，本当にそんなに有効なのであろうか．それが有効に機能するとすれば，やはり，いくつかの前提条件が必要であろう．従って，ここでは，QCサークルが，どのような基盤のうえに成立し，日本の経営のなかでどのような機能を発揮しているのか．またそれは，労働者に対しどのような意図をもっているのかなどを検討する．

1-2 QCサークルの日本的意味

QCとは"*Quality Control*"，即ち品質管理のことである．元来，統計的解析手法を利用したこの品質管理は，他の管理技法の場合と同様にアメリカで生まれ，展開されてきたものであった．それがわが国に導入され，いつのまにか日本的経営を代表する経営制度にまで変質し，成長したのは，何故であろうか．

わが国におけるQCサークル活動の歴史は，(1)「調査・研究の時代」(1946～50年)，(2)「統計的手法を技術者が吸収・導入し，乱用した時代」(1950～54年)，(3)「品質管理の組織的運営強化の時代」(1955～60年)に区分される[2]．アメリカで発展したQCの手法が，わが国の企業に積極的に導入され，定着しはじめてくるのは，1951年頃からである．また，それが独自のサークル活動として定着したのは，1962年以降のことであった．ちなみに，「第1回職組長品質管理大会」が開かれたのが1962年11月であり，また「第1回QCサークル大会」が開かれたのは1963年5月のことであった[3]．

この場合，わが国のQCが，「統計的品質管理」のみにつきるものではなかったことに注意しなくてはならない．それは，QCサークル活動の「基本的理念」として，次のような点が挙げられていることにも明らかである．

「全社的品質管理活動の一環として行うQCサークル活動の基本理念は次

---

2) QCサークル本部編『QCサークル綱領』3～4ページ．
3) 詳しくは，石川馨著『新編 品質管理入門』8～14ページ．

第Ⅸ章　QCサークル活動と「自主管理」

のとおりである．
　⑴　企業の体質改善・発展に寄与する．
　⑵　人間性を尊重して，生きがいのある明るい職場をつくる．
　⑶　人間の能力を発揮し，無限の可能性を引き出す．」[4]

　つまり，アメリカでは，単に生産管理の一部であったQCが，いつの間にかその内容を大幅に変え，「人間の能力を発揮し，無限の可能性を引き出し」，かつ，「生きがいのある明るい職場をつくる」ための方策に拡大・発展した．それにつれて，QCも全社的なTQCに拡大し，「日本的TQC」が完成されるのである．

　この「日本的TQC」は，徹底した減量経営の強行過程に照応して急速にわが国の企業で採用され，定着していった．それは，何よりも，「経営の思想革命」としての意義をもっていたからに他ならない．例えば，ある経営者は，アンケートに答えて次のように述べている．

　「TQC導入の狙い・目的」

　「第1次オイル・ショック後，減量経営を強いられ先行き不透明な時代に直面した．『今までの経営の考え方，やり方を変えなければならない．経営の思想革命が必要だ』と考え，昭和54年TQCの本格的導入を決意した．したがって，導入の目的は，『経営管理能力の向上，企業体質の強化』にあった．

　進め方は，①まず経営幹部がQCの基礎から勉強し直し管理能力の向上を早急にはかる．②会社方針の策定，展開，実施，監査の各ステップで，QCの先生方の指導をうけながらシステムを整備・充実し，企業体質を強化する．③TQCは経営そのものであると考え，特別の組織はつくらず現在の組織を改善しながら推進してきた．」[5]

　QCあるいはTQCは，何よりも企業の体質改善のための方策であり，労資が一体になって取り組んでこそ，初めて有効であるとするイデオロギーが，ここでは，よく物語られている．QCにしろ，TQCにしろ，きわめて

---

[4]　QCサークル本部編『前掲書』2ページ．
[5]　「日本的TQC総点検マニュアル」（『工場管理』1982.5.）22ページ．

日本的なのである．

2 QCサークル活動の実態

2-1 QCサークル活動の目的

それでは，QCサークル活動，またはTQCは，経営者にとってどのような意義と機能をもつものとされているのであろうか．まず，QCサークル活動についての検討から始める．

一般的には，QCサークル活動の目的としては，次の3点が挙げられている．

「(1) 現場の第一線監督者のリーダーシップ，管理能力を高めることをねらいとし，またそれを自己啓発によって達成するようにすすめる．

(2) 作業員まで含めて，全員参加で，QCサークル活動を通じて職場におけるモラールを高め，品質管理が職場の末端まで徹底して行われるようにする．また，その基礎として品質意識，問題意識，改善意識の高揚をはかる．

(3) 全社的な品質管理の一環として；職場における核として活動する．たとえば，社長，工場長などの方針の徹底と具現の働き，職場での管理の定着，品質保証の達成などの面でも有効な働きをする．」[6]

ここに述べられているQCサークル活動の目的のなかで，とくに重要な意義をもっているのは「自己啓発」である．形式的にいえば，QCサークル活動の担い手は労働者であり，その労働者が「自己啓発」によってモラールを高めるところに，QCサークル活動の本来的な目的があり，その限りにおいてそれは「自主管理」といわれるのであった．

2-2 「自己啓発」とQCサークル活動

それでは，この「自己啓発」では，何が期待されているのであろうか．ここでいう「自己啓発」の定義は，次の通りである．

「自己啓発は，自分のために，自分で必要性を感じ，自己の新しい面を開

---

6) QCサークル本部編『前掲書』14ページ．

第Ⅸ章　QCサークル活動と「自主管理」

発し，能力を高め，自己の可能性を自分で引き出すという働きである.」[7]

　つまり，労働者自らが努力して，自ら「管理」能力を高めるべきだとするのが，その主旨であった．だが，この「自己啓発」は，個々の労働者が個々人として努力している限りでは，大変にむずかしい．それは，複数の労働者が，相互に励ましあい，監視しあうことなしには，有効に遂行されないのである．そのために QC サークル活動が位置づけられ，そこでの集団学習機能が期待されている．そうすることによって，「他人にいわれなくても，このような場に参加することによって意欲づけがなされる．自分でもできるという自信，おおいにやらなければ負けるという緊迫感の自覚」[8]がもたらされるというのであった．つまり，自己学習，集団学習によって，自らの弱点を克服し，自らの「管理」能力をたかめることを，自らの責任で遂行すべきだというのである．

　このような「自己啓発」には，次のような点が期待されている[9]．

(1) 相互啓発をへて自己の勉強に役立たせる．

(2) 勉強の方法には，座学，自家学習，OJT，実務などが考えられる．

(3) 自分で勉学するとともに，QCサークルなどのようなグループで勉学をすすめる．

(4) 勉学の内容は，固有の技術，QCの方法，改善技術，人間の問題などである．

(5) 問題に当面し，苦しみながら自から体験し，解決の道を開発していく．

(6) 強制ではなく，自主的にすすめていくこと．

(7) 自己啓発の場としてQCサークルを活用すること．

　つまりQCサークルは，労働者にとっては自ら訓練するための場であるとともに，経営者にとっては，新たな企業内訓練の場であったのである．

---

7)　QC サークル本部編『前掲書』34ページ．
8)　QC サークル本部編『同書』35ページ．
9)　QC サークル本部編『同書』36〜37ページ．

2-3 QCサークル活動の事例

それでは、QCサークル活動は、実際にはどのように行われているのであろうか。ここでは、1981年12月に行われた第1,120回QCサークル大会での体験発表のなかから、数件の事例を選んで検討してみる.

〔事例1〕

QCサークル紹介		サークル名：	S サークル
本部登録番号	6499	サークル結成時期	昭和54年4月1日
構 成 人 員	8 名	月あたり会合回数	3 回
平 均 年 齢	29 歳	1回あたり会合時間	1.0 時間
最 高 年 齢	48 歳	会合は（就業時間内/就業時間外）	就業時間 外
最 低 年 齢	20 歳	テーマ歴（このテーマで）	12 件目

＊トヨタ車体株式会社 才1製造部 才12プレス課 〈発表形式〉ビラ、⓪HP、他（　　）

RH20ホイルハウスインナーR/L
「調整停止時間の低減」
―― QCサークル活動の活発化をめざして ――

1. はじめに
　私の勤務するトヨタ車体(株)刈谷工場は、愛知県のほぼ中央に位置し、商用車であるトヨタハイエースを生産しております。私達の職場は、ボデー生産の初工程であるプレス工程を担当しており、サークル員は、リーダーの私以下男子8名で構成しております。

2. 私のサークル活動の進め方
　私はサークル活動を活発にする為、メンバーの技能、特技を生かし「1人1人に役割分担」を行い、創意の向上に「幅広い知識を吸収」して、更に活動を通して「仕事を良く考え、知恵を生かすメンバー作り」を活動の重点に進めております。

3. 取り上げた理由
　今年度課方針の中で「S・P・H向上」が示されS・P・H向上するには、プレス作業中における、ライン停止を低減しなければと考え、調査したところ、仕掛部品22点中、RH20ホイルハウスインナーR/Lの調整による停止（以下調整停止時間という。）が多いことがわかりました。(図-1)

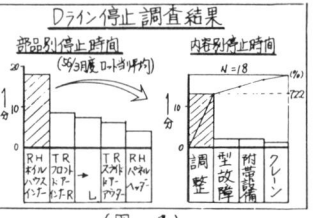

Dライン停止調査結果

（図-1）

第Ⅸ章　QCサークル活動と「自主管理」

4. 目標値の設定
調整停止時間を5月末までに、ロット平均13分から3分の低減を目標にしました。

5. 現状調査
調整停止時間を調査した結果、絞工程による「フランジ寸法不良」が発生し、これを防止するため停止する事が分かりました。(図-2)

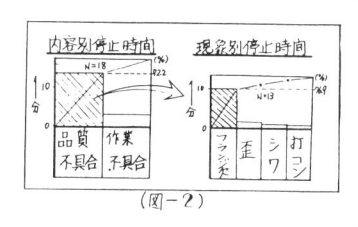

(図-2)

6. 解析-1
特性要因図を用いて「フランジ寸法不良」の要因の洗い出しを行なった結果(図-3)
要因-1．コイル切断時、防錆油付着状態の変化により、絞工程でフランジ寸法不良が発生するのではと考え、材料面の油を拭き取り、トライの結果、両面拭き取りに効果がある事が分かりました。
要因-2．作業時間の経過により、摩擦熱による型温度に変化があるのではと考え、温度測定器で計測した結果、型温50℃以上に上昇すると、フランジ寸法のバラツキが大きくなる事が分かりました。(図-4)

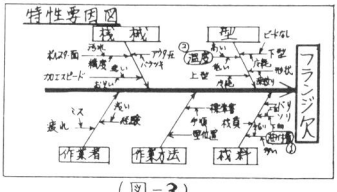

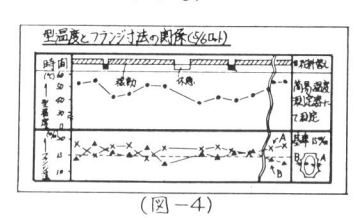

(図-3)

(図-4)

7. 対策-1
1-コイル切断時、防錆油の使用を廃止。
2-下型シワ押え面を熱伝導率の秀れた「HZ合金」に材質変更した。

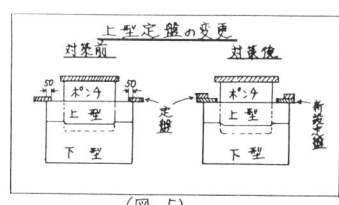

(図-5)

8. 解析-2
1次対策から、フランジ寸法不良による調整停止時間は低減したかに思えたが期待したほどの効果が無く、2次対策に向けてのサークル会合で検討した結果、シワ押え面のアウター定盤の掛り代が、前後200mmに対し、左右50mmと少ない事が分かり、他部品の定盤を使いトライした結果、良い結果が得られた。

9. 対策 - 2
　内径寸法を延長した定盤を作製、取り付けた。(図-5)
10. 結果の確認　　　　　　11. 標準化
　　　　　　　　　　　　1. コイル切断時防錆油使用の廃止を、F.L要領書に追記。
　　　　　　　　　　　　2. 定盤取り付けにより、アウタースライド量の変更に
　　　　　　　　　　　　　より、段取要領書の改訂。
　　　　　　　　　　　　3. ダブル絞り型におけるB.Hと使用定盤の掛り代を
12. まとめ　　　　　　　　　T.P.Sに取り入れた。
1. 1人1人が役割分担したことにより、メンバーが責任を持って進める事ができた。
2. 類似部品4点についても同様の対策を実施し、効果を上げ水平展開できた。
3. 今回のテーマを通じて得た自信を拡大するため、あらゆる機会を生かし、QC手法の
　習得と活用に心掛け、さらに幅広い知識を吸収することにより、テーマリーダー制を
　取り入れ創意と行動で活気のあるサークル活動を進めて行きたい。

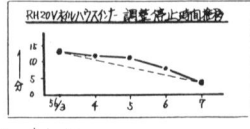

〔事例2〕

QCサークル紹介		サークル名：	Uグループ	
本部登録番号	93349	サークル結成時期	昭和 年 月 日	
構成人員	10 名	月あたり会合回数	3 回	
平均年齢	37 歳	1回あたり会合時間	2 時間	
最高年齢	52 歳	会合は (就業時間内)	就業時間 時間外	
最低年齢	28 歳	テーマ歴(このテーマで)	9 件目	

＊ 大分製鉄所、製鋼部鋼片工場　勤続18年 〈発表形式〉ビラ、OHP、他(　　)

ここにもあった電力の無駄

新日本製鐵　　Uグループ

1. はじめに
　新日本製鉄大分製鉄所は、昭和46年4月に一貫体制を確立した最新鋭の製鉄所です。
大分製鉄所は、低コスト大量生産を目標に、全ラインコンピューターが配備され、品質、設
備、操業管理を総合的に行なっている。私達は、大分製鉄所の作業工程で、中心部の鋼片
工場精整掛に属し、主な業務内容は、連鋳より出片された高温 のスラブを冷却し、検
査職場に送り、スラブ表面及び内質検査を行ない、検査結果合格材をジャスト・イン・タ
イムに下工程に払出す業務です。その中にあって、私達は、工場で最も電力消費の多いス
ラブ冷却、搬送の業務に従事しています。

→ 連鋳工場
製銑工場 → 製鋼工場 → 鋼片工場 → 厚板工場

第Ⅸ章　QCサークル活動と「自主管理」

2. テーマ選定に当って

私達グループは、現在まで日夜省エネに取組んで来ました。特に年々高騰する電力単価（円/H）を吸収すべく電力原単位（K半）の低減に努めて来ましたが、従来の節電活動では、思うような効果があがりませんでした。その時、グループ内より、電力原単位が下がらない要因を出して見ようとの意見が出され、さっそく特性要因図で洗わし検討をした所、以外にも全員が、設備を完全に理解していない事が判り、早速、勉強会を何の研修センターを利用し、進める内に、撤去水処理設備の冷却塔房制御装置に、電力の無駄が有る事に気付く活動を開始しました。

3. テーマ決定

現状のスラグクーラー走水系の温度制御方式は、クーラー稼働時を前提に設計されているため、現状の如く長時間クーラー休止の時でも冷却ポンプは回りつづける方式になっている。この無駄な運転をやめ、電力消費を低減する。

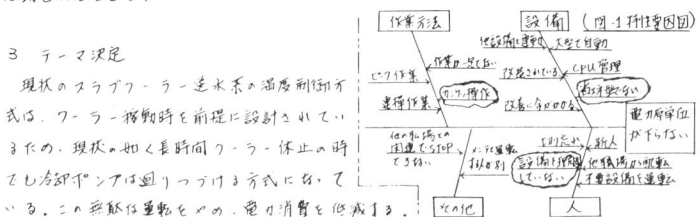

4. 現状把握（図-2　撤去水処理設備）

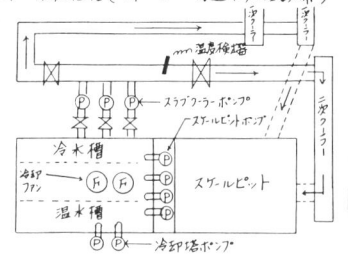

一次、二次クーラーで使用された冷却水はスケールピットにもどる。スケールピットポンプで温水槽に送られ、温度制御により、冷却されて、冷水槽に送られる。

図-3　冷却塔ポンプ及びファン運転、停止基準

温度	起動条件	停止条件
35℃		全　1台
45℃	2台運転	

※ 冷却水保有量　(1) スケールピット　3000㎡　(2) 冷水槽　980㎡

5. 活動経過（図-4　冷却水の温度変化とポンプ起動状況モデル）

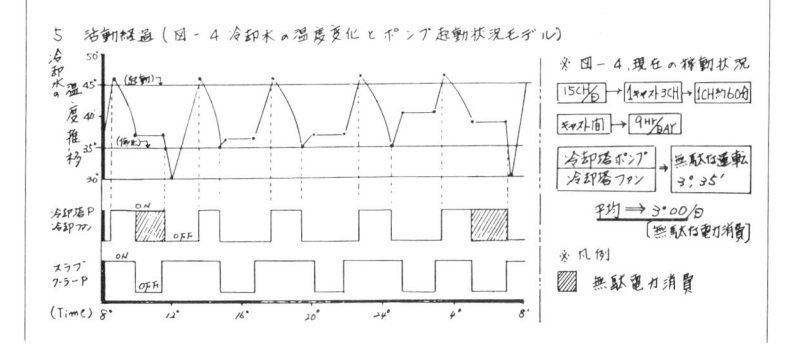

※ 図-4. 現在の稼働状況

15CH/日　1キロメチ3CH　1CH≒760円

キヲト間　9H/DAY

冷却塔ポンプ　冷却塔ファン　無駄な運転　3°35′

平均 ⇒ 3°00/日
（無駄な電力消費）

※ 凡例
▨　無駄電力消費

6 要因の解析
① 現在の温度制御用検出器の取付位置では、クーラー停止時には正規の水温を表示していない。
② 他の送水ポンプが、停止しても停止時点の冷却温度を保持し、冷却ポンプ及び冷却ファンの停止信号に使用できず自動停止が出来ない。

7 対策
① 温度制御検出器を二次クーラー本体より冷水槽に、取付け位置を変更した。
② 他の送水ポンプ停止で冷却塔ポンプが、自動停止する様にシーケンスを変更した

8 成果
① 冷却塔ポンプ：$100kW × 3.0H/日 × 28日/月 × 1.7円/kWH × 12ヶ月/Y × 2台 = 3,430千円/Y$
② 冷却塔ファン：$100kW × 3.0H/日 × 28日/月 × 1.7円/kWH × 12ヶ月/Y × 2台 = 3,430千円/Y$
　　　　　　　　　　　　　　　　　　　　　　　合計 $= 6,860千円/Y$

9 まとめ
今回の勉強会で、グループ全員の能力をUP出来ました。しかし今後ますます厳しくなるエネルギー市場を考える時、我々の職場でも、まだまだ省エネに向け努力する必要があります。今回の経験を生かし、次の目標に向け再チャレンジする事を思います。

〔事例3〕

QCサークル紹介		サークル名：なかよしサークル	
本部登録番号	114723	サークル結成時期	昭和55年4月1日
構成人員	10 名	月あたり会合回数	4 回
平均年齢	26 歳	1回あたり会合時間	0.5 時間
最高年齢	38 歳	会合は（就業時間内/就業時間外）	就業時間外
最低年齢	21 歳	テーマ歴（このテーマで）	1 件目
*		〈発表形式〉ビラ,⑩HP 他( )	

第Ⅸ章　QCサークル活動と「自主管理」

ワイヤーボンディング(W・B)
セカンド剥離修正の減少

諏訪精工舎

1. はじめに

私たちの会社は，腕時計の部品加工から組立までの一貫生産をしています。
その中で，私達なかよしサークルは，5工程のIC実装を担当しています。

ダイ・アタッチ(D.A) → ワイヤーボンディング(WB) → 外観検査 → 修正 → モールド

「品質は工程で作り込もう！」をスローガンに，活動を進めています。

2. 取り上げた動機

職場方針に「工程の安定」が上げられ，なかよしサークルでも「各自の工程を見直してみよう」と活動を始めました。各工程毎の歩留りを比較してみると，W・B工程が歩留り94.7％，修正率5.3％と一番悪い事がはっきりした為「修正をなくそう」をテーマに取り上げました。

3. 現状の把握

W・B工程で発生する修正の内容を調べると，セカンド(2nd)剥離が半数以上も占めている事がわかり「なんとかしよう」とメンバー全員で取り組むことにしました。

※2nd剥離…リードから金線が離れている状態

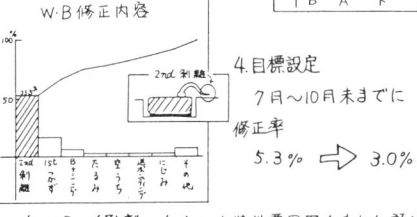

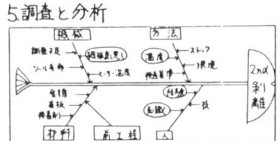

4. 目標設定

7月～10月末までに
修正率
5.3％ ⇒ 3.0％

5. 調査と分析

なぜ2nd剥離になるのか特性要因図をもとに話し合った結果，機械の良し悪し，温度・基板・経験知識さらに前工程の品質があもにさいている事がわかり2nd剥離に関係していると思われる DA, WBの2つのグループに分け，活動することにしました。

6. WBグループの活動

W・B機械4台に着眼

機械別に修正の発生状況を調べ，発生率の高い2台の機械に焦点をあてて調査する事にしました。2台の機械の2nd剥離品を全数検査し，剥離の原因を確認してみる事にしました。

要因	項目	調査・話し合い	実験	結果	処置
接着剤切れ	前工程が悪い？	流れ出し品の加工	D.A工程の異常！	・前工程に連絡 ・流れ出し事の標準化
機械調整	作業方法に問題？	良品で作業みんなで観察	W.B工程の異常！調整しすぎ	・条件変更ストップ ・調整中止
レジスト流れ	原料に問題？	流れ出し品の加工	原料異常	・技術担当者にサンプル流付 フィードバック
機械トラブル	よくわからない？	私用に依頼	調査中	

7. D.Aグループの活動

W.Bグループから接着剤流れが 2ndα 剝離にきいているという連絡を受け、話し合い実験してみました。

項目	調査・話し合い	実験	結果
接着剤の量が多い	吐出口の巨に問題	吐出口の巨を変化させてみる	従来の 1/2 で OK
糸を引く	ヒーター温度に関係あるんじゃない?	ヒーター温度を変化させてみる	0°で OK

⇒ 対策後の実験確認 45/1000 ↓ 5/1000

8. 歯止め

要因項目	活動前	活動後	歯止め
接着剤流れ	45/1000	5/1000	・吐出口の巨08%・1点接着→4点接着 300コで9コ抜取確認
機械調整	20.3%	4.0%	・作業標準の標準化 ・都度調整せず3個連続のみ調整
レドスト流れ	11.6%	4.0%	・前工程にフィードバック
機械トラブル	10.1%	10.1%	・恥削に検討、処置依頼 ・みんなで勉強会
1st つかず	17.2%	8.6%	・2ndα 剝離の応用拡大

9. 取り組んだ結果

活動後の10月度実績
・修正率 28.9%
 ↓
 目標 3% を達成!
・修正率から見た 2ndα 剝離 30.3%
 半減する目標にほぼ近づく

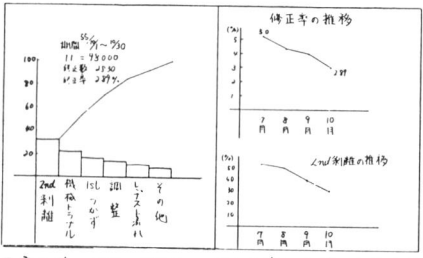

10. まとめ

今回の活動を通して、①次工程へ不良を送ってはいけない。②人を責める前に自分を責める。③みんなで力を合わせればなんでもできる。などを学ぶ事ができました。

以上の事例は、いずれも体験談であり[10]、企業でのQCサークル活動が、具体的にどのように行われているかを知るのに好都合であった。

2-4 QCサークル活動は「よろこび」を与えるか?

各企業で行われているQCサークル活動の実態は、以上の事例にみるとおりであるが、この体験でみる限り、そこに参加している労働者は、きわめて生き生きと「自己啓発」にはげんでいるかのようにみえる。QCサークル活

---

10) 日科技連編『第1,120回 QCサークル大会(名古屋)体験談要旨集』より。

第Ⅸ章　QCサークル活動と「自主管理」　　153

動を推進する人々は，QCサークル活動が参加者に次のような「よろこび」を与えるという．即ち，

(1)　自信を持つことができたよろこび．
(2)　自分たちの活動が認められたよろこび．
(3)　自分の力を十分発揮することができたよろこび．
(4)　自分のほんとうの力を確認することができたよろこび．
(5)　自分の成長，充実ができたよろこび．
(6)　潜在能力実現のよろこび．
(7)　グループとしての協力のよろこび．
(8)　友情とか愛情をえたよろこび．
(9)　よい会社に勤めているよろこび（QCサークル活動が活発にできる会社につとめているよろこび）．
(10)　物的生活を満足しているよろこび[11]．

このような「よろこび」を感じる労働者が，果たしてどれだけいるかは疑問であるが，経営者側のQCサークル活動にかける期待が，いかに大きいかがよく現わされている．いずれにしても，日本的経営の有効な制度としてのQCサークル活動は，経営者にとっては，絶好の思想攻撃の方法であり，労働者にとっては，自らの忠誠心を示すための「踏み絵」であった．しかも，わずかな支出で，莫大な利益をえることのできる制度でもあった．

だからこそ，次のような評価が与えられるのである．

「日本の面積は世界の僅か0.3パーセントである．その狭い土地に住む人口は世界の2.7パーセントである．GNPは世界の11パーセントまでに成長した．この成功にはいろいろな原因があるだろうが，その1つの重要な項目としてあげられるのが品質管理だといってもさしつかえあるまい．日本は品質管理によって，英国で生まれた産業革命，フォードの大量生産方式という革命に続く，第3の産業革命の方法論を示したといってよかろう．」[12]

---

11)　QCサークル本部編『前掲書』60～61ページ．
12)　唐津一著『TQC 日本の知恵』3ページ．

QCサークル活動の推進が,「革命的」変革を意味するかどうかはともかくとしても,経営者が,そこに何を期待しているかは,おのずから明らかとなる.QCサークル活動が,労働者の「自己啓発」による「自己改革」を目的とし,全員参加のもとに競争させ,積極的に企業目的に貢献することが正しいと信じ込ませる思想「改革」も含んでいるとすれば,それを成立させている基盤こそ,わが国独自の思考方法だといってよい.それを,わが国の歴史的特性を反映した集団主義と労資協調に求めようとするのが,われわれの立場である.したがって海外の経営者が,日本の「労使協調」こそ学ぶべき点だと考えているのは,正しいといえる.だが,それは,そう容易なことではない.

3 QCサークル活動から「日本的TQC」へ
3-1 「日本的TQC」の定義

QCサークル活動およびその思想は,今や,現業部門にとどまらず,広く全社的品質管理(CWQC=Company-Wide-QC)運動として拡大されている.これをTQC(Total-QC)と呼ぶが,QCサークル活動自体きわめて日本的特徴を反映しているので,当然,わが国の場合のTQCにも,それが反映している.その意味で,「日本的TQC」というが,以下のTQCは,すべて「日本的TQC」のことである.このTQCについては,次のような指摘がある.

「日本的TQCについては日本国内でも十分な理解が得られていないうらみがある.たとえばQCサークル活動イコールTQCといった誤解がある.若干の私見を交えて表現すれば下記のようになろう."TQCとは,社長から一作業者に至るまでの全部門,全階層が,品質管理の思想と品質管理の手段を使って,ものを考え,仕事を進めていくこと"であり,その思想とは"品質第一の顧客優先"で,その手段とは"PDCA (Plan, Do, Check, Action)の管理のサイクルをまわすことと,事実による管理(Fact Control)"である.」[13]

つまり,これまで主に現場の労働者を中心に,「自主管理」を遂行し,最

第Ⅸ章　QCサークル活動と「自主管理」　　155

も経済的で，かつ，有効な方法で「合理化」を遂行してきた経営者は，さらに，管理部門の労働者も含めて QC サークル活動を強行し，全社的に「体質改善」を遂行しようとするのである．もとより，管理労働者も含めて経営活動を「合理化」し，収益力を高めてゆく努力は，いかなる場合にも行われることではあるが．とりわけ，オイル・ショック，減量経営の強行などにも示されているように，日本経済の成長がにぶり，次第に混迷を深めつつある現在，それは，きわめて有効な収益力強化＝「体質改善」の方法として期待されているのである．

3-2　TQCと労働組合

　QC サークル活動が TQC へと拡大・発展され，「自主管理」の厳しさがますます強化されるにつれて，当然，労働組合の「理解」が重要な意義をもつにいたる．かつての産業報国運動のような労資一体の体制づくりをしなくては，企業の「体質改善」はありえなかった．したがって，この TQC に対し，労働組合がどれだけの「理解」を示すかが，経営者にとっては重要な関心事になる．

　経営者側からいえば，一種の「思想革命」とまでいわれているこの TQC を，労働組合側ではどのように受けとめているのであろうか．ここでは，アンケートに対する労働組合の回答を，2つ掲げておく．ちなみにアンケート項目は，(1)労組にとっての (TQCの) 利益は何か．また，組合員はTQC活動にどう関与しているか．(2) TQC 活動に関して労組が懸念する事項があるとすれば，それは何か，の2つである[14]．

---

13)　梅田政夫稿「TQC の運営組織と経営者・管理者の役割」（『工場管理』1982. 5.）15ページ．
14)　いずれも『工場管理』（1982.5.）41〜43ページ所載の回答による．

〔事例1〕

労使互いの利益につながるTQC
——トヨタ自動車工業労働組合——

われわれは「働く者の生活安定と企業の発展は車の両輪の関係にある」との理念のもとにあらゆる活動を進めてきている．すなわち，働く者の生活安定が産業・企業の発展に不可欠のものであると同時に，産業・企業の発展なくして働く者の生活の安定はありえないとの認識に立って，会社の進める諸施策に協力してきている．

TQCをはじめとする自主管理活動についても，参加する．技術・技能の向上を通じた成長，1つのことを成し遂げるという達成感，さらには認められるという種々の喜びを味わいながら，明るい職場づくりを自分たちで行なうことであると受け止めており，その過程や結果として生ずるさまざまな成果についても，労使お互いの利益につながるという観点でとらえている．

そういう意味からも，われわれは，QC, TQC活動をすすめるにあたり，その本来の目的が各層で十分理解され運用されなければならないと考えている．とりわけ，TQC活動においては，確固たる経営方針なり方向が示されること，それが全体に浸透されること，またそういう方向へ導いていく努力などを含め，経営トップから中間管理者，参加者1人ひとりまで，それぞれの立場での理解と努力の体制がなければトータルとしての意味や効果が失われるということに注意しなければならない．

本来の目的を理解することなくして，まとめ方や発展のテクニックを求めたり，形式上・数字上の管理が追求されるようになると，本来の自主的活動，人材育成は期待できない。

われわれは，そうした各層の努力や意思疎通が十分になされることによって明るい職場を築いていきたいと考えている．

第IX章　QCサークル活動と「自主管理」　　　　157

〔事例2〕

労組否定教育の可能性に懸念
——三洋電機労働組合——

①についての回答

TQC活動がそれ自体，労働組合あるいはその活動に直接的な利益がある，とは考えていない．ただ，その活動が企業の経営面で，欧米で高く評価されているように，高い効果を生むものであるとしたき，その結果において分配面でその利益が波及するものであることは否定できない．

したがって，組合員がTQC活動に協力していくという点では，それが組合活動にマイナスの影響を与えない範囲においては，それぞれが従業員の立場として協力していくことになる．

②についての回答

TQCの本質（目的とするところ）は，企業の立場でいえば，生産性向上と参画意識を高めることによる企業へのロイヤリティーの強化であろうし，従業員にとっては働きがいにあると思うが，現実を直視すると組合が懸念することが発生している．

それはつぎのようなことである．

(1) グループの自主管理活動の名のもとで，強制的な拘束があり，それが時間外労働，あるいはサービス残業を生んでいる．

(2) と同時に，時間外に行う労働組合活動への障害になっている．

(3) また，それに合わせて労働組合否定の思想教育がなされる可能性がある．

以上のような点に労働組合としての懸念する面がある．

ここでは，労資協調の進んでいる2つの労働組合のTQCに対する態度を紹介したが，三洋電機労働組合の場合は，かなり厳しくTQCを見ている点が特徴的である．

3-3 TQC と下請け管理——自動車製造業の場合

それでは，TQC は，具体的にどのように取り組まれているのであろうか．ここでは，トヨタ自工の事例を紹介しながら検討をすすめたい15)．

周知の通りトヨタ自工の高収益を支えているのは，世界的に有名な「カンバン方式」による「合理的」な下請け管理にある．TQC が，多数の下請け企業の管理に，有効な機能を発揮しているのは，いうまでもない．

トヨタ自工での TQC 活動は，1961年（昭和36年）からはじまるが，その基本的原則は，次の点にあるといわれている．

(1) 品質第一の思想の徹底．
(2) 「品質は工程で作り込み後工程に保証する」の実践．
(3) 問題意識の高揚，「改善また改善」の推進．
(4) 原因の追求，再発防止の徹底．
(5) 事実，データに基づく管理の推進．
(6) 業務分担の明確化，業務運営改善・標準化．
(7) 全員参加の経営の促進（方針の展開，QCサークル）．

トヨタ自工では，こうした原則にもとづいて，下請けまで含めた TQC が展開されているのであるが，その基本的理解を図示すると次のようになる（図IX-1 参照）．

当然のことながら，TQC は，製品の設計段階から始まる．この場合，重要な役割を果たすのが，「車輌担当主査制度」であった．ある車種の担当主査は，新製品の企画段階であらゆる情報を収集し，マーケットに対するセールスポイントを明確に打ち出しながら，他社の製品との相違点を創り上げていく．そして，それに従って，試作，量産と進んでいくのであるが，TQC は，まず設計段階から厳しく行われていることになる（図IX-2 参照）．

試作から一定の準備段階をへて（図IX-3 参照），量産体制が確立されるが，ここでは「カンバン方式」が，厳しい下請け管理の方法として利用されてい

---

15) 「仕入れ先を含めた品質保証活動で企業体質を改善・強化」（『工場管理』1982. 5.）142 ページ以下．以下は本稿を要約したものである．

第Ⅸ章　QCサークル活動と「自主管理」　　159

図 Ⅸ-1　品質保証の考え方

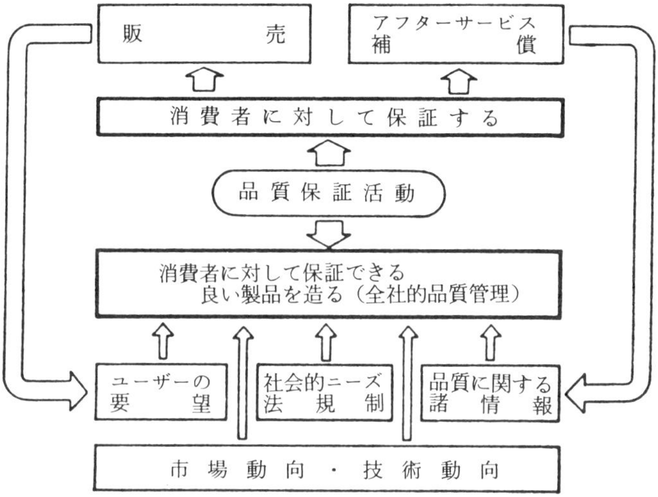

```
         ┌──────────┐  ┌──────────────┐
         │  販　売  │  │アフターサービス│
         │          │  │　補　　　償   │
         └────↑─────┘  └──────↑───────┘
         ┌────────────────────────────┐
         │   消費者に対して保証する     │
         └──────────────↑─────────────┘
              ┌──────────────────┐
              │   品質保証活動    │
              └──────────↑────────┘
         ┌────────────────────────────┐
         │  消費者に対して保証できる   │
         │  良い製品を造る（全社的品質管理）│
         └──↑──────────↑──────────↑──┘
         ┌──────┐ ┌──────┐ ┌──────┐
         │ユーザーの│ │社会的ニーズ│ │品質に関する│
         │ 要　望 │ │ 法 規 制 │ │ 諸 情 報 │
         └──────┘ └──────┘ └──────┘
         ┌────────────────────────────┐
         │  市 場 動 向 ・ 技 術 動 向  │
         └────────────────────────────┘
```

出所：『工場管理』1982年5月号

る．この製造方法の特徴は，徹底した無駄の排除と，在庫管理による原価低減にあった．そのためには，管理に対する考え方を改めねばならないとされ，それが次のように強調されていた．

「……そのためには生産計画をおのおのの工程に指示したり，前工程が後工程へ運搬するというような管理方法ではうまくいかない．すなわち，後工程がどのくらいの量をいつほしいのか不明であるし，必要以上の物をつくりすぎる結果となる．また必要でもない時に必要以上の物をつくりすぎたり，必要でない時に後工程に部品を供給したりすれば混乱してしまうし生産効率は悪くなる．

ここに逆転の発想が行われ，後工程引取りの考え方が生まれる．前工程がつくったものを後工程へ送る方式から，後工程が必要な時に必要なものを前工程に取りに行き，前工程は引取られたものをつくるというやり方に部品の流れを変更すれば，諸種の問題は解決が可能になる．

図 IX-2　品質保証活動の概要

車両担当主査制度	品質保証規則(保証事項・保証作業・保証責任者)	(保証事項)	(保証方策)
総合長期新製品企画		・シェアの確保	
個別新製品基本計画		・ユーザーの満足する車の企画(重点目標：セールスポイント・トータルバランス)	
試設計		・品質目標の確保	・D.R.(Design Review)
試作		・設計品質の具現	・PPC(Pre Production Check)
試作評価		・品質目標達成度の評価	・QRE制度(Quality Resident Engineer)
量産設計		・品質保証のための必要条件の明示	・新製品連絡会
生産準備		・機械能力・工程能力の確保 ・検査工程・検査法の適正	・試作品検討会 ・工程検討会
量産試作		・設計品質に適合した製造品質	・RE制度
量産試作評価		・製造品質の確認・工程能力の確認	
購買		・設計品質・製造品質	・仕入先のQC推進
量産・検査		・良品の製造 ・出荷品質の品質標準に対する適合 ・新車の品質	・ＱＱ㊗(特別)管理 ・バカヨケ，目で見る管理 ・QCサークル活動
販売・サービス		・正しい使い方，保守	・工販連携の諸活動
立場評価		・市場品質問題の早期把握と改善	・初期市場調査 ・DAS(Dynamic Assurance System)

出所：『工場管理』1982年5月号

第Ⅸ章　QCサークル活動と「自主管理」　　161

図 Ⅸ-3　生産準備の進め方

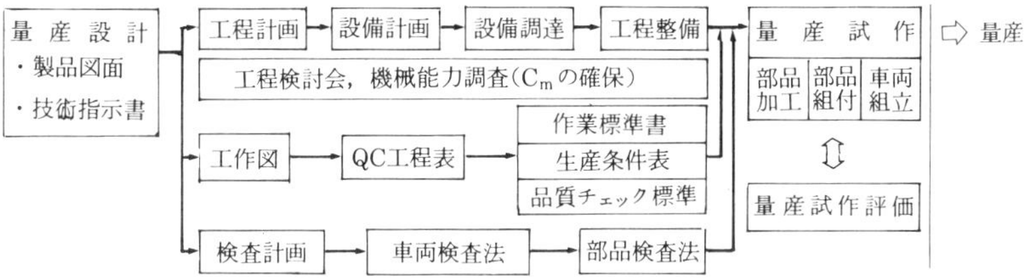

出所：『工場管理』1982年5月号

　すなわち，製造工程の最後は総組立ラインであるから，ここを出発点として組立ラインだけに生産計画を示し，必要な車種を必要な時に，必要な量だけ指示すれば，組立ラインで使われた各種の部品を前工程へ取りに行く．こうして製造工程を前へとさかのぼり，粗形材準備部門まで連鎖的に同期化してつながり，ジャスト・イン・タイムの条件を満足させるのである．これによって管理工数も極度に減少させることができる．」[16]

　この場合，製造工程で中心的役割をはたすものが，「カンバン」であった．

　この「カンバン」に象徴されるトヨタの製造方式は，製造工程では標準作業，自動化などによって支えられているが，例えば，組立ラインでの標準作業の場合は，次のような点が決められている．

(1)　手持ち時間を必要数で割ったタクトで，1ピッチが流れるようにコンベアのスピードをセットする（サイクルタイム）．

(2)　ピッチマーク（ベルトに等間隔のピッチマークを記入）1つにつき，必ずワークを1個ずつ置いて作業する（標準手持ち）．

(3)　部品（ピッチマーク）がフレームに印された作業域にかかったところで作業を始め，作業域を外れるところで終わる．早く終われば待つ．間に

---
16)　日本能率協会編『トヨタの現場管理』102～103ページ．

あわなければコンベアを止める．
(4) 決められた作業手順をフレームに表示し，それぞれの表示より遅れた時はストップボタンを押す（作業手順）．
(5) 仕掛け「カンバン」はラインの先頭から，1枚ずつ最初の部品につけて流す．

また，自動化については，次の点が強調されている．
(1) 離れ小島をなくして助け合いができること．
(2) 勘による作業や長年の経験がないとできないような作業は，治工具の工夫などでなくしたり，誰にでもできるように作業の標準化をしておく．
(3) 座り作業をなくして，立ち作業にしておく．
(4) 異常があったら自動停止する自動化設備にし，しかも異常停止が生じないように再発防止を行い，稼動率を100％に近づける．
(5) 現場では作業のローテーションを行って，どの作業でもやれるように日頃から訓練しておく必要がある．
(6) 異なった工程でも扱えるように訓練と機械の取扱いの標準化（多能工の養成）を進める．

トヨタ自工の「合理化」された製造工程では，厳しい品質管理が必要とされることはいうまでもない．それは同時に，多数の下請け企業に対し，徹底した品質管理を要求することも意味していた．トヨタの場合は，部品の約70％を，関連企業や下請け企業から購入しているといわれている．この場合，部品の品質にムラがあってはならないことは当然である．規格通りの品質の部品が，適正な量で，適正な時間に納入されなければ，ジャスト・イン・タイム方式は成立しない．したがって，トヨタでは，「オールトヨタで品質保証」をスローガンに，下請けを含めてTQCがくりひろげられているのであるが，これはトヨタに限らず，組立て産業には共通した特徴である．

このようなトヨタ自工のTQC活動は，職場のなかにアミの目のようにはりめぐらされているQCサークル活動によって支えられている．トヨタの

第Ⅸ章　ＱＣサークル活動と「自主管理」　　163

図 Ⅸ-4　QCサークルの構成

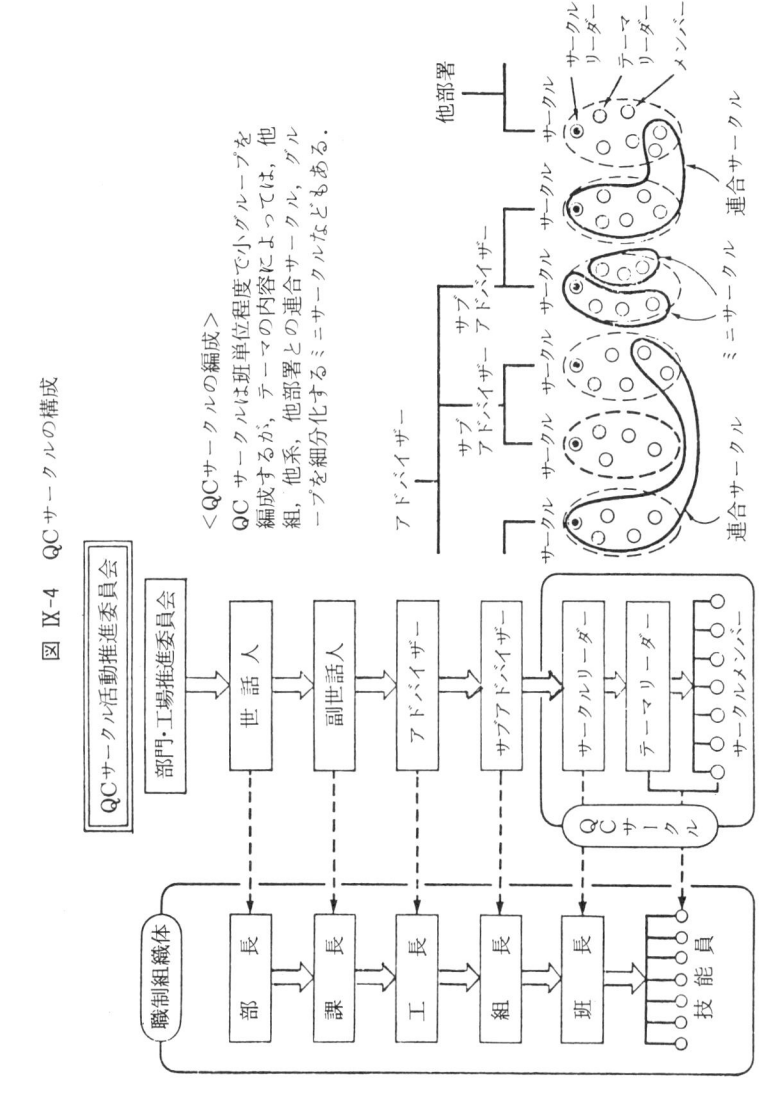

〈QCサークルの編成〉
QCサークルは班単位程度で小グループを編成するが、テーマの内容によっては、他組、他系、他部署との連合サークル、グループを細分化するミニサークルなどもある。

出所：『工場管理』1982年5月号

QCサークルは,「職制の組織体を中心とし,班長と技能員」で,各班ごとに構成するのを原則としている(図IX-4参照).従って,このような QC サークルは,各部門・各工場で多数編成され,労働者は「自主的」にそこに組み込まれている.そして,この QC サークル活動に対しては,管理者が積極的に支援していることも見逃せない.いわば,トヨタ自工にとって,この QC サークル活動は,形式的には「自主管理」という装いをとりながらも,実質的には,重要な労務管理の方法になっているのである.したがってここで取り上げられるテーマも単に品質や安全などに限定されたものではなく,「公害や代替資源」など広い範囲にわたっている.こうした特徴をもったトヨタ自工の QC サークル活動の進め方は,図IX-5 に示されている.この図で太い実線で現わされているのが,1つの QC サークルの行う内容であり,外部の細い線で結んでいる部分が,工長,組長などがアドバイザーとして活動することを現わしている.

　こうした QC サークル活動,およびそれに支えられた TQC 活動は,トヨタ自工は勿論,その関連企業,下請け企業も含めて行われなければ積極的意味をもたなかった.そのために取り組まれているのが,QC 教育であった.

　この教育・普及活動は,当初は,トヨタ自工の社員に限られていたが,現在では,関連企業・下請け企業の社員にまで拡大されていることが表IX-1

表 IX-1　オールトヨタ QC 教育

対象	コース名	開催頻度	日数	受講者 (自工/他社)
部課長	QC部課長コース 信頼性部課長コース	1回/年 〃	8日 5日	420/270 名 260/240
スタッフ	QCベーシックコース 信頼性ベーシックコース 実験計画法コース	〃 〃 〃	18日 10日 13日	740/1,100 820/320 420/250
監督者	組班長問題解決コース QCサークル推進者コース	2回/年 〃	2泊3日 3泊4日	290/290 370/370

出所:『工場管理』(1982.5.)

第Ⅸ章　QCサークル活動と「自主管理」　　165

図Ⅸ-5　QCサークル活動の進め方

出所:『工場管理』1982年5月号

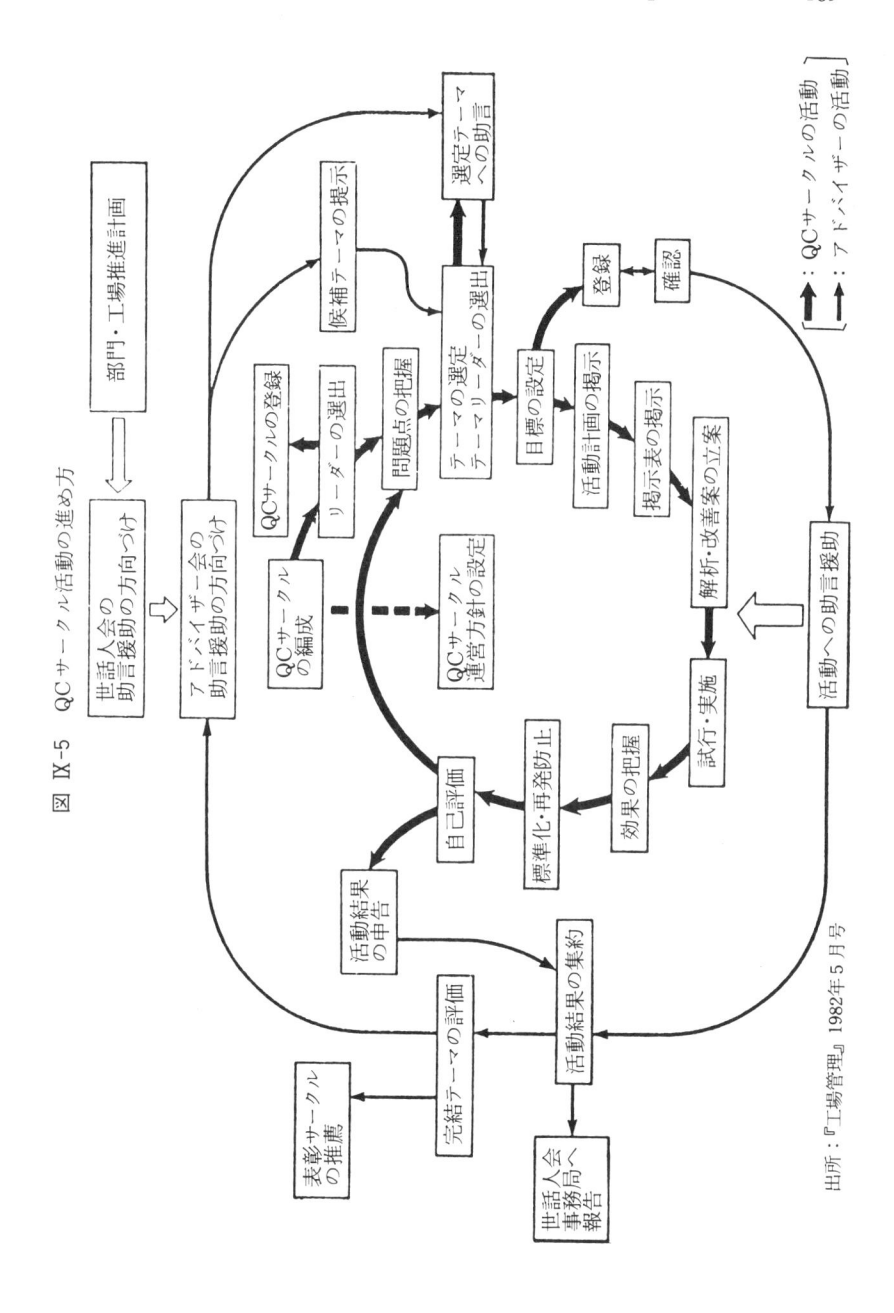

によって示されている．こうして，QC 活動，TQC 活動を通じて，まさに，「オールトヨタ」の感覚が，実感として定着するのであった．

同時に，ここで忘れられてはならないことは，コンピュータによるオンライン化などの，新たな「情報システム」の徹底により，下請け管理がますます客観的に遂行され，強化されることである．「カンバン」方式は，この「情報システム」の高度化とあいまって，厳しい下請け管理を可能にする．TQC は，それを支える基盤を創り上げるためにも，きわめて有効な機能をはたすものであった．

4 TQC と労働者

4-1 QC 活動と「参加」論

QC サークル活動などの小集団活動を，職場レベルでの「経営参加」として位置づけようとする意見がある．例えば，次のような主張がそれである．

「このような小集団に依拠する職場レベルの参加には，生産や販売などの現場における各種のグループ活動を広く包含する小集団活動，労働の疎外感と脱コンベア作用などの観点からの職務充実と自主管理制，および教育訓練や問題解決行動との関連を含む全員参加による職場（組織）開発などがある．」[17]

だが，「参加」とは何を意味するのであろうか．この場合，注意しなくてはならないことは，「参加」の主体は労働者だということである．したがって，「参加」は，その主体である労働者にとって，どのような意味をもっているかを明らかにしておかねばならない．

労働者にとっての「参加」は，独占の身勝手な行動を内部から統制し，民主的規制を強めていくところにこそ，その本来の意義が求められなくてはならない．したがって，労働者は，経営管理の各レベルに積極的に「参加」し，労働者統制のための力量を高める必要がある．だが，実際に，企業内でくりひろげられている QC サークル活動，あるいは TQC 活動は，そう

---

17) 吉川栄一著『日本的人事労務管理』416 ページ．

した方向性をもつのであろうか．はたして，それが「参加」の一形態をなしているのであろうか．それには，QCサークル活動あるいはTQC活動のなかで，労働者がどのような状態におかれているのかを明らかにする必要があろう．

4-2 小集団活動の「自主性」

ME革命は，独占にとっては世界的規模での収奪をますます強化する体制を確立するが，労働者にとっては，きわめて厳しい情況を生み出しているのは，すでに述べた通りであった．とりわけ，産業用ロボットの導入は，生産工程における労働の質および量に大きな変化をあたえた．そして，その変化に対応しきれない多数の労働者を，なりふりかまわず排除する体制を作り上げた．小集団活動も，そうした資本の「合理化」と深くかかわっている．出向・転籍などで，企業の外に放り出された労働者も，また，運よく残された労働者にとっても，労働条件は改善されるどころか，ますます厳しさをましている．日産自動車のある労働者は，次のように語っている．

「単発のスポット溶接の時は，鋼板をセットし溶接するのは約30点でした．それが自動溶接になると，溶接だけは人間がやらなくてもよくなりましたが，10〜15キロある鋼板のセットだけは人間の手でやらなくてはなりません．これまで1班10人でやっていたが2人に減らされ，10人でやっていた鋼板セットを2人でやるようになりました．重筋労働に変わりがない．それに，自動溶接はスポット溶接と比べてスピードが速いので，からだはくたくたです．」[18]

こうした情況は，何も日産に限ったことではない．ロボットが大幅に導入されている職場には共通していえることである．

QCやTQCなどの小集団活動は，こうした徹底した「合理化」と結びついて，職場で展開されている．しかもそれが，全員の自主的「参加」を建前とした「自主管理」という形態をとっているところに特徴がある．

それでは，小集団活動への参加を，労働者はどれほど自発的に受けとめ

---

18) 「先端技術時代—様変わりする職場」(赤旗掲載)

いるのであろうか．データとしては若干古いが，労働者の参加意欲を示す次の表を掲げておく（表Ⅸ-2参照）．この表によれば，青年労働者よりも中高年労働者に参加意欲が高いし，また女子若年労働者よりも，男子若年労働者の方が，若干意欲が高いことが示されている．中高年労働者の不安感が，ここにも反映されているといってよい．

表 Ⅸ-2　労働者の参加意欲

質問	会社が職場を自主的に管理する活動を計画したとき，あなたは参加するか．			
区　分	は　　い	い　い　え	無　回　答	
男　子	157 (63.05%)	51 (20.48%)	41 (16.47%)	
女　子	43 (41.75　)	37 (35.92　)	22 (21.36　)	
計	200 (56.82　)	88 (25.00　)	63 (17.90　)	

	属　性　別	は　い	い　い　え	無　回　答
男子	職　　　　制	44 (67.69%)	17 (26.15%)	4 (6.15%)
	非　職　制	85 (62.96　)	31 (22.96　)	19 (14.07　)
	組合役員の経験あり	46 (75.41　)	9 (14.75　)	6 (9.84　)
	〃　　　　なし	94 (60.65　)	39 (25.16　)	22 (14.19　)
	青　年 (19〜29歳)	55 (56.12　)	36 (36.73　)	7 (7.14　)
	中　年 (33〜44歳)	76 (72.38　)	14 (13.33　)	15 (14.29　)
	高　年 (45歳以上)	26 (65.00　)	1 (2.50　)	13 (32.50　)
	勤続年数　5年以下	67 (60.91　)	30 (27.27　)	13 (11.82　)
	〃　　5〜10年	38 (73.08　)	11 (21.15　)	3 (5.77　)
	〃　　10年以上	47 (62.67　)	10 (13.33　)	18 (24.00　)
女子	職　　　　制	14 (53.85　)	8 (30.77　)	4 (15.38　)
	非　職　制	23 (35.38　)	28 (43.08　)	13 (20.00　)
	組合役員の経験あり	3 (50.00　)	2 (33.33　)	1 (16.67　)
	〃　　　　なし	39 (43.38　)	34 (37.78　)	16 (17.78　)
	青　年 (19〜29歳)	31 (45.59　)	31 (45.59　)	5 (7.35　)
	中　年 (30〜44歳)	12 (41.38　)	4 (13.79　)	13 (44.83　)
	高　年 (45歳以上)	0 (0.00　)	2 (33.33　)	4 (66.67　)
	勤続年数　5年以上	30 (43.48　)	27 (39.13　)	11 (15.94　)
	〃　　5〜10年	9 (36.00　)	9 (36.00　)	7 (28.00　)
	〃　　10年以上	4 (44.44　)	1 (11.11　)	4 (44.44　)

出所：上田利男著『生産性と小集団活動』

第Ⅸ章　QCサークル活動と「自主管理」

このような，QC, TQC, ZD, IE・VE, PM などの小集団活動に対して日経連は，「自主性」の成果であるとして，次のように評価している．

「……企業活動あるいは職場活動という枠組みのなかといえども，従業員自身の自主的な取組みがなければ，運営できるものではないし，形態は組織的・全社的なものであろうとも，通常の業務そのものであれば，現在のように目をみはるばかりの活動として展開できたかどうかは，疑問になると思う．

価値観が多様化し，労働そのものの環境が大きくゆれ動くなかで，従業員自身が，働きがいを求め，さらにそれを昂めていくために，自らの発意を小集団の活動に組み入れていくことは，まさしく日本的な労働の態様として，ますます評価していかなければならないと思う．」[19]

小集団活動は，その形態はともあれ，労働者の自発的「参加」によることを，原則的な考え方としていた．もしも，この原則を貫き，「自主管理」としての外観的様式を整えようとすれば，それは，企業のマネジメントの外で行われることになる．こうした原則的立場を保っている例としては，市光工業のケースが挙げられる．ここでは，次の諸点が指摘されている[20]．

「(1) QC サークル活動運営規程では，『活動を行なう場合は，時間内・外を問わず，所属長の許可を得て行なうこと』と定められているが，現状では，特に申請・許可の手続きを経ず実施されている．ただし，時間内に活動する場合は，規程通り，許可を得ている．

(2)所属長の許可を得られれば，時間内でも活動できるわけであるが，現状では，業務上，時間内にはほとんど活動できず，時間外に行なわれている．

(3)グループで設定したテーマによってはメンバー全員が集まる会合時間以外に個人個人で調査したり，改善のトライをしたりする場合があるが，これ

---

[19] 荒川春稿「ポイントとなる〝主体性〟」（季刊『労働法』1982. Autumn） 43ページ．
[20] 順賀進稿「自主性向上を狙い側面から援助」（季刊『労働法』1982. Autumn）56～57ページ．

には，各人の業務上の手空き時間や，休憩・就業時間外等が利用されている．」

この場合は，労働時間外に行われるのであるから，当然，時間外手当は支給されない．だが，ここでは，次のような対策が講じられていることを見過ごしてはならない．

「(1) QC サークルの本来の主旨『自主的活動』から考えて，QC サークルのために時間外活動をしても，時間外手当は支給しない．なお，時間外活動が，15時間以上にわたった場合は，残業食券のみ支給する．

(2)サークルの設定テーマについて，解決なり，目標達成された場合，その活動報告に基づき，活動褒賞金として，一律1件あたり2,000円支給される．

(3)活動による改善効果に対しては，提案制度により，別途表彰される．表彰内容は次の通りである．

(ア) 提案参加賞……提案1件につき記念品がおくられる．

(イ) 提案賞金……改善効果金額等による基準に基づき，等級付けされ，
『14級300円〜1級10万円，特級・別途検討』の賞金が支給される．

(4)半期に1度，優秀サークル表彰が地区毎に行われ，金一封が支給される．さらに，地区・全社大会での発表サークルには，それぞれ別途記念品がおくられる．」

だが，一般的にいえば，QC サークル活動が行われるのは，労働時間内がおよそ半数を占め，また，時間外の手当支給は，かなりの企業が実施している（図Ⅸ-6参照）．小集団活動が，「自主管理」という形態をとる以上，労働者の「自主性」が形式的にもせよ尊重されるのは当然であった．だが，小集団活動に，労働者は何の抵抗もなしに参加しているのであろうか．また，そこに参加することにより，労働者は，本当に「生きがい」を感じているのであろうか．例えば，日本電気の次のような事例は，小集団活動の意図を鮮明に描き出している．

「……80年代に入っての小集団活動は，労働者の企業への従属をいっそう高めるための方策がとられている．小集団組織が一つの企業＝『ミニ会社』

第Ⅸ章　QCサークル活動と「自主管理」　　　　　　　　171

図 Ⅸ-6

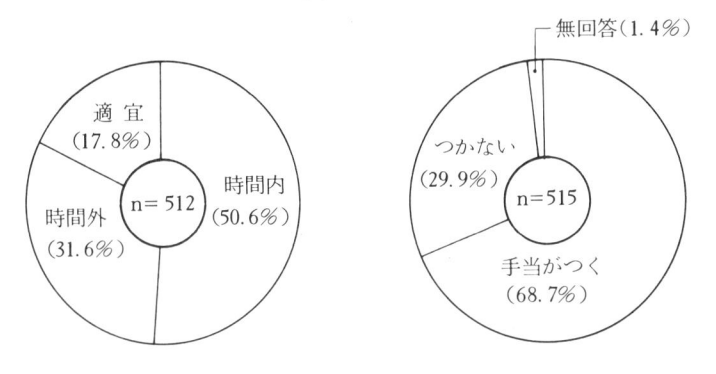

適宜（17.8％）
時間外（31.6％）
時間内（50.6％）
n=512

無回答（1.4％）
つかない（29.9％）
手当がつく（68.7％）
n=515

出所：いずれも季刊『労働法』1982. Autumn

として担当業務をこなし，利益の増大のために『ミニ会社』同士が競争しあうのである．『ミニ会社』は『社長会』（グループ長会議，職制はコンサルタントとして参加）で仕事の状況や納期をつかみ，仕事もとってきて事業部長に指示する．事業部長は社員に仕事の分担を指示する．そして『ミニ会社』同士が納期や品質で競争し合うのである．『優良会社』の社長は次期班長候補となったり，成績査定で良くつけられる．この『ミニ会社』は，まさに事業部の独立採算制を一歩進めてグループごとの競争を敢行し，事業部全体の成績も大幅に高めるための労務政策といえる．

　この『ミニ会社』は，QCサークルの役割も担っている．改善提案件数の競争は，以前にも増して強められてきている．『ミニ会社』の社員の中に1人でも改善提案に消極的な労働者がいると，その『ミニ会社』の査定に大きく影響することになる．しかも，この提案制度は全員で多く提案した方が良い成績が得られるようになっている．そのため，『よその会社よりもいい成績を上げようとみんながいい意味でのライバル意識を持って競争するから仕事もやりがいが出来るし，能率も上がる』という．なお，提案目標は，『ミニ会社』が1年間100件（1人10件以上）となっている．」[21]

---

21) 労働者調査研究会編『シリーズ―労働者の状態　2―電機』88〜89ページ．

ここには，資本の徹底した労務管理の体系のなかに，しっかりと組み込まれ，労働者同士がお互いに管理しあう小集団活動=「自主管理」の姿が，偽るところなく語られている．

4-3 労務管理としての小集団活動

かつて，日本経済新聞は，「新産業革命の下で問われる勤労観」と題する社説の中で，次のような指摘を行ったことがある．

「日本人の勤労意欲はいつまでも高いまま続くのであろうか．経済審議会の長期展望委員会が昭和57年にまとめた長期展望『2000年の日本』では，高齢化，高学歴化の進展による組織内の人事停滞，豊かな社会育ち世代の労働参入等により，勤労意欲が変化する可能性があるなどを指摘しているが，企業では中高年層の士気低下の防止が大きな課題になっている．また，若い人々の勤労観には既に変化が生じてきている．離転職の増加，企業への忠誠心の低下，労組離れや人材派遣業の成長などは，若者の仕事に対する意識の変化を映し出した結果であるとも言えよう．高齢化に加え，女性労働者の大量進出も，日本人全体の勤労観を変えさせずにはおかないであろう．」[22]

徹底した減量経営や，生産工程，管理工程を問わず大幅に導入されているME機器は，独占に莫大な利益を生み出す体質を作り上げた．ちなみに昭和59年度の法人申告所得をみると，1位のトヨタは当然としても，松下，日立を頂点とする産業用エレクトロニクス分野の企業の活躍が目立っている（図Ⅸ-3参照）．だが職場の無人化は進み，それまで，日本的経営を支えてきた忠誠心の高い労働者も，いやおうなしに企業の外に追われた．日本経済新聞の同社説は，それを次のように指摘している．

「新しい技術導入に伴って，職場内の秩序が急激に変わるという問題がある．新技術への適応力は若年労働者の方が中高年層よりも大きい．これまで監督的な立場にあった人々の指導力も低くなり，場合によっては他の職場に配置転換されたり，出向ということになる．長い経験も，蓄積した技能も不要ということになれば，『仕事は生きがい』ではなくなる．こうしたことの

---

22) 日本経済新聞 1984. 11. 23.

表 Ⅸ-3　法人所得上位50社

（単位億円，○内数字は前年順位）

順位				順位			
1	①	トヨタ自動車	5,327	26	㉗	東海銀行	810
2	②	日本銀行	2,620	27	(51)	大阪瓦斯	809
3	⑥	東京電力	2,608	28	㉔	インドネシア石油	792
4	⑤	松下電器産業	2,597	29	㉝	大和証券	790
5	③	アラビア石油	2,300	30	㉛	富士通	776
6	⑦	日立製作所	2,100	31	(72)	中国電力	757
7	⑮	関西電力	1,931	32	㉙	九州電力	729
8	⑱	中部電力	1,806	33	㊾	本田技研工業	721
9	④	住友銀行	1,706	34	㊲	日興証券	720
10	⑧	富士銀行	1,632	35	(55)	山一証券	712
11	⑰	第一勧業銀行	1,575	36	㊶	日本電気	712
12	⑭	三菱銀行	1,448	37	(68)	松下電子工業	709
13	⑬	日本生命保険	1,341	38	㉞	東北電力	691
14	⑨	日産自動車	1,283	39	㊴	東京海上火災保険	681
15	⑩	野村証券	1,278	40	㉑	三井銀行	659
16	㉒	日本アイ・ビー・エム	1,089	41	㉚	住友生命保険	658
17	⑪	三和銀行	1,073	42	(64)	松下寿電子工業	638
18	㉓	東芝	1,064	43	㉖	日本長期信用銀行	624
19	⑫	日本興業銀行	1,028	44	㉟	太陽神戸銀行	617
20	⑳	第一生命保険	946	45	㊵	ＴＤＫ	603
21	⑲	富士写真フイルム	939	46	㊳	三菱電機	583
22	(69)	ソニー	936	47	(52)	三洋電機	556
23	(54)	東京瓦斯	911	48	⑯	東亜燃料工業	546
24	㉕	日本電装	901	49	㊻	シャープ	542
25	㉜	東京銀行	819	50	(78)	京セラ	538

出所：日本経済新聞　1984.5.2.

ないよう配慮することが労使双方に求められる.」

もとより，減量経営で中高年労働者を追いつめ，ME 化では若年労働者，とりわけ女子労働者までも排除し，職場の荒廃を招いているのは，労働者側の責任ではない．それは，独占の専制が生み出した矛盾であり，世界的に深まりつつある国家独占資本主義の矛盾の現われであった．独占は，自らの行動で深めた諸矛盾を，労働者の意識変革の新たな方向を追求することによって解決しようと試みる．それが，小集団活動があらゆる分野の企業に，熱狂的に導入された直接的要因であった．したがって，小集団活動は，現代の労務管理のなかでは，最も効果的な役割をはたしている．

小集団活動をこのように認識すれば，それが採用される範囲も次第に広がりをみせていることも納得できる（図Ⅸ-7参照）．とりわけ80年代に入ると，

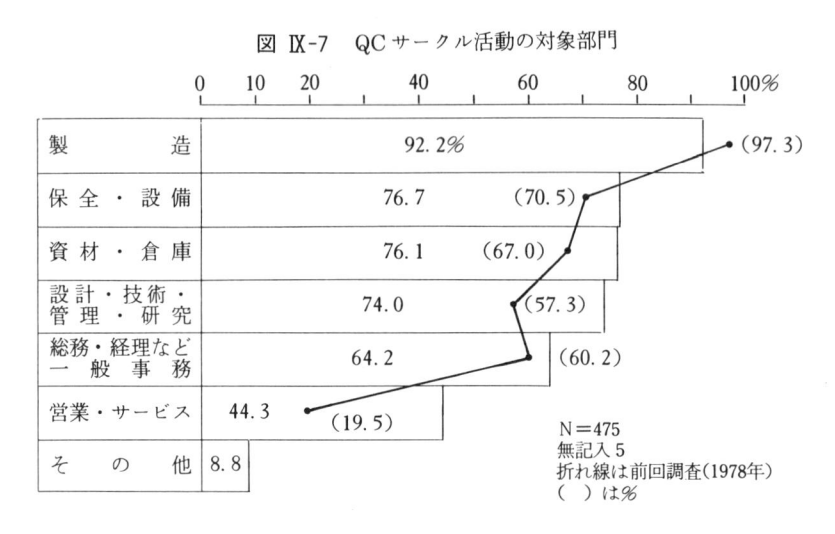

図 Ⅸ-7　QCサークル活動の対象部門

部門	%	（前回）
製　　　　　造	92.2%	(97.3)
保　全・設　備	76.7	(70.5)
資　材・倉　庫	76.1	(67.0)
設計・技術・管理・研究	74.0	(57.3)
総務・経理など一般事務	64.2	(60.2)
営業・サービス	44.3	(19.5)
そ　の　他	8.8	

N＝475
無記入 5
折れ線は前回調査(1978年)
（　）は%

出所：「FQC」誌QCサークル活動研究小委員会編．『QCサークル活動の実態』日科技連・規格協会　58.10．

それは製造業はもとより，広く流通・サービス・金融などの業界にまで広がり，定着しはじめている．それでは，小集団活動のどこに，それほど優れた管理的機能が秘められているのであろうか．例えば，上田利男氏は，「小集団活動の効果」として，次のような諸点を掲げている[23]．

　Ⅰ　数量的に把握できる成果
　(1)改善提案件数の増加　(2)原・材料品，経費の節減　(3)能率の向上　(4)品質の向上　(5)災害件数の減少　(6)受注・販売高の増加　(7)出勤率の向上

　Ⅱ　数量的に把握できない無形の効果
　(1)問題意識の向上　(2)良好な人間関係の形成　(3)コミュニケーションの円滑化　(4)仕事に対する意欲　(5)自主的な態度の育成　(6)参加意識の向上　(7)

---

23)　上田利男著『生産性と小集団活動』121〜122ページ．ただし昭和54年9月の調査による．

第Ⅸ章　QCサークル活動と「自主管理」　　175

安全意識の向上　(8)リーダーシップの向上　(9)技術・能力のレベルアップ　(10)行動に対する責任感の醸成.

　いかにも経営者に歓迎されそうな成果が上げられているが，ここでもう一度，前述の日本電気の事例を思い出しながら，小集団活動のなかに秘められている管理的機能を整理してみよう．

　その第1は，労働者が相互に競争することを制度化し，「合理化」のための諸方策を，労働者が「自主的」に見出し，客観的には資本の要請に応えているという点である．とりわけME化の進展による「合理化」は，労働者に対し，かつてなかったほど厳しい状況を生み出した．現業部門では，0.01秒の動作研究まで取り組まれているといわれている．そうしたなかで，労働者に「生きがい」を与え，「人間性回復」をもたらすかのようにみせかける管理——これが小集団活動の1つのメリットであった．大場・中原の両氏は，それを次のように規定している．

　「TQC活動は，『自主性』のもとに労働者を小集団に組織し，労働者間，グループ間の競争を制度化し，搾取強化をすすめる労務管理であり，労働者に自分で自分の首をしめさせる，職場における『生産性向上運動』にはかならない……．これをこんにちの経済危機という情勢に即してとらえるなら，独占資本の経済危機克服策のいっかんとなっているME『合理化』を推進する労務管理ということができる．」[24]

　第2は，労働時間の「自主的」延長，即ち自主的「労働強化」の制度化である．QCサークルなどの小集団活動の実施時間については，いろいろな対策が講じられているが，前述の市光工業の場合のように，正規の勤務時間以外の時間に行われる場合も多い．当然それは，労働時間の延長＝労働強化を意味する．しかも，それがあくまでも労働者の「自主的」活動ということで，費用的には職制は関与しないとすれば，わずかな支給で，莫大な利益をえることができた．それにもかかわらず，労働者が小集団活動に励まざるをえないのは，それが何よりも企業に対する「忠誠心」をテストする最も効果

---

24)　大場秀雄・中原学編著『TQCとのたたかい』146ページ．

的な「踏み絵」だったからである．この点を，大場・中原の両氏は次のようにいっている．

「『生産性向上』をめざして行われている TQC 活動は，労働強化や労働時間の延長を『改善活動』という形で労働者自身によって行わせようとするものである．その結果，労働者本人の健康が破壊されると同時に，しばしば家庭生活が犠牲にされていることはよく知られていることである．このような事態は，TQC 活動のかかげる『人間性尊重』とは正反対の『労働の非人間化』というべきである．」[25]

第3の，そして最も優れた機能は，労働者が「自主的」に管理に参加しているような形態をとることにより，労働者による労働者の管理が徹底することである．それは，小集団サークルが，労働組合に代置されることも意味していた．「自主的」という名目に隠された小集団活動の実態が，職制は陰にかくれてはいるものの，実態としては厳しい労務管理としての機能を現実にはたしていることは，既に明らかであった．それが，労働者が相互に競い合い，利潤追求に最大限に，「自主的」に貢献しつづける管理体制であるからこそ，サービス業や流通業，そして金融業にも共通の機能を発揮する．その場合，小集団活動に参加し，企業目的に貢献しつづけるような労働者を創り上げるためには，積極的な「意識改革」を必要とした．その「意識改革」とは，徹底した労資協調主義の教育であり，それを，サークル内で身につけさせることである．そのためには，労働者の意識を「闘いにかえて協調へ」変えねばならない．労働者にとってこの「踏み絵」は，自らのイデオロギーが「忠誠心」と同質であることをみせるためのものであった．それを，大場・中原の両氏は次のようにいっている．

「……TQC 活動の矛盾が増大するもとで，上から企業目標を押しつける動きが強まっていると同時に，労働者に『危機意識』をもたせる資本による企業主義の注入，右派労組幹部による『労使一体化』路線にもとづく労資協調主義や，活動家たちを孤立化させようとするインフォーマル組織による反

---

25) 大場・中原編著『前掲書』149～150ページ．

共主義の強化などの思想攻撃が強まっていることを重視しなければならない.」26)

　第4は,労働組合活動の形骸化である.既に三洋電機の労働組合のTQC活動に対する考え方のところで述べたように,小集団活動が「自主的」活動として勤務時間以外にも行われるとすれば,労働組合活動は名実ともに否定されることになる.また,労働者の協調意識を積極的に育成し,あたかも全員が経営者であるかの如き幻想を与える小集団活動は,本来,労働組合運動とは相容れない機能をもったものであった.したがって,小集団活動を礼讃し,職制とともにその普及に熱をあげている労働組合は,自ら,労働組合の存在を否定する役割を果たしている.それを,大場・中原の両氏は,的確に次のように述べている.

　「日本的TQCとのたたかいは,日本の労働組合運動にたいして『会社派組合幹部』が支配的な影響を行使しているという状況を克服するたたかいと,わかちがたく結びついている.『会社派組合幹部』が,支配的影響力を保持しているのは,日本の労働組合運動が30余年にわたった階級的全国指導部をもたず,協調主義的ないしは中間的潮流のもとにあること.そしてそのもとで,企業内組合が基本単位となっているという日本の労働組合の組織形態上の弱点が助長されていること,以上の2点が結びあって,労働組合民主主義やそれと表裏一体をなす日常的な職場闘争,職場活動が形骸化しているなどの状況があるからである.そして,これらの状況はまた,日本的TQCのこんにちの『隆盛ぶり』を労働者と労働組合の側から支える状況でもあるのである.」27)

4-4 「自主管理」の方向性

　小集団活動が,労働者の「自主管理活動」であり,職場レベルでの「経営参加」であるとする経営者側の宣伝は,日本の企業の生産性の異常なまでの高さに裏付けされて,世界中の経営者の耳を傾けさせている(図Ⅸ-8参照).

---

26) 大場・中原編著『前掲書』153ページ.
27) 大場・中原編著『同書』213ページ.

図 IX-8　労働生産性の国際比較

（製造業，75年＝100）

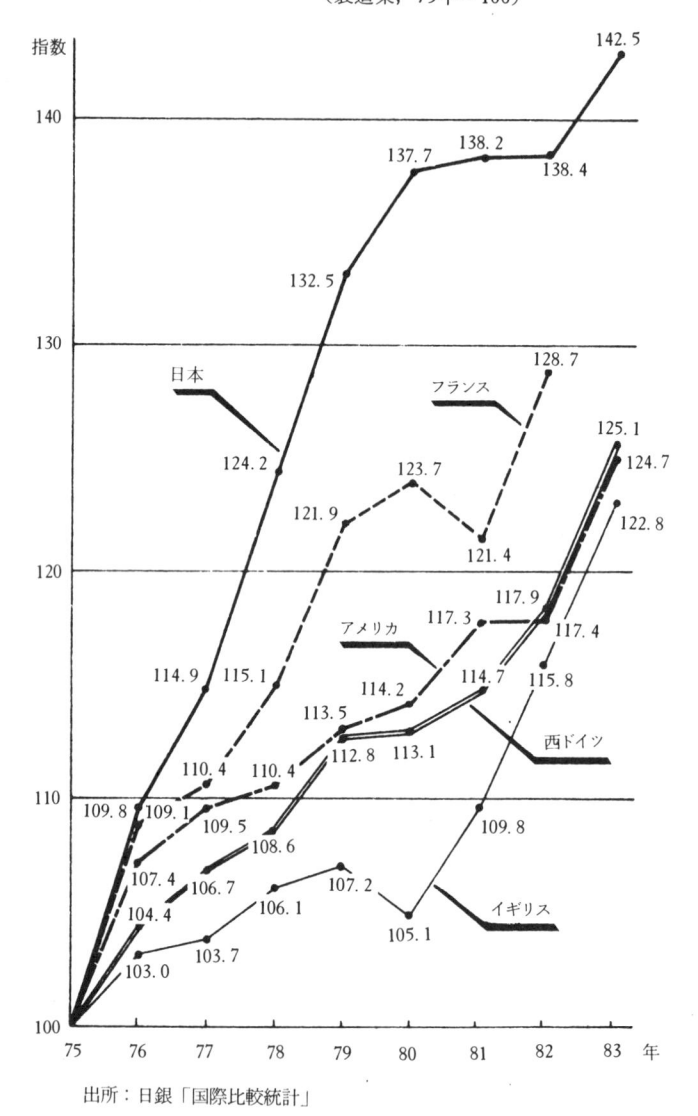

だが，ここで，次のような指摘の意義を忘れてはならない．

「われわれの見解では，真の経営参加は資本の側からは提起されない．資本の側が提起する経営参加は，本質的には『まやかし』のそれである．それは，労働者あるいは労働組合を労資協調路線に引き込むことを意図している．

また，労働の側が提起する経営参加がつねに真の経営参加であるともいえない．資本の意図を代弁する場合が多いからである．経済民主主義の名に真に値する経営参加は，階級的・民主的な労働組合運動によってのみ提起されうる．」[28]

小集団活動は，まさに資本の側から提起された「参加」であり，「自主管理」であった．したがってそれは，労働者階級の利益とは，鋭く対立するものである．労働組合が，労働者の立場に立つとすれば，当然，それと闘わねばならなかった．だが，現実は，むしろ労働者は，ますます厳しい状況に追い込まれている．そうしたなかで，小集団活動を，真の意味での労働者の「自主管理」に近づけていくことができるのであろうか．また，それを望むとすれば，どのような条件が必要であろうか．われわれは，次のような指摘に注意しておく必要がある．

「経営管理の民主化，経済的民主化を目指す闘争は，勤労者の経済闘争と政治闘争との融合を要求する．ブルジョアジーの政治権力を決定的に制限することなしには，所有関係に介入することなしには，所有関係における根本的変革なしには，真の経済的民主主義は不可能だということは，明らかである．」[29]

ヴィノグラードフの規定は，やや抽象的である．それを，日本の実状に合わせながら，もう少し具体性をもたせると，次のようにいえよう．

「日本的 TQC の反労働者性を規制し，その効果を無力化させるたたかいでさえ，TQC『合理化』に協力する労働組合を，労働者の生活と権利を

---

28) 長砂實稿「経済体制と経済民主主義」（大橋・長砂編著『経済民主主義と経営参加』）201ページ．
29) ヴィノグラードフ著，副島監訳『労働者統制の理論と歴史』274ページ．

断固として守る階級的組織に改革し，さらに職場を基礎としながら，地域や産業，また全国的レベルでの独占の横暴を規制する民主的改革のたたかいと結合することが不可欠なのである.」[30]

---

30) 大場・中原編著『前掲書』198ページ.

第 X 章

日本的経営と「合理化」

1 「減量経営」の強行

1-1 「減量経営」の背景

世界の資本主義諸国は,第1次・第2次のオイル・ショックを契機にして,全面的な危機に突入したが,わが国の場合もその例外ではなかった.その具体的な現われが,失業率である(表X-1参照).例えば,この問題について,西川,島田の両氏は次のように指摘されている.

「……とりわけ深刻な問題を投げかけているのが若年労働者の失業の問題である.表X-2に示されているように,若年者失業はアメリカやヨーロッパで,失業全体の大勢よりもはるかに大きく悪化した.西ドイツやアメリカでは,若年失業もやや改善してきているが,石油危機以前に比べ何倍にも増えてしまった若年失業者の存在は,経済的にもまた社会的にも深刻な問題を与え続けることになるだろう.」[1]

不況や恐慌の克服策として用いられるのが,独占の支配力の一層の強化と,労働者に犠牲を強要する「合理化」とであるのは,いまに始まったことではない.とりわけ,オイル・ショック以降,「減量経営」の名のもとに,一部労働組合の支援をえて,なりふりかまわぬ「合理化」が遂行された.この

---

1) 西川・島田稿「日本的雇用制度と若年者雇用・失業問題」(大河内一男編『石油危機後の日本西ドイツ経済』昭和56年) 106〜107ページ.

表 X-1　主要国の失業率　(%)

	1965年	1970	1975	1976	1977	1978
日　本	1.2	1.1	1.9	2.0	2.0	2.2
西ドイツ	0.5	0.6	4.0	4.1	4.0	3.9
イギリス	1.4	2.4	3.6	5.1	5.5	5.5
アメリカ	1.4	4.8	8.1	7.5	6.9	5.9

表 X-2　若年者失業（15〜24歳）　(1,000人, %)

	1965年	1970	1975	1976	1977	1978
日　本	130 1.2	210 1.9	240 2.9	240 3.1	260 3.5	270 3.8
西ドイツ	11 0.2	18 0.3	288 5.8	257 5.2	268 —	245 —
イギリス	66 1.2	150 2.7	344 7.4	615 13.1	607 11.9	679 —
アメリカ	1431 9.1	1969 9.9	3581 15.2	3371 14.0	3220 14.0	2984 —

出所：いずれも大河内一男編『石油危機後の日本西ドイツ経済』
107ページ．

場合の「減量」とは，ヒト，モノ，カネの徹底した削減を内容としていた．即ち「ヒト」の削減とは，技術革新の結果，企業内に「過剰」とされた労働力，とりわけ中高年労働者の徹底した追い出しを，また「モノ」の場合は，原材料の徹底した節約を意味した．また，「カネ」については，銀行などからの借入金をなくし，無借金経営に徹することを意味していた．しかし，特に重視されたのが，徹底した「過剰労働力」の排除であったことは，その後の推移からも明らかなところであった．

　オイル・ショック以後の資本主義の危機は，まず，アメリカでの矛盾の激化として現われた．企業倒産は激増し，失業者数も「大恐慌」時を上まわるのではないかといわれた．こうしたアメリカ経済の悪化は，レーガン大統領が就任演説で「遊休設備をかかえた産業は労働者を失業へと追いやり，彼らを困窮させるとともにその人格的尊厳を奪っている」と認めざるをえない程，深刻なものであった．その影響は，わが国では「円高不況」として現われた．

この「円高不況」が，特に輸出依存度の高い産業に，深刻な影響を与えたのである．とりわけ，高度経済成長期に拡大しきった過剰生産設備をもっていた造船，化学，化繊，鉄鋼などでの深刻な不況——いわゆる構造的不況が展開し，それを絶好な口実として「減量経営」が強行された．特にそれは，かつてのわが国資本主義の担い手であり，花形産業の分野で強行されたことが特徴的である．

技術革新の展開は，産業構造にも大きな変革を与えた．即ち，一方では自動車やエレクトロニクスなどの少数の領域での急成長があるにもかかわらず，他方では，造船，鉄鋼，化学などの領域での不振，後退が顕著になってきた．危機感をいだいた独占が，「減量」を強行する要因がここにあった．

1-2 「減量」の方法

従来，わが国の企業経営の特徴としては，年功序列制とか終身雇傭制とかいうように，労働者を生涯丸がかえし，忠誠心を徹底して育成することなどがあった．しかし，「合理化」の進展は，労働者の年齢別構成にも影響を及ぼし，また職場の秩序にも変化を与えた．「技術革新」は，職場の中心になる少数の若年労働者を尊重するが，中高年労働者は，次第にスクラップ化を早める結果を生み出した．

例えば，1971年と1981年との鉄鋼労働者の年齢別構成比率をみると表Ⅹ-3のようになる．この表からも明らかなように，鉄鋼労働者についていえば，中高年労働者が次第に増大傾向にあり，それに対して若年労働者は激減している．したがって，鉄鋼独占にとって必要なことは，まず中高年労働者を積極的に排除することであり，また，中高年労働者の労働条件を若年労働者にそろえることであった．その典型が賃銀体系の変化である．例えば，職能給が基準内賃銀に占める比率は，鉄鋼労働者の場合は，1970年の16.6％から1981年には38.7％と急増している．

表 Ⅹ-3　鉄鋼労働者年齢別構成 (％)

	1971年	1976	1981
21歳以下	15.4	9.7	4.8
22〜30歳	30.9	26.7	21.8
31〜40歳	26.6	33.3	35.4
41〜50歳	20.3	22.4	27.4
51歳以上	6.8	7.9	10.6

出所：鉄鋼連盟

賃銀体系の「能力主義化」にも現わされているように,「技術革新」を契機にした企業の「合理化」強行はすさまじく,その影響を直接に受けたのが中高年労働者であった.ヒトの「減量」が,さまざまな産業のなかで追求されたが,とりわけ「構造的不況」産業で厳しかった.例えば,造船業の大手6社の人員削減状況をみると,表Ⅹ-4のようになっている.

表 Ⅹ-4 造船大手6社の人べらし状況

企業名	① 1978. 3. 実在人員（名）	② 1982. 3. 実在人員（名）	①－② 減員（名）	①／② 減員率（％）
三菱重工業	68,540	58,546	9,994	85.4
石川島幡磨	34,114	26,456	7,689	77.5
川崎重工	31,262	25,476	5,786	81.5
日立造船	21,600	16,997	4,603	78.7
三井造船	15,072	12,116	2,956	80.4
住友重機械	11,100	8,324	2,776	75.0
計	181,719	147,915	33,804	81.4

注：休派遣者,臨時工は除いてある.
出所：『労働運動』1983.2.

1-3 「減量経営」のための諸制度(1)

このような事態からも明らかなように,各産業に共通に指摘できることは,独占の「合理化」の中心が「高齢化」対策,「高学歴化」対策にあったことである.この場合,その方法として独占が採用しているのは,「学歴,年功的評価から実力主義的評価に改める」とか,「能率給的賃金部分の比率を高める」などの,また「偏重的な昇進ルートを多元的なものにする」とか,「現業的職種への採用,配属を行う」とかの方法であった.いずれも,労働者の犠牲を強化するものであることには変わりはないが,なかでも「合理化」の対象とされたのは中高年労働者であった.各独占とも,この中高年労働者の追い出しのためには,さまざまな方法を採用している.典型的な出向,転籍,配転などのほかに,最近独占のなかで定着している諸制度を掲げると,次の一覧表のようになっている(表Ⅹ-5参照).

表 X-5 雇傭制度の変化

制度	採用企業	内容
選択定年制やそれに類似したもの	日本製鋼所，富士電機，東レ，三井造船，東洋工業，日立金属，住友化学，小松製作所，東洋紡，三菱レ，丸紅，ユニチカ，古河金属 他	正規の定年前40～50歳余りの者に，一次定年をもうけて，退職金を割り増し支給する方法．
転職援助制度	東北金属，日立造船，三菱レ，光洋精工，旭化成，小西六，日本鉱業 他	企業内で転職などのための能力の開発援助などを行う．
定年後の再雇傭の中止，定年のくり上げ	太平洋金属，保土谷化学，大日本インキ，朝日石綿，古河金属，三井高圧，川崎重工，東洋バルブ，日本ロール，三菱重工，住友軽金属，東洋工業，神戸製鋼，宇部興産，日本板ガラス，昭和電工，日本ステンレス，住友化学，小松製作所，住友金属，丸紅，キャノン 他	慣行化している定年後の再雇傭の中止などで事実上の定年を早める．
中高年専門会社，それに類似する会社の設立など	日本電気，小西六，富士電機，ソニー，沖電気，横河電機，岩崎通信機，東京電気，日本光学，三菱重工，三菱レ，住友軽金属，東レ，中部電力，東芝，日本鋼管，川崎重工，神戸製鋼，ユニチカ，日立造船，旭化成，三菱化成，松下電器，東洋紡，小松製作所，帝人，日立電器，東洋工業，川崎製鉄，新日鉄，日本製鋼所，大日本印刷，日立，住友重機，椿本チェーン，日本軽金属 他	ビル管理，保険，草むしり，警備などの専門会社をつくり，定年前の中高年労働者などをどしどし出向させる．定年後の再雇傭というねらいもあるが，最近では中高年者追い出しの手段に使われている．

出所：各社発表の資料による．

まず第1の選択定年制についていえば，元来，わが国の企業の雇傭形態の特徴は，定年制が採用されており，ひとたび雇傭されれば定年まで，一応，雇傭は安定していたところにあった．

しかしながら，「技術革新」が急速に進展するに従って，生産部門のみならず，管理部門も含めて，労働力の質および量に大きな変化をもたらす．そして，この「技術革新」に適応できないと独占が認めた労働者のスクラップ化が早まり，強制的に排除しようとする．それは，「ME革命」といわれる現行の「合理化」のなかで，ますます強められている．例えば，新日鉄八幡製鉄所での「合理化」の実態について，次のように紹介されている．

「熱間圧延では，1981年，これまで2つだった工場を1つに合体，800人

の労働者は約6分の1の140人に削減されました．起重機で鋼材（スラブ）を移動するのにも，コンピューターに打ちこまれたプログラムに従って，無人の起重機が作業する計画が具体化されはじめています．加熱炉への鋼材の挿入係，搬出係などはいらなくなり，コンピューターの指示で自動的に処理されるようになりました．さらに会社側は，ことし7月，最新鋭のコンピューター付コンベアーの導入で，鉄板を仕向け先別に分類する作業をこれまでの4人から1人にすることを通告．……冷間圧延以降の工程も，ことし4月からME化で1,500人前後の労働者を大幅に削減する計画が進められています．原料から出荷まで，製品の流れをコンピューターで制御する計画も全社的にすすんでいるのです．」[2]

この「合理化」強行策の1つが，「選択定年制」であった．この「選択定年制」は，正式の定年以前に第1次の定年制を設け，退職金を若干上積みすることによって，退職を促進しようとする制度であった．この制度の対象となる労働者の年齢は，早くて35〜36歳からはじまるが，一般的には40歳代の半ば頃からである．つまり労働者は，40歳をすぎると，はやくも退職を強要される．それを拒否すれば，出向や転籍，配転などでタライまわしにされる．つまり，どちらを選択しても，労働者には厳しい条件がおしつけられるのである．

1-4 「減量経営」のための諸制度(2)

第2は，「転職援助制度」であり，これも強制的に「転職」を促進するための制度である．独占が労働者の意向を無視して，積極的に「転職」を進めようとする場合，次のような方法を採用する．

その第1は，一定の期間企業内で再教育し，「転職」を強要しようとする方法であり，第2は，教育・訓練期間を一時帰休とし，そののち「転職」させるという方法である．例えば，経理を担当していた管理労働者に対しては，税理士などの資格をとらせ，自立させようとする．そのために，一定の期間「援助」し，そののち早い機会に企業から追い出すことを目的とする．

---

2) 赤旗 1984.8.

日立造船や三菱レーヨン,旭化成など多数の独占で採用されているこの制度は,「選定定年制」などと同じく,少しでも早い時期に中高年労働者を追い出す所に,その目的があったのである.

第3は,定年後の再雇傭を中止したり,あるいは定年制そのものを引き上げることによって,積極的に中高年労働者の追い出しをはかろうとする方法である.最近は,平均寿命も長くなり,労働者の労働意欲もそれだけ高い.多くの企業では,定年後の再雇傭を行っていたが,たとえそれがどんなに劣悪な労働条件のもとにおかれたにせよ,多数の労働者はそれを甘受し,働きつづけなくてはならなかったのである.それを中止し,あるいは逆に定年を早め,中高年労働者の追い出しをはかろうとしたのが,これらの制度の目的であった.

第4の,そして最も典型的な方法としては,中高年労働者専用の新しい企業を創設し,そこに労働者を強制的に転籍することが行われている.この新しい企業が扱う業務としては,例えばビルの管理,清掃,保険などというように,それまでの労働者の作業や経験とは全く関わりのないものが多かった.もともと「合理化」に必ず伴うものとして,労働者の意向とは全くかかわりのないところで強行される出向,配転,転籍などにも,同様なケースが多かった.例えば,前述の新日鉄八幡製鉄所の出向先は,関連,下請け企業はもとより,仕事とは全く関係のない給食センター,すし屋,ゴミ焼却場にまで拡がっている.勿論,こうした場合も,復帰の可能性はほとんどない「片道切符」によるものであった.

この「合理化」は,中高年労働者の雇傭を不安定にしているが,同時に,若年の労働者にも,次第に影響を及ぼしつつある.最近の労働省の調査によると,企業でのOA機器の採用が,とりわけ高校卒の女子労働者に次第に影響を及ぼしつつあることが指摘されている.毎日新聞の記事からそれを紹介すると,次のようになる.

「めざましい普及ぶりのOA機器だが,その影響を雇用でみると――各企業の労働者数は『増加した』とする企業は43%で,『減少した』企業27%

を上まわっている.『増加した』企業の増加理由は,『事業規模の拡大』が94％,『減少した』企業の理由は,『ME・OA機器導入以外の事務間接部門の効率化』が45％,『事業規模の縮小』36％で『OAの導入』は10％とOA導入による雇用への影響は少ないとしている.採用面の変化では,90％の企業が『変化なし』と答えたが,新規大卒男子は『増加した』企業が10％で『減少した』(2.2％)の5倍近いにもかかわらず,新規高卒女子だけが『減少した』が8.9％と『増加した』の7.3％を上回った.この高卒女子の採用手控えは,5,000人規模以上の大企業ほど強く『増加した』3.6％に対し,『減少した』は26.2％にもなった.」[3]

独占にとっては,この「減量」は,二重の意味で有効であった.その第1は,人件費——労務費の負担を軽減することであり,第2は,労働力構成を若返らせ組織の硬直化を防ぐことであった.しかし,独占の好都合は,中高年労働者のみならず,労働者階級全体にとってまさに地獄なのである.

2 「減量経営」と労働者の状態

2-1 造船不況と減量の激化

技術革新下,急速に進む「合理化」の最も典型的な形態として,「減量経営」を取り上げてきた.この「減量経営」は,その対象となった中高年労働者に対してはもとよりのこと,地域社会に対しても,深刻な影響を与えた.とりわけ,造船業や鉄鋼業などの場合,その地域に依拠する度合は,きわめて大であった.ここでは,「減量経営」が及ぼした影響について,造船業や鉄鋼業の場合を中心に検討したい.

三菱重工は,「死の商人」として世界有数の規模を誇る軍需独占として有名である.三菱重工は,多様な製品を手がけているが,その中心が軍需品であることは周知の通りであった.なかでも,造船部門は,古い歴史と伝統をもち,全体としても重要な割合を占めていた(表X-6参照).この造船部門の操業度が,1974年下期を100％とすると,77年上期で75％,同下期で55

---

3) 毎日新聞 1984.8.26.

第X章　日本的経営と「合理化」　　189

表 X-6　三菱重工全社の売上高及び各部門比　　（100万円，％）

年度	売上高	船舶・鉄構	原動機	化学プラント	機械	建設機械等	航空機特殊車輌
1977	1,379,232 (100)	471,650 (34)	319,266 (23)	76,009 (6)	192,392 (14)	210,421 (15)	109,494 (8)
1978	1,274,862 (100)	229,502 (18)	296,975 (23)	188,373 (15)	194,458 (15)	251,574 (20)	113,980 (9)
1979	1,349,264 (100)	225,127 (17)	330,754 (24)	144,461 (11)	249,438 (18)	268,484 (20)	131,000 (10)
1980	1,325,621 (100)	250,578 (19)	373,075 (28)	66,547 (5)	223,489 (17)	280,032 (21)	131,900 (10)
1981	1,683,636 (100)	358,525 (21)	540,143 (32)	115,814 (7)	250,511 (15)	260,002 (16)	158,641 (9)

出所：労働者調査研究会編『造船・機械』36ページ．

％，78年上期には28％と急速に，かつ，激しく落ちこんだ．造船不況がいかに深刻であったかを，よく物語っている．こうした造船の急激な危機をもたらした要因は，次のような所にあった．

「今日の造船危機は，大手造船資本の無政府的な設備拡張競争の結果であり，低賃金，低福祉による経済構造がうみだした『円高』によって，それはいっそう深刻化している．ところが，造船大手資本は，中小造船の分野に割りこみ，倒産企業を続出させ，陸上工事への進出と合わせて売上高を向上させ，平均利潤を維持しながら，犠牲的結果だけを労働者に押しつけている．」[4]

こうして，いわば独占が自から創り出した造船危機を最大の口実にして，各独占は，徹底した「剰余労働力削減」にのり出した．三菱重工でも，1978年10月に36,165名いた労働者から，8,625名を「減量」する計画をたて，同盟系労働組合の支援のもとに強行したのである．そこで採用されたのが，新規採用の抑制と休職，派遣とであった．とりわけ，三菱重工の労働者の場合には，三菱自販への休職派遣が多かった．これが，三菱重工の労働者にとって，いかに厳しいものであったかは，次の指摘がよく物語っている．

---

4)　『経済』（1979. 2. No. 178.）188ページ．

「自販への休職派遣（3年間）は労働者にとって，受難のセールス出向と受けとめられており，職場に何名の割当てがくれば，職制も頭をかかえ，言われる本人の方も夜も眠れない重大問題となり，なかには人選中に退職者も出している．会社と組合との約束では，『セールスにはノルマはない』『時間外の仕事はない』となっているが，いざ出向先でクルマのセールスにつけば，ノルマは当然のこと課せられるし，顧客相手の商売は日曜や夜の仕事がついてまわる．自販会社としては，それでも新しい出向者がくる毎に，最低本人や家族を含め新規開拓が増えるわけであるから，労働者の不安をよそに，収益を上げるということになる．セールス出向でも2割はやめていく労働者がいるもようである．」5)

　自販への出向は，職制すらも頭をかかえている程，三菱重工の労働者にとっては厳しいものであった．これを拒否すれば，当然，退職を強要されることになる．したがって，労働者はやむをえず出向に応じることになるが，出向先で辞めることは，三菱重工にとっては何らの苦痛にもならない．こうして，約1,200名の労働者が出向させられた．いままで，溶接の仕事をしていた中高年労働者が，いきなり車のセールスができるはずがない．したがって，三菱重工の狙いは，出向先で労働者が辞めざるをえないような情況に追いこんでいくこと——こうした形で「合法的」な「減量」を強行しようとするところにあった．

　三菱重工の長崎造船所などの場合は，特に地域社会と密接なかかわりをもってきたし，現在でももっている．長崎市の人口の約20％は，何かの形でこの造船所とかかわりをもっているといわれている．したがって，造船所が不況であり，多くの労働者が出向で家族ともども移動すれば，地域社会も深刻な影響を受ける．独占が，労働者に対してはかり知れない犠牲を強要し，地域社会を破壊してまで「減量経営」を強行するのは，不況下において，低操業でも利益を生み出す体制を，いかにして創り出すかというところに目的があったからである．三菱重工の場合でも，造船部門は28％程度の低操業度で

---

5) 労働者調査研究会縁『シリーズ—労働者の状態 4 —造船・機械』37〜38ページ．

も利益を出すことを目的としていた．周知の通り，造船は典型的な軍需産業である．かつては，わが国の資本主義を積極的にリードしたものである．それは，技術的な優秀さもさることながら，それを支える長時間・低賃銀労働が豊富に存在していたからであった．

だが，高度経済成長期から，オイル・ショックにかけて，このような条件は大きく変化した．まず高度経済成長期には，国家主導のもとに無計画な設備投資が行われ，生産力が急速に拡大した．不況期が来ると，この過剰設備が改めて問題にされるのは当然としても，それは，労働者の責任ではない．むしろ，国家や独占の責任である．

もう一つは，発展途上国の追い上げである．例えば，造船の場合に，よく例に出されるのが韓国の場合である．かつてのわが国のように，長時間労働，低賃銀を基礎にした韓国造船業の追い上げは厳しく，そうした情況を反映して世界の造船量に占める日本の造船量の比重は，次第に低落している（表X-7参照）．こうした事態のなかで，大手造船は軍需産業部門に力を注

表 X-7　世界の造船量に占める日本の造船量の
シェアーの推移　　（1,000総トン，％）

年	A 世界の商船進 水トン数合計	B 日本の商船進 水トン数合計	C 日本の比重 （A／B）
1950	3,493	348	10.0
1960	8,356	1,732	20.7
1965	12,216	5,363	43.9
1970	21,690	10,476	48.3
1975	35,898	17,987	50.1
1976	31,047	14,310	46.1
1977	21,597	9,943	46.0
1978	15,407	4,921	31.9
1979	11,788	4,317	36.6

出所：ロイド統計

ぎ，ますます「死の商人」として利潤追求に奔走できるが，多くの造船専業の中小企業は，莫大な累積赤字をかかえ，倒産するものも多かった（表X-8）．

表 X-8　造船企業の倒産

年度	倒産企業 (件)	負債総額 (億円)	従業員 (名)
1976	9	169	748
1977	24	1,609	5,103
1978	10	450	1,632
1979	1	9	36
1980	3	115	236

注：従業員数には社外工は入っていない．
出所：日本船舶振興財団『造船不況の記録』1983年．

したがって，三菱重工のように，たとえ造船部門の操業度が28%であっても，他の部門が黒字であれば，企業としては不安はないが，造船専業の場合にはスクラップ化も早かった．それにもかかわらず，「減量経営」を強行したのは，造船独占である．

それは，現業の労働者のみならず，管理部門の部課長にまで及び，彼等にまで退職勧告が行われるという事態まで生み出した．例えば，川崎重工では，1978年の10月に人員整理の一環として，約70名いる50歳前後の部課長に退職勧告が出され，話題をよんだ．「不況」下の「合理化」が，いかにすさまじいものであったかを知ることができる．

2-2　鉄鋼不況と減量の効果

こうしたことは，何も造船業に限ったことではない．同じく「構造的不況産業」である鉄鋼業，化学，化学繊維などでも同様なことが行われた．例えば，鉄鋼最大の独占である新日鉄では，造船とほぼ同じ時期に，本工を6,000～7,000名削減する計画をたて，またそれとのかかわりで下請けも整理し，全体として10,000名を削減する計画を強行した．

造船と同じく，鉄鋼の場合でも地域社会と密接なかかわりをもつ．新日鉄の拠点であった釜石では，不況で決定的な影響を受けた．釜石では，新日鉄の大型工場の閉鎖，コークス工場の閉鎖などが相次ぎ，また，日鉄鉱業の釜石鉱業所が閉山して，労働者全員を解雇するという事態が起きた．その結果，新日鉄と日鉄鉱業からはき出された離職者は約3,000名，家族を含める

第X章　日本的経営と「合理化」　　193

と約10,000名が何らかの形で影響を受けたのである．こうした「減量経営」は，1984年でも，次表（表X-9）のように徹底して行われつづけている．

表 X-9　「合理化」計画とその実施

企 業 名	人減らし「合理化」計画・実施状況
新 日 鉄	86年までに10,000人以上の人減らし．配転2,000人以上．
日本鋼管（京浜）	従業員総数17,000人→9,000人目標，欠員不補充，新規採用中止．社外派遣．
川崎製鉄	85年3月までに6,100人削減計画．83年12月初めまでに42％達成．本工を関連下請けへ無期限出向．自動車産業への社外派遣．
住友金属（和歌山）	83年10月従業員総数9,850人を8,000人にすると発表．職場，課，工場の統廃合，社外出向．
住友化学（愛媛）	早期退職優遇制度．"優遇"年齢を50歳以上から45歳以上に下げ従業員総数で9,399人（82.7）から7,869人（83.9）に減少．
東洋工業	各職場ごとに人減らし目標づくり．下請け会社をつくり，そこへ配転．
三菱重工（神戸）	従業員7,000人のうち1,000人以上を常時出向（自動車セールス下請け），欠員不補充，ロボットの大幅導入．
三菱重工（長崎）	退職者の不補充，下請け依存度アップ，兵器製造部門の人員増，事務など非軍需生産部門人員の大幅削減．
東京電力	従業員40,800人のうち2,000人を10年後までに減らす．

出所：各社発表の資料

　構造的不況に悩む産業の独占にとっては，オイル・ショックは，過剰な設備を思い切って「合理化」し，中小企業を切りすてて独占の支配力を強化するには，またとないチャンスであった．鉄鋼にしても，また，造船にしても，独占は広範な下請けの頂点に立っている．従って，独占が不況に苦しめば，当然その影響は，下請けを中心にした中小企業に厳しく現われる．鉄鋼の場合でも，中小メーカーの倒産，廃業，工場閉鎖が急増しており，雇傭にも関わるこれらの件数は，81年9社9件，82年7社9件，83年24社24件と急激に増大している．

　これらは，同時に，労働者に対する厳しい攻勢であった．これまでの「減量」にもまして，これからも厳しい「合理化」が行われようとしている．現に独占の首脳部は，高炉5社の直接労働者約195,000人のうち，2割は不要

であると明言してやまない．こうして「減量経営」は，広範な国民に深刻な影響を与えて強行されたし，また，これからも強化されようとしているのである．

2-3 「減量経営」と中小企業

「減量経営」は，独占にどのような「成果」をもたらしたのであろうか．以下に要約して検討することにしたい．

造船や鉄鋼の独占が，「構造的不況」のなかで，空前の利潤を実現したのは周知の通りである．それは，以下の鉄鋼独占の利潤実現状況をみれば明らかなところである（表Ⅹ-10参照）．その要因としては，次のような条件が挙げ

表 Ⅹ-10 鉄鋼大手5社の決算状況　　　　　（億円）

項目	年度	5社合計	新日鉄	日本鋼管	住友金属	川崎製鉄	神戸製鋼
売上高	1980	81,868.8	31,126.0	14,232.7	13,074.9	12,034.3	11,400.8
	81	86,185.6	31,022.9	15,800.6	14,568.2	12,966.3	11,827.5
	82	78,599.7	27,244.1	15,167.2	12,934.6	11,432.2	11,821.4
経常利益	1980	4,675.5	1,748.6	643.8	907.3	916.9	458.7
	81	3,909.8	1,140.1	701.8	1,060.1	705.6	302.0
	82	935.3	123.8	160.8	450.3	83.8	116.5
当期利益	1980	2,373.0	710.6	362.9	465.5	571.4	262.5
	81	1,690.5	560.1	307.6	365.8	320.7	136.0
	82	1,201.8	329.0	267.9	297.6	187.7	119.4

出所：各社発表の資料

られている．第1は，技術革新が進んだために，生産工程での歩留り率が非常にあがったことである．第2は，2次にわたるオイル・ショックの経験に基づき，オイルレス高炉を積極的に導入したことである．

しかしながら，これらの諸条件は，「減量経営」に比べれば，それほど大きな影響は与えなかった．「減量経営」は，中高年労働者を積極的に排除するとともに，職場秩序も大きく変えた．その結果，労働者には「多能工」としての能力が要求される．例えば，日立造船舞鶴工場では，技能職の「職務複合化」や事務・技術職の多能化などが進んでおり，その実態が次のように報告されている．

第Ⅹ章　日本的経営と「合理化」

「〜『効率的な人員配置の推進』という人事政策の下で，技能職の『職務複合化』や事務・技術職の多能化，人材マップの作成等々が進められており，流動化をさらに促進する諸施策が実施されている．『職務複合化』はもともと中高年化対策ということで行われてきたが，それによる職務の結合，職種の減少によって1人当りの職務は拡大し，いわゆる多能工化が進んだ．しかし，この『職務複合化』は溶接工に簡単な塗装作業をさせるといった極めて便宜的な労働力の効率的活用であって，労働者の新しい技能習得を前提とした能力の多面的発達を指向したものではない．したがって，このような多能工化は，労働者の流動化を強め，雇用不安を一段と推進するだけである．」[6]

　急速な技術革新を基軸にする「合理化」の遂行は，社会的にも問題とされるような雇傭不安を生み出した．オイル・ショックを契機に発生した世界的規模での長期不況は，アメリカを中心とする帝国主義諸国の矛盾を，最もよく現わしている．だが，独占にとっては，この「減量経営」は，「健全な企業体質」を創り上げ，わが国の産業構造のなかで独占の支配力をますます強大にするためには，絶好の機会であった．

　例えば，造船業の場合でいえば，不況の影響をまともに受けるのは，造船専業の中小メーカーであった．今治にある波止浜造船は，資本金22億円の中堅造船企業である．ここには本工695名，下請け関連企業が67社あり，827名の労働者が働いていた．これが，不況のあおりで倒産したのである．この波止浜造船は，石川島播磨重工の系列下にあったが，このような事態に際しても石川島は，いっさい面倒をみようともしなかった．中小造船企業が倒産に追いこまれた原因の1つとして，中小造船企業がそれまで専業としてきた領域に独占が進出し，市場を奪ったことが挙げられる．国家の手厚い保護は，独占にはさしのべられても，中小メーカーには冷たい．従って，不況を契機にして，独占の支配力はますます強化されるのである．

---

6)　労働者調査研究会編『前掲書』112〜113ページ．

2-4 「減量経営」と独占の海外進出

さらに,顕著にみられるもう1つの特徴がある。それは,国内では徹底した「減量経営」を強行し,中高年労働者の追い出しを積極的に推し進めた独占が,他方では海外進出を盛んに行っていることである。つまり,海外市場に近い所に製造拠点を設け,単独ないしは合弁で進出するのである。その場合の大きな要因は,それらの国々の低賃銀労働にあることはいうまでもない。例えば,石川島はブラジル,シンガポール,韓国などに,また,三菱重工や日立造船はシンガポールに進出している。1981年現在の造船,機械業の内外従業員数を比較すると,次の表Ⅹ-11の通りである。

表 Ⅹ-11 大企業の国内従業員と海外従業員の増減の対比

企業名	国内従業員			海外従業員		
	1974.9末	1981.9末	増　減	1973.12末	1980.12末	増　減
三菱重工	82,984	58,781	−24,203	54	5,150	+5,096
石川島	36,969	26,202	−10,767	6,082	12,000	+5,918
日立造船	24,874	17,090	−7,784	413	1,911	+1,498
住友重機	13,083	8,328	−4,755	61	1,500	+1,439
小松製作所	18,146	17,093	−1,053	350	2,704	+2,354

出所:『会社四季報』,『プレジデント』

また,わが国の海外直接投資の推移をみれば,次の表Ⅹ-12のようになる。これらの表からも,いかにわが国の独占の海外進出が積極的に行われているかが判明する。こうして,わが国の独占は,一方で海外進出を積極的に行う反面,国内では,徹底した減量を強行するという,矛盾した行動をとるのである。それは,わが国独占の多国籍化をますます進展させるとともに,世界的規模での資本主義の危機を深化させる重要な要因となっているのであった。

このように,わが国独占の「合理化」策は,政府の積極的な支持のもとに,徹底した中高年労働者の排除という形をとって進行した。造船業や鉄鋼業などは,まさにその典型であった。この「減量経営」は,独占にとっては今後とも,ますます重要な課題として追求されよう。こうして「減量経営」は,

第X章　日本的経営と「合理化」

表 X-12　日本の海外直接投資の推移

年　度	海外直接投資	
	件数	金額
1951～1968	件 2,460	百万ドル 2,007
1969	544	665
1970	729	904
1971	904	858
1972	1,774	2,338
1973	3,093	3,494
1974	1,911	2,395
1975	1,591	3,280
1976	1,652	3,462
1977	1,761	2,806
1978	2,393	4,598
1979	2,694	4,995
1980	2,442	4,693
累　計	23,948	36,497

出所：大蔵省統計

労働者階級にとっては，計りしれない深刻な事態を生みだした．

とりわけ，最近のわが国の労働力構成の特徴として，高学歴化がいわれている．この高学歴化の影響として，まず考えられることは労働者に対する評価の基準が，かつての年功とか学歴とかいうものから，次第に能力中心に変化しつつあることであった．これは，当然，従来の日本的経営の制度を否定することになる．また，第2は，高学歴の若年労働力を，安易に使い捨てする条件が，豊富にあることである．これは，労働者のスクラップ化が早まることを意味している．例えば，コンピュータのソフト産業の労働者は，35歳が限界であるといわれるのも，そのためである．更に，管理部門でいえば，組織の肥大化，硬直化が重要な問題とされている．その具体的な現われとしては，日本人事行政研究所の調査によれば，「大企業に入社しても将来部長以上に出世できる人は17%，課長までが54%，残りの29%は課長にもなれな

い」[7]といわれている．若年労働者にとっても，けっして楽観できない条件が，ここでも明らかにされている．

3 「合理化」の激化と労働者の闘い

3-1 「ME革命」下の労働者像

現在，私達のまわりで急速に進んでいるME革命は，労働者に対して，かつての「合理化」よりも，一層厳しく，かつ，深刻な影響を与えている．例えば，1982年の『労働白書』では，MEを利用した技術革新が，雇用に及ぼす影響として，次のような指摘が行われている．

「……ロボットを初めとするマイクロエレクトロニクス技術の導入に当たって，わが国では欧米諸国におけるのとは違って，反対や雇用への懸念が示されることは少なかった．それは1つには，これまでロボット等の導入され

---

7) この調査の結果は，大変興味深い．長文であるが，全文を引用してみよう．
「この調査は，民間企業の人事管理制度が，従来の学歴・年功重視からどういう形で能力主義へと移行しつつあるかを明らかにするねらいから実施したもの．まず企業の昇進政策を見ると，ポスト増により昇進ペースを落さないようにしている企業は15％と少数．残りの企業は何らかの形で昇進ペースを落そうとしており，これは①全役職について昇進ペースを落す『全般的遅れ型』が43％，②一部優秀者だけは従来のペースを維持，その他の社員については昇進ペースを落す『選別強化型』企業が42％──と2つに大別できる．課長に初めて就任する年齢について，『全般的遅れ型』企業と『選別強化型』企業に分けて平均的な成績の社員を比較すると，『全般的遅れ型』の場合は，10年前には35歳で就任していたのが，現在は39歳．10年後には42歳になる見込みだ．『選別強化型企業』の場合は10年前の36歳が現在は40歳，10年後には『全般的遅れ型』と同じく42歳になるとしている．平均的な成績の社員が，将来就ける最終ポストを『選別強化型企業』を例に調べてみると，10年前には61％が部長クラスに，さらに26％が部次長クラスに到達できたのに対し，現在は部長クラス27％，部次長クラス44％，課長クラス止まりが23％となっている．さらに10年後の予想では，部長クラスはわずか7％に激減し，部次長クラス34％，課長クラス44％，また最終的に課長にもなれない人が15％にものぼる．同研究所の試算によると，全企業を対象に最近5年間に採用した大卒社員の将来の昇進の見込みは，部長以上に昇進できる人は17％，課長は54％，残り29％は課長にもなれないという厳しい結果が出た．」日本経済新聞 84.7.1.

てきた分野が自動車,電気機器など発展的な産業であったこと,および多くの場合わが国では終身雇用制の下で労働者は,配置転換はあるものの,解雇されることがないことによるものであろう.しかしわが国でも,その導入が急速に進むに伴って,雇用や労働の態様に及ぼす影響について関心が高まり,労働組合の中にはマイクロエレクトロニクスの導入について労使間の協議を要求する動きも出てきている.」[8]

この『労働白書』によれば,産業用ロボットが急速に導入された要因として,次の条件が求められている.

(1) 技能労働者の不足や悪環境,危険作業への対応.
(2) 「省力化・合理化」投資.
(3) 製品の多様化に対応して製品の品質向上,安定化のために導入されていること.
(4) 労働組合が,産業用ロボット等の導入に対し柔軟な対応を示してきたこと.

ここでは,マイクロエレクトロニクス技術の導入は,失業とは関係ないと認識されている.

政府は楽観的見解を述べているが,当然のことながらこのような見解は1984年(昭和59年)の『労働白書』にも引きつがれている.ここでは,失業者数の増大を指摘しながらも,ME技術の進展は,雇傭の量的な面では厳しい影響を与えていないとして,次のようにいっている.

「……集積回路利用産業機器の導入による機械化自動化にともなう省力化効果が離職者の発生等深刻な問題の発生につながっていない背景としては,導入に伴い新たな技術者が必要となるといった面があるとともに,製品の品質・精度の向上,コスト・ダウン,生産品目の多様化により事業活動が順調に維持・拡大したことによる面が大きいと考えられる.また,雇用の維持を最重要配慮事項とするわが国企業の雇用慣行や労使の事前の話合も大きな役割を果たしているものと考えられる.今後においても,マイクロエレクト

---

8) 労働省編『労働白書』(昭和57年版) 225ページ.

ロニクス機器の導入が深刻な雇用問題につながることがないよう，労使をはじめとする関係者の適切な対応等が望まれる．」9)

だが，政府も2年間の経過のなかでME技術の進展が，労働の質を変化させつつあることを否定できなかった．『労働白書』(昭和59年版)では，「雇用の質的側面に与える影響」として，およそ次のような項目をあげている．

(1) 個々の作業の自動化が大幅に進んだ．
(2) いくつかの作業が一度に処理できるようになった．
(3) 従来の作業の流れや作業内容が一変した．
(4) 特定の作業がなくなったり，新たな作業が加わったりした．
(5) 機器の監視労働や維持，保守労働が多くなった．
(6) 必要とされる技能が変化した．

などである．当然のことながら，政府や経営者団体などは，ME化の「美点」だけを表面的に強調するが，その隠された部分については何ら言及していない．

3-2 ロボットの効用

産業用ロボットの基本的分類は，次の表のように行われている(表X-13参照)．産業用ロボットは，わが国では，電機産業や自動車産業をはじめとして，多くの産業分野に急速に導入され，その保有台数および稼動状況は世界一を誇っている．

この場合，政府や経営者団体，あるいは産業用ロボットの導入を推進する団体は，それが「人間性回復」であるかの如く主張する．その典型が，次のような所論である．

「産業用ロボットの出現は，……単調作業による苦しみを労働者から取り除いてくれた．重い素材をローディングしたりアンローディングするような仕事から人々は解放され凱歌をあげた．チャップリンの『モダンタイムス』以来，ベルトコンベア・システムにしばりつけられていた人々は，ロボットを駆使するオペレーターとして，ロボットの保守要員として，自動化システム

---

9) 労働省編『労働白書』(昭和59年版) 41～42ページ．

第Ⅹ章　日本的経営と「合理化」

表 Ⅹ-13　産業用ロボットの基本分類

分　類	定　義	ロボットが行っている作業の一例
1. マニュアル・マニピュレーター	人間が操作するマニピュレーター	・金属熱処理でのスカーフィング ・鍛造用マニピュレーター ・組み立て工程での重量物ハンドリング
2. 固定シーケンス・ロボット 3. 可変シーケンス・ロボット	あらかじめ設定された順序と条件および位置に従って，動作の各段階を逐次進めていくマニピュレーターで，設定情報の変更が容易にできないもの(固定)，あるいは設定情報の変更が容易にできるもの(可変)	・工作機械へのワークの供給・取り出し ・プレス，射出成形機等とのワークのハンドリング ・コンベア間の部品・製品の移載 ・金属熱処理炉への素材の供給 ・金属シェアリング工程でのワークハンドリング ・組立工程における簡単なハンドリング
4. プレイバック・ロボット	あらかじめ人間がマニピュレーターを動かして教示することによりその作業順序・位置・その他の情報を記憶させ，それを必要に応じて読み出すことにより，その作業を行えるマニピュレーター	・自動車車体のスポット溶接 ・工作機械群でのワークハンドリング ・農業機械・自動車部品・建設機械等のアーク溶接 ・自動車ボディー，バスタブ等のスプレー塗装
5. 数値制御ロボット	順序，位置およびその他の情報を数値により指令された作業を行えるマニピュレーター(例)せん孔紙テープ，カードやデジタルスイッチなど	・NC工作機へのワーク供給・取り出し ・シェアリング工程でのワークハンドリング
6. 知能ロボット	感覚機能および認識機能によって行動決定のできるロボット	・センサー付きアーク溶接ロボットによる建設機械部品の溶接 ・医薬品工業での錠剤外観検査ロボット ・電子部品工業におけるワイヤボンダーとしての応用

注：①ロボットの区分・定義は，日本産業用ロボット工業会資料より．作業例は，野村総合研究所より．②マニピュレーターとは，人間の上肢の機能に類似した機能を持ち，対象物を空間的に移動させるものである．③シーケンスとは，動作を進めていく順序をいう．
出所：日本経済新聞社資料

を作るシステムエンジニアとしてなど，質的に高度な労働に従事することにより，ふたたび人間性を取りもどし，生産の主人公にかえったのである．これは産業用ロボット導入の大きな功績である．」[10]

産業用ロボットやOA機器に代表されるME化が,「人間性回復」への道であるとする主張は,あまりにも非現実的である.

産業用ロボットやOA機器が,中高年労働者や女子労働者に深刻な影響を与えていることは,政府統計ですら確認できる.その具体例をあげて,検討をしてみよう.自動車産業でロボット化が最も進んでいるのは,日産自動車村山工場であるといわれている.ここには,約400台のロボットが導入され活躍中といわれているが,組立ラインのなかでも,とりわけ大幅にロボットが採用されているのは,ボディの溶接部門である.自動車には,1台につき約3,500～4,000個所の溶接点があるが,村山工場では,このうち3,150～3,600点をロボットで,また350～400個所を人手を中心にしたスポット溶接で処理している.その経済的効果は,まず,導入以前ではボディ1台当りの溶接工程は,147分を要したが,導入後は,それが48分に短縮された.こうした,すさまじい「合理化」の実態について,例えば,嵯峨一郎教授は次のように指摘している.

「……1台のスカイラインの車体生産に要する時間は,1968年の350分から81年の106分へと,3分の1以下に減少している.しかもこの同じ時期に,月間の生産台数が13,000台から16,000台に上昇していること,反対に労働者数は一直あたり223人だったのが,125人とほぼ半減していることを考えると,この間の生産性上昇は,まさに飛躍的なものであったことがわかる.」11)

経済的効果は,そればかりではない.1昼夜24時間稼動するロボットは,労働者の1.5人分の役目をはたす.したがって,ロボットを400台採用することは,600人の労働者を削減できることを意味する.つまり,日産自動車の7工場全体で,約1,000台のロボットが昼夜稼動しつづけているとすると,1,500人の労働者を削減することができる.こうして,ロボットは,

---

10) 日本産業用ロボット工業会編『新しい経営とロボット』4ページ.
11) 嵯峨一郎稿「ロボットは職場をこう変えた」(『エコノミスト』1982年8月3日号) 14ページ.

「省力化」の花形として，絶大な効力を発揮するのであった．とりわけ，その影響は，中高年労働者に厳しい．嵯峨教授の指摘をかりると，次のようになる．

「中高年層の場合，事態は深刻である．従来の伝統的な熟練が不要になった結果，年配者が若いオペレーターの下働きになったケースが少なくないからである．

村山工場第3製造部のある組（機械加工）においては，組長37歳，組長代行31歳で，その主要工程は20歳から25,26歳までの青年で占められている．そして，かつて組長代行だった47歳の労働者は，現在ではヒラに落とされている．

こうした場合に中高年層の不満は，うっ積したまま内向する傾向にあるようだ．生産性向上のための社内運動やQC活動には，それなりにかかわりつつも，職場の仲間と話をしなくなる．仕事に対し熱意がなくなるといった反応を示すからである．その精神的打撃の大きさは，他人には想像できないくらいだろう．」[12]

3-3 「合理化」に対する闘い

だが，労働者を次第に追いつめつつある産業用ロボットも，独占にとっては，「合理化」のための最も魅力ある手段であった．例えば，日産自動車の場合には，次のような計算ができるとされている．

「730台のロボット代金は約100億円．その投資額に対して，ロボットを昼夜稼動させると1,200人分の仕事をする．工場従業員の平均年収は450万だから，年間約500億円の人件費が浮く勘定になるわけだ．」[13]

資本の運動を直接担う経営者が，目の色をかえてロボット導入を強行する理由が，ここにある．とりわけ日産自動車は，「労使協調」の最先端をいく企業である．従来，その「労使協調」は，忠誠心の高い中高年労働者によって支えられてきた．この点を，嵯峨教授は，次のように指摘している．

---

12) 嵯峨稿「前掲論文」15ページ．
13) 『ロボット化社会・日本』（中央公論社刊）53ページ．

「日産労組は彼らのいう『分派』的分子を排除するための，独自の行動組織をもっていることで有名だが，その組織基盤は，『ノンキャリア』と呼ばれる古参労働者の集中する事務・準直職場にある．そしてロボット化やオフィス・オートメーションが，まさにこれらの職場を直撃すれば，塩路会長が危機感をつのらせるのも，あまりに当然とみなければならないだろう．」[14]

同盟の最強部隊であり，「労使協調」の大本山である日産の労組ですら，雇傭不安が現実的な恐怖にならざるをえない程，「ME革命」の影響は深刻であった．もとより，こうした矛盾が高まったからといって，「労使協調」そのものが改められるということではない．むしろそれを，全世界に「輸出」し，日本的反共労資協調を定着させようとしている．例えば，全民労協の塩路副会長は，次のように述べている．

「日本が欧米に比べ強い国際競争力を持つことができた背景には，日本の労使関係のあり方が相当大きな要素であったと思います．外国が，日本の労使関係をそっくりまねることは不可能でしょうが……日本の労使関係のあり方を欧米あるいはアジア各国は参考としてよく研究してもらいたい．」[15]

だが，全民労協や同盟の指導者達が，いかに労資協調の旗を振り，その国際的必要性を説いたとしても，それで，労働者階級の瀕している危機や，苦悩を解決しうるものではなかった．労働者階級は，自らおかれている情況から，その本質を見抜かねばならないのである．労働者階級の当面している情勢は，ますます厳しくなる．労働者階級の危機感を，いやおうなしに受けとめざるをえないところに，日本的「労使協調」の矛盾があった．

---

14) 嵯峨稿「前掲論文」11ページ．
15) 「多国籍労組ニュース」83.8.1.

第 XI 章

企業至上主義の再編

1 戦後の労使関係の民主化

　第二次大戦の敗戦により日本はアメリカを中心とした占領軍の支配下におかれたのであるが，占領軍当局が行なってきた一連の政治的・経済的改革政策は，基本的には日本のあらゆる側面に継続されてきている封建的諸要因を取りのぞき，アメリカ的な民主主義を手本とした近代化を促進することを目的としていた．この占領政策のポイントは，おおよそ，次の点に求められる．

　その第一は，政治機構の民主化である．もっともこの場合は，絶対君主制であった天皇制が象徴的天皇制として改変され，温存されるという限界をもっていた．

　その第二は，経済制度の改革である．それまで農村で多大な農地や森林を支配し，多数の農民を隷属させていた一握りの寄生地主は解体され，農民間での民主化が進んだ．農地改革の実行である．

　第三は，日本資本主義に君臨した財閥の解体である．とくに財閥家族の支配機構であった「本社」は，徹底的に解体され，財閥家族による支配体制の排除が進んだ．

　第四は，労使関係の近代化である．特にそれまで，徹底的に弾圧されてきた労働運動ははじめて公認され，労働組合の結成も促進された．憲法でも労

働権は公認され，団結権，スト権も労働者の権利として規定された．その結果，日本の労働者は経営者と対等の立場を確保したのである．

　第五は，教育制度の改革である．6.3.3制の導入による教育の民主化とともに，それまでの軍国主義的な教育体制は改革され，民主主義を基礎とした新たな教育体制の確立が行なわれた．

　このような政治的・経済的変革のなかで，日本的経営にかかわっているのは労使関係の近代化である．労使関係は資本家，ないしはその代理人的機能をはたしている経営者と，賃金労働者との間の「力関係」を反映している場合が多い．つまり，その内部には，対立・抗争関係を含んでいるといえよう．しかし，それが具体化することは，経営者にとっては自らの存立基盤を危うくすることでもあった．したがって労働者の権利意識の高揚をいかにして押さえこんでいくかが，経営者にとっての重要な課題となる．これは，特に戦後の労働運動の激化のなかで，経営者に課せられた最大の課題でもあった．

2　日本的賃金労働の特徴

　日本資本主義の資本の原始的蓄積過程で構築されてきた日本的賃労働の特徴は，日本的経営を認識する場合の重要な要因であるが，この点について例えば大河内一男教授は次のように規定されたことがあった．

　「いま日本における賃労働の型を便宜上"出稼型"と称んでおこう．これは言葉の狭い意味での出稼人を意味するものではなく，賃労働の提供者が，全体として農家経済と結びついた出稼労働者的性格をもっている，ということなのである．」[1]

　更にこのように「出稼型」と規定された日本的賃労働は，つぎのような二面性をもつといわれている．

　「出稼型の賃労働は二つの面を持っている．一つは，縁故を通しての就職が，おのずから身分的な労働関係や隷属的労資関係をつくり出しやすく，また，労働者自身を経営の中に，肉体的にも精神的にも呪縛してしまうばかり

---

1)　大河内一男著『黎明期の日本労働運動』（岩波新書 No.115）4ページ．

でなく，労働者組織そのものを，全体として，経営に融合せしめてしまう．一種の経営的な組合ができあがる．これと並んで，他面では，同じ出稼型労働とそこから生じる低い定着性は，日本の賃労働に特殊な流動性と高い移動率とをもたらすのであるが，この事実は，労働組合の恒常的な活動に対しては不断の攪乱的要素として作用することは，いうまでもないであろう．」[2]

　大河内教授の見解の特徴は，日本資本主義の原始的蓄積過程で，当時の農村に豊富に存在していた流動性の高い低賃金労働力を，資本家が封建的な身分関係（家父長制とか親方と弟子との関係など）のもとに再編し，思うように利潤追求に使用しえたことを指摘した点にある．またそれに対抗すべき労働組合は，労働者の意識のなかでも一般化せず，一部の先進的な労働者のなかのみで組織されたにすぎず，封建的な労資関係を近代化するだけの力量をもたなかった点も重視されている．

　たしかに，戦前の日本の賃労働には，このような特徴があった．そしてこの賃労働の日本的特質は，第二次大戦後の占領軍による政治的・経済的改革により制度的には変革されてきたものの，日本人の労働意識のなかには，依然として精神的なものとして残存されてきたといえる．日本的経営の最大の成果である「企業中心主義」は，高い生産性の発揮として具体化されているが，そこには労働者の精神的側面での「忠誠心」が強力に反映しているのである．

3　企業別労働組合と日本的労使関係

　それとともに大河内教授は，出稼型労働者の存在が日本に独自の「企業別労働組合」を形成した重要な要因であった点を指摘して，次のようにいわれている．

　「統一的な労働市場ができ上らず，労働者の調達が資本ごとに，思い思いの手段で分散的に且つまた縦の系列でおこなわれるような場合には，労働組合の社会的機能が尽くし得なくなるのは当然であるし，従ってまた，労働市

2）　大河内一男著『前掲書』17ページ．

場に対する労働組合の統括力は著しく低いものになってしまう．日本の労働組合組織の基本的形態が何れも企業別であり，精々それらの緩やかな連合体か，地方別の協議体であるというのは，その根本において，日本の賃労働が出稼型のそれであり，従って，工場地帯に定着した"労働人口"を形成せず，また同じ事であるが，職業別に横断的な労働組合を組織することができないからである．」[3]

　第二次大戦以降，日本で結成された労働組合の基本的組織形態が工・職一体の単一組織であり，企業別労働組合であったことは周知の通りであるが，なぜ，このような組織形態をとったのかについては，いろいろな理解の仕方がある．私は，戦前・戦中期にあって国家主導のもとに企業内に強制的に定着が図られた工場委員会や産業報国会などの影響が多大であったと考えているが，それだけでは十分な根拠にはならないかもしれない．しかし敗戦直後の混乱期に，例えば北海道のある炭鉱では，経営者が積極的に働きかけて，戦時中の産業報国会を基盤として「会社組合」を結成させようとしたことを考えてみると，あながち誤ってもいないと思っている．いずれにしても，戦後の民主主義の成果を労働者達が十分に身につけないうちに，労働組合は企業別に組織され，労使協調への路線が用意されていたのである．

　戦前期の日本資本主義の発展過程で構築されてきた日本的労使関係は，封建的な身分関係を基礎とした閉鎖的なものであった．それが戦後の経済民主化の過程を経て，労使対等の立場に立った契約関係として再編されたのであるが，精神的側面では依然として古めかしいものを残存しつづけたといえよう．勿論，この間，経営者側としても，戦前・戦中期にみられた番頭型経営者は激しい経営環境の変化，とりわけ過激化した労働運動に対応しきれず，次第に新たな世代の専門経営者へと姿を変えていった．

　しかしながら，一時期過激化した労働運動もいわゆる「レッド・パージ」を契機として「労使協調路線」が定着しはじめてくる．多くの民主的な組合運動の活動家達が，共産党員ないしは共産党のシンパということで，職場を

---

3) 大河内一男著『前掲書』15～16ページ．

追放されていった．本来は彼等を擁護して闘争しなくてはならない労働組合は，自己の主義・主張に合わないということで，彼等を見殺しにしたのである．企業別組合の限界であろうか．

　それとともに，この過程で，アメリカ経営学の思想や経営システムが導入され，日本独占のマネジメント・システムは近代化されるにいたった．しかし労使関係についていえば，企業中心主義が根強く残され，労働者達は企業内部にしっかりと閉じこめられてしまった．しかも，企業のマネジメント・システムと一体化した労働組合は，ますます本来の役割を忘れ，あたかも企業の内部昇進機構のごとき役割すらはたすにいたったのである．戦後の企業別組合は，戦前のそれよりも一層「管理的」性格を強めたといえる．この点について，大河内教授はつぎのように指摘している．

　「労働組合が生産復興・産業復興に対して，しばしば戦前復帰を漠として夢みていた旧型経営者よりも一層積極的な関心を寄せていたのも，また争議手段として生産管理・業務管理が極く自然の成行きとしてとられたのも，こうした組合の特殊性格と深く結びついた事柄であった．また経営に対する関係においても，経営協議会や一般に経営参加の方式が要求されていたことも，企業別労働組合としては，とくに熾烈な要求たらざるをえなかったところである．だが，企業別組合は両刃の剣である．なぜなら，それによって資本主義的経営のかの"秘密の箱"の奥深く労働者がつきすすむことも出来るが，また同時にそれは労働者を企業の枠の中に取込み，企業に対する忠実な従業員たらしめることも出来，また戦闘的な組合を容易に御用組合や会社組合に転化せしめることも出来るからである．」[4]

4　新・経営家族主義の復権

　戦後の混乱期には方向性を見失っていた日本の経営者達も，朝鮮戦争を契機とした占領政策の反動化によってふたたび自信を取り戻し，経営者団体を結成して労働運動と対峙しはじめた．「闘う日経連」といわれ，労働権に対

---

[4]　「戦後労働運動史」（『日本資本主義講座』Ⅶ巻）9ページ．

抗する経営権の確立をめざした日本経営者団体連盟は，日本生産性本部や経済同友会などとともに労使協調の経営理念を強調し，日本的経営論の確立を急ぐのである．しかもこの間，労働組合側としても，戦後最大の規模で闘った三井鉱業三池鉱業所の争議に敗れ，大きな痛手を受けていた．労働権の後退は経営権の伸張でもある．こうして，日本的経営論の存立基盤が整備され，再びかつての封建的な家長制を枠組みとし，それを近代化した新たな経営家族主義が，労働組合も包み込んで主張されることになる．集団主義あるいは経営福祉主義の主張である．

やがて迎えた高度成長期に開花した日本的経営論は，日本人の行動様式の特徴を「集団主義」として規定し，そのような観点から企業内の人間行動や企業行動を認識している．もちろんそこには，欧米での「個人主義」が対応されている．日本の作業様式にみられる特徴については既に1958年にアベグレンが，次のように指摘していた．

「作業の成果に対する動機づけは，大部分，忠誠心と集団への一体感に依存している．動機づけや報酬の点では，その集団はアメリカの作業単位の場合とは全く異なった関係で動いている．それは，むしろわれわれの家族集団にほとんど近いものである．」[5]

このようにアベグレンも集団の存在とその機能とに注目しているが，集団主義といわれるものが何故日本的経営の重要な要因であり，強いていえば日本企業の高収益実現の根源となっているかについては，必ずしも十分には説明されていない．集団主義で説明される集団は，無規律の集団でないのは当然であろう．それが，資本主義的経営としての企業内部に存在していることの意義を忘れてはならないのである．したがって，そこには当然のこととして厳しい経営的規律が貫かれている．その貫徹の仕方が，欧米のように個人を中心とする場合と，日本のように集団を中心とする場合との相違はあったとしても，それを共同体として認識することには無理がある．

日本の集団主義には，「家族」的な暖かさは見当らないのである．しかも，

---

5) アベグレン著，占部監訳『日本の経営』97ページ．

内部に厳しい自己規律を貫いた日本的集団主義が，労働者の忠誠心を高め，帰属意識を一層強化する機能を自ら絶え間なく再生している点も見逃せない．特に，集団のなかを貫いている労働者同士の監視体制は，否応なしに労働意欲を高めることになる．なぜかといえば，日本の企業では，集団内部での仲間同士の評価が，自己の昇進・昇格に重要な影響力をもつからである．「会社のために」の一言で，家族までが犠牲を強いられるのは，集団内部を貫いている自己規律の厳しさの具体的あらわれに他ならない．いわば強烈なインフォーマルな規制が機能し，労働者のみならずその家族までを含めて行動を規定しているのが，日本の作業集団であり，「集団主義」の論理であった．

5 日本的経営の方向性

第二次大戦後の日本の大企業の復活過程は，同時に，技術革新による「近代化」と「合理化」との過程でもあった．この間，労使のあいだの力関係にもさまざまな推移があったが，現状からすれば，労働組合運動の後退に象徴されるように，労働権の大幅な後退と，それとの対応での経営権の強化とが指摘できる．技術革新や「合理化」は，経営組織や賃金体系に大きな変化をもたらし労働力構成の流動化を高めたが，労働者の意識としては，むしろ保守化傾向を強め，企業主義が容易に貫徹する基盤を作りあげた．このような基盤のうえに構築されてきた日本的経営は，日本企業の営利活動を一層活発にするとともに，労働組合の無機能化を促進した．

元来，労働組合は，企業のマネジメント体系の外部にあり，独自な行動を行なう組織体であった．しかし，企業別労働組合の場合には，組合としての機能は急速に喪失してしまう．日本的経営が，そのような傾向を加速するとすれば，経営者によって多大な評価が与えられるのは当然であった．終身雇用や年功制などに加えて，企業別労働組合が日本的経営の「三種の神器」ともてはやされる要因がここにある．しかも経営者にとっては，終身雇用と年功制とはいまや重荷となり，変革の必要性が強調されているのにたいして，企業別労働組合の機能はますます期待されている．このことは，今後の日本

的経営の方向性を示しているといえよう.

第 XII 章

経営者団体と日本的経営論

1　経営者団体の創設とその役割

　1948年,日本経営者団体連盟(日経連)が正式に結成された.この連盟は「労働問題および労務対策を担当する全国経営者の中央組織」としての任務をになっているものであり,その「規約」の第二条では「この会は経営者団体の連絡提携を図り,主として労資関係の健全な発展を推進することを目的とする」と規定されていた.このことからも明らかなように,日経連は財界の労務部として結成されたものであり,当初から労働運動を抑え込むことを目的としていたものであった.特に,日経連の第一回総会で可決された宣言には,「経営者よ正しく強かれ」とアピールされていたことにも見られるように,戦後の混乱期のなかで自信を喪失した経営者に,自信と自覚とを促すことを目的としていた.それとともに「経営権と労働権の相互尊重」を強調し,「日本経営再建の要訣は産業平和の確保と,生産性の高揚を企図すること」にあり,とりわけ労組の「健全な自主的発達」と「堅実な企業経営の実現」が必要であることを訴えたのである.

　日経連は,戦後の日本資本主義のそれぞれの段階で日本的労使関係や日本的労務管理について,見解を公表したり,提案を行なったりしているが,その場合の基本的認識は次の点にあった.

「日本の労使関係は長い伝統と土壌の上に日本的な特質を包含しつつ発展し，その上に立って今日の労務管理体制が築き上げられてきた．しかし経済構造や就業構造の長期的な変貌過程と共に，わが国の労務管理体制はこれら日本的な特質を残しつつも，次第に新しい展開を遂げてゆくであろうが，この過程の中でわれわれは賃金管理，雇用体制，時間管理，企業内教育訓練等，新しい課題に直面するであろう．これらの課題に対しては，われわれは民主主義の進展に伴う新しい時代の感覚を絶えず追求し，周密な構想と社会的均衡の配慮下に日本のよき伝統を生かしつつ，漸進的に新たな秩序の建設に努め，企業繁栄の体制を確立せねばならない．」[1]

ここで日経連が強調している「日本的特質」，あるいは「日本のよき伝統」の，具体的な内容についてはかならずしも明らかではないが，要は労働者は経営者のいうことに逆らわず，「闘争」に替えて「協調」を選択しているかぎり，産業平和は確立し，労使ともども安泰であるということである．

2 日本的経営と能力主義

経営理念としては，労働権と経営権との相互依存関係の重要性を主張する日経連ではあるが，具体的な雇用慣行の問題になると，きわめて厳しい提言を行なっている．その一つとして，「日本的雇用体制の限界」をたびたび強調し，年功制の見直しと能力主義の導入を主張するなどがあった．

例えば1966年4月に開催された第19回定時総会での「見解」では，経営体質の改善という観点からすると，「施設，技術の合理化に比し著しく立ち遅れている」のが「雇用労務の諸対策」であるとし，「いまや技能労働力や若年労働力の不足が決定的となっている一方，中高年齢者の就職難や法文系大学卒の急増等労働力構造のひずみが深まりつつある」と指摘されている．そして，このような状況の下では，「終身雇用，年功序列，学歴偏重などの雇

---

[1] 以下の引用は，日経連三十年史刊行会編『日経連三十年』によっている．なお発足当時の日経連には，地方別団体8団体，業種別団体24団体が加盟していた．

用体制を続けることは，あきらかに限界に突き当りつつある」という．したがって「従来の考え方や慣行を是正」して，「能力本位の精鋭主義に徹する」ような「労務管理の基本方向」を明確にすべきだというのである．

そして，そのための具体的な方策としては，①雇用情勢の変化に対応できる適正な人員配置の確立，②職務の能力主義的要因に対応した合理的な賃金体系の樹立，③企業内教育の充実により個人能力の開発や活用，などが求められていた．

日経連の理解によれば，終身雇用や年功賃金，さらには企業別組合を構成要因とした日本型の年功的労務管理は，終戦直後の混乱期を経て1949年前後から再建・定着されたものだという．そして戦後急速に行なわれたアメリカの経営管理方式の導入にともない，1950年代にはアメリカ的な職階制が取り入れられ，公務員とともに民間でも職務給の採用が部分的に開始された．しかしそれは，全産業ではかならずしも受け入れられるにいたらず，依然として日本型の年功的労務管理が，主流をしめていたのである．しかも，1950年代後半になると賃金も年功的要素を含む基本給賃金体系が中心になりはじめてくる．経営環境が大きく変化しはじめるのは，1960年代後半からであった．

この頃になると日本の企業を取り巻く経営環境は急速に変化し，開放経済体制への移行や経済の高度成長などによる経営規模の拡大，管理機構およびマネジメントの高度化，生産技術の革新や労働力不足，若年労働者を中心とした労働者意識の多様化などが，重要な経営問題になりはじめてくる．同時にそのことは，それまでの年功序列，終身雇用などを中心とした日本的経営制度が，企業の実状と一致しなくなり，対応も十分でなくなったことを意味することでもあった．

3 能力主義管理と集団主義

このような状況のもとで，日経連は一層経営者の意識変革に力を入れることとなり，とりわけ能力主義管理の積極的導入の必要性を強調しはじめる．その理由としては，次のように指摘されている．

「この能力主義管理の"理念"は，端的にいって企業における経済合理性と人間尊重の調和にあり，その"目的"は従業員個々の能力を的確に発見し，最高限に開発・活用し，また主体的意欲を喚起し，もって生産性をより一層向上させ，新技術・新製品，新市場開発の効率を高め，企業の競争力を強化し，企業ならびに従業員の繁栄を確保することである．そこで"能力の定義"を明らかにすると，能力とは企業における構成員として，企業目的達成のために貢献する職務遂行能力であり，業績として顕在化されなければならないものである．」

当然のことながらここでは，能力主義的思考が中心に置かれているが，このような思考方法は，「三種の神器」論にもとづいた伝統的な日本的経営論とは，やや異質なものであった．しかも日経連にとっても，日本的な集団主義はおおいに評価すべきものであった．それでは，両者の関連はどのように説明されているのであろうか．ここで日経連は，日本的集団主義の必要性を，次のようにいう．

「しかし，"能力主義管理の特徴"として留意を要するのは，その中心的な考え方は職務中心主義をもとにして，各人の適性に応じた個別管理ではあるが，それを急ぐあまり，日本人の民族性の特性である集団主義との関連を看過しないことである．したがって小集団による能力の発揮をはかるべきであり，能力主義管理は全体よりは個別の管理に重点を置くものであるが，その目的は企業組織全体の生産性・能率向上にある．個人と全体の能力の最大発揮を調和させうるのは小集団主義であり，その小集団主義の活用が権利・義務一本にもとずく欧米の能力主義とは異なる点である．」

いわば欧米の能力主義と日本的集団主義の折衷による日本的経営の必然性が，ここでは強調されているのである．

それを具体的にいえば，①キャリア育成（自己啓発意欲の喚起），②モチベイション，インセンティブの重視，③年功・学歴による学歴別年功別管理，形式的処遇からの脱皮，能力による真の平等処遇の確立（適性による配置，能力中心による昇進・昇格・降格・降給の積極的推進），④能力主義管理の施策の総

合的な一貫した手法の確立（目標管理，経歴管理制度，スキルズ・インベストリー，人物調査制度等），⑤人事考課を中心とする個人別人事情報管理などが導入・定着されるべきだというのである．

4　年功制や終身雇用制の限界

　日経連の主張している日本的経営は，伝統的な年功制や終身雇用を否定し，欧米的な能力主義を肯定するという一見矛盾した内容をもったものであったが，当時の経営者は年功制や終身雇用制のどのような所に問題を感じていたのであろうか．例えば「年功制のすべての面を否定し，一挙に新しい人事労務管理に替えようとするのは不可能でもある」という判断から，従来の年功制が能力主義でなくなった点を改めて，その長所は生かしながら再編すべきだとして，次のように指摘している．

　「年功制の陥った欠点は，画一的人事管理から，自己啓発その他の能力開発と発揮に対し，自発的意欲喚起の効果がより少なく，とくに能力ある者のモラールをより低くとどめ従業員をなれあい主義，適当主義の労働に陥らせる傾向がある．」

　年功制や終身雇用制は，内部昇進というインセンティブはあるものの，しばしば無気力化を招き，特に中高年者達のモラール低下を促進するというのが経営者の基本的な認識である．長期に安定した雇用は，メリットも多いがデメリットも多い．とりわけ戦後の技術革新はデメリットを一層増幅したというのが，日経連の言い分である．このように，日経連は，伝統的な日本的経営に含まれている後進的な部分の克服のために，欧米的な能力主義の導入を図るべきだというのであるが，伝統的な日本的経営の部分はそう簡単には廃止できない．そこで年功制の手直しを図りながら，いわば日本的能力主義を確立しようとするのであるが，その場合の「日本的能力」については，次のように指摘されている．

　「年功制が能力主義でありえなくなった点は，技術革新の急速な進行により，大半の職種において経験と能力の相関性が薄れたこと，学歴も進学率の

急上昇によって同学歴者の間に能力のバラツキがますます拡大し，年功・学歴による入社年次別全体的管理が不公平となったことにある．経験・学歴は能力を規定する一つの要因ではあるが，経験・学歴そのものにもとずく人事管理ではなく，それにもとずく能力の発揮度に従って，配置・昇進・賃金その他の処遇を行なわなければならない．」

　この場合，日本的経営の核心である年功制と密接な関係をもつ終身雇用制については，日経連ではどのような位置づけをされているのであろうか．この点について，日経連は次のように指摘している．

　「年功制と不即・不離の関係にある終身雇用制については，やめる自由とやめさせる自由とを前提とした，新しい形の長期勤務奨励にもっていく必要があろう．従業員の確保はいつの時代にも変わらぬ企業経営の重要な課題であり，終身雇用制的考え方は再評価されるべきであろう．終身雇用制度のもとにおいても能力主義管理は推進されうるものであって，問題はいわゆる限界従業員の扱いにある．限界従業員には，再訓練再教育を繰り返して，能力開発・発揮の機会と場所を十分に与え，なお職務の要請する業績を上げえない場合には，社会的に就業機会の増大の傾向をも考慮し，社外における活動を援助することも考えてもよかろう．将来はわが国においても雇用調整を制度化する必要があろうが，そのときは雇用制度も現在と変わったものとなってこよう．」

　結局，日経連のいう日本的経営とは，伝統的な「三種の神器」論と欧米的な能力主義の長所を取り入れ「日本的能力主義」を構築し，そのうえに作りあげようとするものであった．ここでの日本的能力主義とは，例えば労務管理の中心である人事管理も「職能基準人事」にすべきであることを意味している．もとより，この職能基準人事は，終身雇用制を前提とするものではない．技術革新などに追いついて行かれない中高年者を排除しつつ，組織の柔軟さを保持していくためには，職能給・職務給を導入し，昇進制度も能力中心に編成すべきだという主張であるが，はたしてこのような能力主義で伝統的な高いモラールの継続が可能なのであろうか．日本的経営は，いまや自己

矛盾を深めているといえよう．とりわけ日本経済の繁栄が終わり，低成長期に移行するにつれて，これまでの「効率至上主義」が反省され，国民生活でも改めて「ゆとり」や「豊かさ」の実現が課題とされた．労働組合も「生産第一主義」から「人間尊重・国民生活優先」へと，運動の中心を変化せざるをえなかった．こうしたなかで日経連も，「企業には大きな意識転換が要請される．横ならび，シェアー争い重視ではなく，特徴と品格をもった企業が優れた企業なのである．企業のなかでこそ，従業員は自分の個性を生かした自由度のたかい仕事が可能になるし，労働力の無駄使いを排除することも可能になる．企業のありかたの量より質への転換が，ゆとり・豊かさを実現する基本といえよう」といわざるを得なかった．しかし，少数精鋭主義と「ゆとり」とは，両立するものではないことは明らかである．

5　国際化と日本的経営

最後に，多国籍化が進展するなかでの日本的経営・日本的労務管理の海外移転の問題について，日経連は，1974年「在外企業の労働問題について――特に発展途上国を中心として」との見解を公表し，次のようなガイド・ラインを述べている．

①「基本姿勢」＝人事・労務管理，労使関係の問題への取り組みにあたっては，当該在外企業が現地企業であるとの認識に立ち，現地の実状を十分理解するとともに，人間尊重の理念を基本にして，究極的には現地国民生活の向上に貢献すること．

②「労働関係法規・労働慣習の尊重」＝海外事業活動に際しては，あらかじめ十分な事前調査を行ない，相手国の労働関係法規，労働行政方針を遵守し，現地の労働慣習についてもこれを尊重すること．

③「雇用・登用の推進」＝雇用管理については，現地化の推進を基本とし，現地雇用政策の尊重，雇用の積極的拡大および安定をはかるとともに，現地従業員の登用について，目標をかかげるなどして積極的に促進すること．

④「公正な人事管理」＝人事管理の実施については，相手国の風習，慣習，

価値観，民族意識，人種・宗教問題，その他社会制度を十分勘案するとともに，公正で民主的な人事管理の確立に努めること．また人事管理担当の責任者には，つとめて現地出身の適任者を起用することなど，きめの細かい対策を講じること．

⑤「教育訓練の推進」＝民間企業による海外事業活動の一つの大きな意義は，相手国への技術・技能の移転に加えて，経営管理能力の向上をもたらし，産業発展の担い手を育てることにあり，技術・技能教育のほかに経営管理および監督能力を高めるための教育訓練施策を積極的に講じること．この目標のため必要に応じて教育訓練スタッフの現地派遣が望ましい．

⑥「適正な労働条件」＝労働条件の設定に際しては，欧米系現地企業も含め現地の実状を十分に検討し，調和のとれた水準および形態を目指す必要がある．また福利厚生施策についても，わが国で行なわれている諸施策の特色を生かすとともに，作業環境の整備，安全衛生の確保についても万全を期すこと．

⑦「労使関係の安定」＝民主的な労使関係の確立を目標とし，常に労使コミュニケーションの徹底をはかること．さらに福利厚生施策をはじめ，経営諸施策の策定およびその実施にあたっては，つとめて労働者側の意見を尊重すること．

6　日本的経営とホワイトカラー

最近の日経連の関心は，「ゆとり・豊かさの実現と労働力・雇用問題への対応」というパンフレット（1991.9.）にもみられるように，「労働力多消費社会からの発想の転換」にあるようである[2]．日本的経営の結果，「過労死」をもたらすほどの働きすぎの経営体質が日本企業の特徴とされ，国際的な批判をうけるにいたったが，そうしたなかで「ゆとり」とか「豊かさ」とかが改めて主張されている．いささかそらぞらしい主張であるが，日経連では，

---

2) 日経連，労働力・雇用問題研究プロジェクト編『ゆとり・豊かさの実現と労働力・雇用問題への対応―労働力多消費社会からの発想の転換を―』．

第XII章　経営者団体と日本的経営論　　　221

今後労働人口が次第に減少していくなかで「ゆとりと真の豊かさ」を追求していくためには，「経済・経営の運用目標」を「量的拡大」から「質的向上」へと切り替えねばならないという．また，この問題に対する企業の対応については，次のように図示されている．ここで指摘されていることは，「コスト負担と雇用量増大を抑圧」しながら経営効率をいかにして高めるかという問題であり，そのためには「在籍従業員の有効活用」がはかられなくてはならないと主張されている．

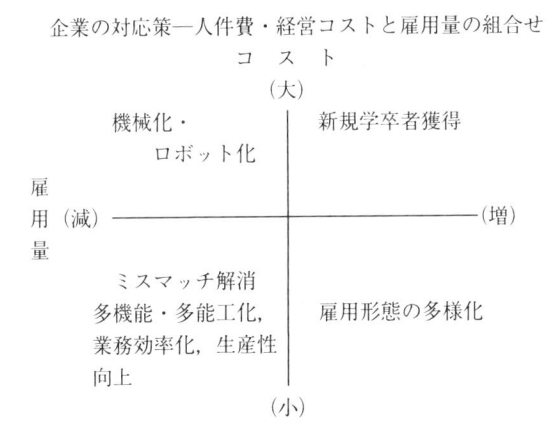

企業の対応策―人件費・経営コストと雇用量の組合せ

	コスト(大)	
機械化・ロボット化		新規学卒者獲得
雇用量(減)		(増)
ミスマッチ解消 多機能・多能工化， 業務効率化，生産性向上		雇用形態の多様化
	(小)	

　この場合まず重視されるのは，「ホワイトカラーの生産性向上」への取り組みであるという．生産性の測定が困難なホワイトカラーの労働は，いかにあるべきか．これは日経連も初めて取り組んだ問題であるが，「現有人員数を増加しない」という前提のもとで，次のような提言を行なっている．
　第一は，「トップ層の決意と方針の確立」であり，トップが「経営風土の刷新を含む強固な決意と業務効率化の方針を確立」すべきことがいわれている．
　第二は，「仕事の効率化」であり，ここでは「定常的定型的業務は思い切ってスリム化し，戦略的，企画判断的業務」を中心とすべきことがいわれている．
　第三は，「従業員の意識改革」であるが，ここでは次の点が指摘されている．

①時間意識の改革—労働時間による評価ではなく，仕事の業績，アウトプットによる評価が重視されるべきである．

②コスト意識の改革—常にコストを意識し，間接コストの削減につとめる．

③管理者の意識改革—管理者の意識には，多くの部下を持つことが実力者であるとか高い能力を持ったものだけを集めようとする意識があるが，それではホワイトカラーの効率化は進展しない．

④個人の意識改革—個人でなにができるか，何をなすべきかという意識改革が必要．

　第四は，「人材の有効活用」についてである．この部分は日経連が最も強調したい箇所であろうが，次の諸点が指摘されている．

①少数精鋭化＝ここでの少数精鋭化とは「精鋭を少数集めることではなく，少数を精鋭化し，個々人の多機能化・多能化をめざす」こととされている．

②人材の弾力的活用＝ここでは特に「従来の固定的な組織にこだわらず，テーマに応じた流動的なメンバー編成・タスクフォースの設置」がいわれている．

③新規学卒者定期採用制の見直し＝今後採用に際しては「必要能力を充足することが目的であることを認識し，定期採用方式を見なおす」べきだというのである．

④職種別採用の検討＝ここでも「本人の能力・適性・希望を勘案して職種別，個別採用方法も考慮すること」が提言されている．

　いわば少数精鋭による能力主義を，採用から配置にいたるまで貫くべきことを主張しているのであるが，同時に次のような指摘もあることを忘れてはならない．

　「また，組織成員一人一人の役割・責任が不明確で，互いにもたれ合っているような組織風土を排すべきである．同時に，チャレンジングな風土づくりをめざして，一人一人が果たすべき目標や役割・責任を明確化し，成果を

正当に評価しうるシステムづくりに取り組むことである.」

　もはや，集団主義に依拠した日本的経営は終焉の時代を迎えたというべきであろうか.

第XIII章

日本的経営制度の国際化
――トヨタ自動車の事例を中心に――

1 日本の多国籍企業の海外進出

1-1 トヨタの国際的地位

　過日（1985.4.26.）のNHKテレビ特集「アメリカ製日本車――日本式経営の実験」は，GMと合弁企業で，アメリカで小型車を生産しようとするトヨタ自動車の姿を描いていた．そこでは，日本的合理化の成果であるトヨタ式生産方式＝「カンバン方式」を，いかに，アメリカの労働者の問題にしていくかで苦悩しているトヨタの姿が描かれていて,大変興味深いものがあった．

　トヨタといえば，例の「カンバン方式」による徹底した「合理化」で，わが国では第1位の，また世界的にみても有数な多国籍企業である．例えば，イギリスの金融専門誌「ユーロマネー」が，株式市場評価額をもとにした世界的多国籍企業のランキングを発表しているが,それによると（表XIII-1 参照），トヨタは第10位であった．だが，業種別にみると，2位がトヨタ，5位が日産，6位が本田となっている．

　トヨタの「乾いたタオルも絞れる」とまでいわれた「合理化」体験を，労資慣行はもとより，思考方法や文化の異なっているアメリカに「移転」し，定着させることができるのであろうか．また，それが，アメリカの自動車産業を繁栄に導く要因になるのであろうか．

表 XIII-1　世界企業のベスト・テン

順位	前年度順位	企業名（国籍）	84年末の株式の市場評価額（単位100万ドル）
1	①	IBM（米）	75,119
2	②	エクソン（米）	35,897
3	③	GE（米）	25,522
4	④	GM（米）	24,665
5	⑥	ATT（米）	18,736
6	⑫	シェル・オイル（米）	17,200
7	⑦	インジアナ・スタンダード・オイル（米）	16,391
8	㊾	住友銀行	16,234
9	⑭	ロイヤル・ダッチ・ペトロリアム（オランダ）	12,936
10	⑤	トヨタ自動車	12,336

出所：日本経済新聞 1985.5.16.

　さらに，アメリカの労働者達は，「身も心も会社に捧げる」日本的経営の諸制度を，そのまま受け入れることができるのであろうか．換言すれば，海外の企業においても，日本の場合と同様な機能を，日本的経営制度は，発揮できるのであろうか．ここでは，こうした諸問題を，日本の多国籍企業の国際化戦略とのかかわりで，検討してみたいと思う．

1-2　日本独占の海外進出——直接投資の推移

　帝国主義のメルクマールの一つである侵略的な資本進出については，レーニンの『帝国主義論』のなかで，古典的命題が与えられてからすでに久しい．とりわけ，多国籍企業とよばれた国際的独占の行動が顕著になりはじめて以降，アメリカを中心とする帝国主義諸国の矛盾は，急速に拡大し，深化した．基本的には，レーニンの命題にもとづきながらも，きわめて複雑で，多岐にわたっている多国籍企業の行動を分析し，理論化することは，なかなか容易なことではない．だが，ここでは，多国籍企業の行動の理論化を検討するのではなく，現実のその行動から生じる諸問題を検討することにする．

多国籍企業が海外に進出する場合には，いろいろな形態をとるが，それを，例えば，アンリ・クロードは，次のように述べている．

　「資本の国際化についても著しい進展が見られた．資本の国際化は一方で，同一グループの傘下にある諸資本が数ヶ国に，直接，または現地資本の吸収を通じて進出していることに示されている．この点で注意しなければならないのは，アメリカ系資本が海外に子会社を進出させる際，買収という取得形態による設立件数が増えている事実である．……他方で資本の国際化は，さまざまな諸国からなる諸資本の合併，もしくは提携に示されている．これらの合併と提携，同様にその他の資本集中の諸形態が著しく進展した事実は，『共同子会社』，あるいは『合弁企業』の成長にも示されている．」[1]

　ここでクロードも指摘しているように，トヨタがGMと合併企業を創り，アメリカに進出したのも，多国籍企業としての海外進出の一形態であった．

　それでは，わが国の独占が積極的に海外進出に乗り出したのは，いつ頃からのことであろうか．

　第2次大戦以後の日本企業の海外投資については，次の表（表XIII-2）にも詳しいが，多国籍企業としての活動が本格化してくるのは，1972年（昭和47年）以降のことである．例えば，川島陸夫教授は，わが国の海外投資の推移を次のように年代区分されて，それぞれの特徴を検討されている[2]．

　第Ⅰ期（1950～64年 ‐ 昭和25～39年）

　この時期の特徴は，「商業・資源開発投資中心」にあった．それとともに，次のような点も指摘されている．

　「投資件数，投資金額も低く，対外投資自体不活発な時期であった．ただし，過剰資本化の傾向をもった綿紡績産業の対外投資が，早くもこの時期に展開された．」

　第Ⅱ期（1965～71年 ‐ 昭和40～46年）

---

1) アンリ・クロード著．久保田・田部井訳『多国籍企業と帝国主義』47ページ．
2) 川島陸夫稿「日本独占資本の高蓄積と海外進出」（福島・角田・斉藤編『日本資本主義の海外進出』）75～83ページ．以下の引用は本論文による．

表 XⅢ-2　海外直接投資年度別・形態別推移（許可・届出ベース）

(単位：件，百万ドル)

年度 \ 形態別	証券取得（注1）件数	金額	債権取得（注2）件数	金額	支店・不動産・その他（注3）件数	金額	合計 件数	金額
26〜46	3,318	1,791	783	2,189	536	455	4,637	4,435
47	1,206	1,781	223	252	345	305	1,774	2,338
48	1,926	2,177	581	1,100	586	216	3,093	3,494
49	1,137	1,262	515	1,098	260	36	1,912	2,395
50	833	1,652	580	1,485	178	143	1,591	3,280
51	882	1,487	577	1,882	193	93	1,652	3,462
52	830	1,319	708	1,388	223	100	1,761	2,806
53	887	2,038	1,124	2,383	382	178	2,393	4,598
54	990	1,833	1,255	2,994	449	168	2,694	4,995
55	790	2,295	1,352	2,187	300	210	2,442	4,693
56	748	3,247	1,773	5,574	42	110	2,563	8,931
57	765	3,375	1,741	4,179	42	149	2,548	7,703
58	868	3,753	1,848	4,192	38	200	2,754	8,145
累計	15,180	28,009	13,060	30,904	3,574	2,363	31,814	61,276

注1：直接投資における証券取得とは，
　　昭和55年11月末までは次の(1)，(2)に該当する外国法人の発行する外貨証券の取得
　　(1) 本邦資本の出資比率が25％以上のもの
　　(2) 本邦資本の出資比率が25％未満であっても次のいずれかを伴うもの
　　　　①役員派遣　②製造技術の提供　③原材料の供給　④製品の購入　⑤資金の援助　⑥総代理店契約の締結　⑦その他永続的関係
　　昭和55年12月以降は次の(1)，(2)に該当する外国法人の発行する外貨証券の取得
　　(1) 本邦資本の出資比率が10％以上のもの
　　(2) 本邦資本の出資比率が10％未満であっても次のいずれかを伴うもの
　　　　①役員の派遣　②長期にわたる原材料の供給又は製品の売買　③重要な製造技術の提供
注2：直接投資における債権取得とは（注1）で規定されている外国法人に対する期間1年超の金銭の貸付けをいう．
注3：支店とは，海外支店を設置又は拡張するために行う必要な資金の外国へ向けた支払をいう．
　　なお，不動産・その他は昭和55年12月以降は届出対象外となっている．
出所：大蔵省資料
　　　通産省産業政策局編「第12・13回 わが国企業の海外事業活動」3ページ．

この時期では，「わが国の貿易収支の黒字基調が持続的に展開され，外貨準備高も増大し，海外直接投資自由化措置の実施とあいまって，年投資総額も2〜8億ドル台に移行」し，次のような特徴がみられた．

「当期間の海外投資の特徴として，投資件数においてはアジア地域への投資が高く，業種別では鉱業部門ならびに製造業部門への投資が活発に展開された．製造業部門への投資では，とくに電機，繊維部門への投資が中心となった．」

第Ⅲ期（1972～77年－昭和47～52年）

この時期は，「投資件数，投資金額においても飛躍的に増大した時期であり，戦後日本独占資本の本格的対外投資の時期」に相当している．この時期の特徴としては，次の3点を指摘できる．

「第1はIMF体制の崩壊にともなう『円切上げ』による企業合理化を展開しての輸出攻勢の積極化，それに基づく貿易収支の黒字基調，外貨準備高の急激な増大のもとで，さらにわが国における海外投資損失準備制度や海外投資保険制度など積極的な対外投資促進政策が実施されたこと．第2は『いざなぎ景気』といわれた高度経済成長の結果生じた構造的矛盾，すなわち低賃金労働者の不足，公害，物価騰貴などに伴う生産コストの増大などによる国内投資条件の悪化がみられたこと，そして第3には東南アジア地域諸国の外国資本に対する受入れ条件が緩和されるようになったことがあげられる．」

第Ⅳ期（1978年以降－昭和53年以降）

この時期は，「対外投資がもっとも量的に拡大された時期」であった．この時期の特徴としては，次の点が求められている．

「とくに北米におけるそれまでの商業部門への投資から，製造工業部門，なかでも電機，輸送機，機械部門へのわが国の対外投資が強まったことは，明らかに現時点でのアメリカの保護貿易主義的傾向のなかで日米貿易摩擦を反映した結果であり，当期の特徴の重要なものの1つとして指摘されねばならない．同様にヨーロッパ地域への投資の増大も，主として製造工業部門への投資増大が基因となっており，先進国の保護貿易主義的傾向に対応したわが国の対外投資が活発に展開されるようになったことを示している．」

川島教授は，第2次大戦後の日本の独占の対外進出を，以上のように分類し，検討されている．わが国の独占が，多国籍化し，世界市場に大きく進出

し始めるのは，川島教授が規定された，第Ⅲ期以降のことといえる．

1-3 最近のわが国企業の海外進出

それでは，最近のわが国企業の海外投資活動は，どのように進められているのであろうか．例えば，『ジェトロ白書・投資編』（1985年版）では，最近のわが国の主要国，地域別の海外直接投資の推移を，次の表（表XⅢ-3）のように掲げている[3]．

「80年代に入ってわが国の海外投資が拡大し続けている背景としては，①わが国企業が資本，技術，経営資源などで，国際舞台で活動できるだけの力をつけてきた．②そのためもあって，わが国企業が本格的に国際化に取り組み，特に海外投資や産業協力の重要性を認識するようになった．③諸外国がわが国企業に対する評価を高め，投資誘致活動を活発に展開するとともに，わが国とこれら諸外国との産業協力が積極的に推進されるようになった，ことなどがあげられよう．」

1980年代に入って，日本の海外直接投資がますます積極的に行われていることが，ここでは示されているが，それでは，アメリカに対する投資はどのようになっているのであろうか．この点については，次のように指摘されている．

「日本の対米直接投資は，エレクトロニクス，通信機器をはじめとするハイテク産業のほか，従来型産業分野でも自動車および自動車部品から鉄鋼産業にも拡大し，83〜84年の対米鉄鋼投資額は5億ドルに達した．日本の対米進出製造業はすでに36州で生産活動を行っているが，資本と技術が一体となった製造業分野での直接投資活動は，日米間の産業協力を積極的に推進している．また，米国の対日投資は，83年に11億ドル（日本の対米投資は15億ドル）と前年比2.7倍に急増し，日米間の直接投資交流は着実に拡大している．」

それでは，ここでのテーマとかかわりのある自動車産業の対米投資の情況は，どのようになっているのであろうか．この点については，次のように指

---

[3] 以下は，日本貿易振興会編『ジェトロ白書・投資編—世界と日本の海外直接投資』（1985年版）12ページ以下による．

第XIII章　日本的経営制度の国際化

表 XIII-3　わが国の主要国・地域別海外直接投資＜届出ベース＞

(単位：100万ドル，％)

国・地域	1980 金額	1981 金額	1982 金額	1983 金額	1983 構成比	1983 前年度比増減率	1951～83 累計
先進国　合計	2,622	3,744	4,202	3,881	47.6	△ 7.6	28,622
北　　米	1,596	2,522	2,905	2,701	33.2	△ 7.0	17,926
米　　国	1,484	2,354	2,738	2,565	31.5	△ 6.3	16,535
カナダ	112	167	167	136	1.7	△ 18.6	1,391
欧　　州	578	798	876	990	12.2	13.0	7,136
英　　国	186	110	176	153	1.9	△ 13.1	2,448
西　　独	110	116	194	117	1.4	△ 39.7	925
大洋州	448	424	421	191	2.3	△ 54.6	3,560
オーストラリア	431	348	370	166	2.0	△ 55.1	3,048
発展途上国　合計	2,071	5,187	3,501	4,264	52.4	21.8	32,654
中南米	588	1,181	1,503	1,878	23.1	24.9	10,730
ブラジル	170	316	322	410	5.0	27.3	3,955
パナマ	222	614	722	1,223	15.0	69.4	3,245
メキシコ	85	82	143	121	1.5	△ 15.3	1,164
アジア	1,186	3,338	1,384	1,847	22.7	33.4	16,399
インドネシア	529	2,434	410	374	4.6	△ 8.8	7,641
香　　港	156	329	400	563	6.9	40.8	2,387
シンガポール	140	266	180	322	4.0	78.9	1,705
韓　　国	35	73	103	129	1.6	25.2	1,442
マレーシア	146	31	83	140	1.7	68.7	904
フィリピン	78	72	34	65	0.8	91.2	786
中　　東	158	96	124	175	2.1	41.1	2,654
中立地帯 (サウジアラビア／クウェート)	63	50	41	66	0.8	61.0	1,179
イラン	71	0	0	1	—	—	1,003
アフリカ	139	573	489	364	4.5	△ 25.6	2,871
リベリア	110	466	434	323	4.0	△ 25.6	2,015
合　　計	4,693	8,931	7,703	8,145	100.0	5.7	61,276

注：金額および構成比は四捨五入により合計と一致しない．
出所：大蔵省資料

摘されている．

「……対米自動車輸出自主規制下でのシェア拡大を目的とした自動車メーカーの投資が相次いでいる……．特に本田技研は開発から生産，販売までの一貫体制を整える方針から第2乗用車工場の建設(オハイオ州メアリーズビル)，研究開発部門の現地法人新設（カリフォルニア州トーランス）などを進めている．また，トヨタ・GMの合弁による NUMMI 社は84年12月に年産20万台を目標に生産を開始しており，日産も85年3月からテネシー州スマーナの小型トラック工場で乗用車生産を開始する予定である．マツダもフォードの遊休施設に乗用車生産工場建設を84年12月に発表している（ミシガン州フラットロック）．トラック部門では，日野自動車の中型トラック組み立て工場（フロリダ州ジャクソンビル）が84年1月に稼働を開始しており，いすずも東部大西洋岸にトラック生産を行う方針と報じられている．」

つづいて，わが国の海外企業の活動にかかわる基本的な指標の推移をみると，次の表XⅢ-4のようになっている．これは，現地法人の主要指標を国内企業の主要指標と比較したものであるが，ここでも，海外に対する直接投資が着実に伸びていること，それに伴いわが国企業の多国籍化も，ますます活発に行われていることが示されている．

表 XⅢ-4　海外比率の推移（％）

項目＼年度	昭和52	53	54	55	56	57
海外資本金	10.1	12.7	14.7	12.7	13.6	19.0
海外売上高	4.0	4.3	5.5	5.1	5.4	6.0
海外従業者	3.2	3.0	3.2	3.3	2.6	2.9

出所：通産省編『第12・13回 わが国企業の海外事業活動』

前述の川島教授は，特に，わが国の独占資本が海外進出を行う場合，忘れてならない点として，次の2つを掲げている．

その第1は，わが国の独占資本の対外投資の積極化にとって，国家がきわめて重要な役割をはたしていることである．

第2は，わが国の独占資本の対外投資は，商社を中心として企業集団ぐるみで行われていることである．

この2つの点は，日本の多国籍企業の海外進出を検討する場合，見すごされてはならない重要な点である．いずれにしても，わが国の独占資本の海外進出は，これからもますます積極的に行われるであろうし，それに伴い発生する矛盾も，世界的規模で深刻化することになる．

2 トヨタの国際化戦略
2-1 国際化戦略下の労資協調路線

トヨタに限らず，日本の自動車産業の発展は，世界的にみても目を見張るものがあった．なかでも，トヨタの急成長は著しかった（表XIII-5参照）．わが国の自動車産業自体，「公害産業」として国民の厳しい批判をあびながらも，急成長してきた産業であった．だが，国内市場が飽和状態にありながらも，なおかつ，その成長に加速が加わったのは，国際化戦略が積極的に展開された以後のことであった．

自動車産業の急成長を支えた要因として，例えば，トヨタの「カンバン方式」に代表される徹底した「合理化」があったことはいうまでもない．しかも特徴的なことは，それが労働者の自発性に依存しているかの如き形態をとっていることである．例えば，先般のテレビ特集でも，作業条件の「改善」について仲間と話し合ったアメリカの労働者は，「改善はアメリカでは管理者の仕事だ．仲間同士で改善を話し合い，提案するなんて GM ではやったこともなかった」と語っている．

それとともに，この「合理化」を推進するために，自動車総連に結集した労働組合の役割も忘れてはならない．例えば，この点について，藤岡政宏氏は次のように指摘している．

「60年代後半以降の乗用車生産の急増の結果，日本の自動車産業は72年には年産400万台をこえ，トヨタ，日産を中心に国際企業へと成長し，完成車の輸出のみでなく，海外投資も伸長した．1972年に結成された自動車総連

表 XIII-5 世界のメーカー別生産ランキング

(単位: 1,000台)

	1965年		1970年		1975年		1979年		1980年		1981年	
	メーカー	総数(乗用車)	メーカー	総数(乗用車)	メーカー	総数(乗用車)	メーカー	総数(乗用車)	メーカー	総数(乗用車)	メーカー	総数(乗用車)
1	GM(アメリカ)	5,706(4,949)	GM	3,594(2,979)	GM	4,649(3,679)	GM	6,444(5,092)	GM	4,753(4,065)	GM	4,628(3,904)
2	フォード(アメリカ)	3,129(2,566)	フォード	2,658(2,017)	フォード	2,500(1,808)	フォード	3,075(2,043)	トヨタ	3,293(2,303)	トヨタ	3,220(2,248)
3	クライスラー(アメリカ)	1,611(1,468)	VW	1,938(1,835)	トヨタ	2,336(1,715)	トヨタ	2,996(2,111)	日 産	2,644(1,941)	日 産	2,584(1,864)
4	VW(西ドイツ)	1,500(1,415)	フィアット	1,690(1,560)	日 産	2,077(1,533)	日 産	2,338(1,739)	フォード	1,888(1,307)	フォード	1,938(1,320)
5	フィアット(イタリア)	1,061(991)	トヨタ(日本)	1,609(1,068)	ルノー	1,427(1,294)	プジョー・シトロエン(フランス)	2,002(1,815)	ルノー	1,713(1,492)	VW	1,544(1,462)
6	BMC	886	クライスラー	1,452(1,273)	VW	1,327(1,255)	VW	1,720(1,628)	プジョー	1,647(1,446)	ルノー	1,527(1,296)
7	オーペル(西ドイツ)	631(616)	日 産(日本)	1,374(899)	フィアット	1,233(1,125)	ルノー	1,592(1,405)	VW	1,632(1,517)	プジョー	1,484(1,316)
8	英フォード(イギリス)	590	ルノー	1,196(1,056)	クライスラー	1,223(903)	フィアット	1,382(1,233)	フィアット	1,350(1,185)	フィアット	1,229(1,120)
9	ルノー(フランス)	566(480)	BLMC(イギリス)	962(789)	BL(イギリス)	738(605)	クライスラー	1,231(936)	東洋工業	1,121(737)	東洋工業	1,177(841)
10	シトロエン(フランス)	498(413)	オーペル	821(812)	シトロエン(フランス)	693(624)	東洋工業(日本)	971(647)	三 菱	1,105(660)	三 菱	1,095(607)

注: 日本自動車工業会「主要国自動車統計」各国自工会その他
①各社とも海外子会社生産分を含まない。②VWにはアウト・ウニオン(65年以降)、アウディ、NSU、アウト・ウニオン(69年以降)、③プジョーにはシトロエン(76年以降)を含む。④ルノーにはサビエム(65年以降)、ベルリエ(76年以降)、⑤フィアットにはOM(65年以降)、アウトビアンキ(65年以降)、フェラーリ、ランチャとともに70年以降を含む。⑥プジョー・シトロエンにはタルボ(79年以降を含む。⑦プジョー・シトロエンは80年6月よりプジョーに名称変更。

出所: 東洋経済臨時増刊『ザ・トヨタ』(1982. 7. 1.)

(全日本自動車産業労働組合総連合会 463,000 人)は,このような自動車資本の国際戦略に応えるものであるとともに,自動車労協の歴史がそうであったように,欺瞞的な『純中立』の旗をかかげて,総評を含む日本の労働運動を反共と労資協調の JC 路線に引きずりこむという重大な役割が期待されていた.」[4]

ここにも,「日本的経営」のもう1つの特徴を見出すことができる.こうして,労働組合までもまきこんだ自動車産業の国際化戦略は成功した.高品質,低価格の日本車は,アメリカ市場でも欧州車をおしのけ,その比重をたかめていった.その間の事情を,中村静治教授は,次のように説明されている.

「輸出車種がバス・トラック中心から乗用車中心へと転換したのは,1965年であったが(乗用車10万台,バス・トラック9万台),それはまた仕向先が東南アジア,中近東,アフリカなどの発展途上国中心から米国,カナダ,ヨーロッパなど先進国に変わったことに由来している.とくにめざましいのは,対米輸出の伸びで,71年には乗用車の対米輸出は81万3,000台というスケールに達し,日本車は米国自動車市場の4.6％を占めるまでにいたった.これは,アメリカのモータリゼーションが,セカンド・カーから大人1人につき1台という極限状態に達しつつあったことに対応するもので,欧州車が開拓した市場に,より小型で低価格の日本車がうまく食い入ったのである.そのため,トヨタの生産台数は71年には VW を抜き,GM,フォードについで世界のビッグ・スリーの一角に入り,日産のそれも VW についで世界第5位の座を占めることになった.」[5]

日本車が急速な勢いで,アメリカ市場に食い入ることができたのは,オイル・ショック以降の諸条件の変化により,市場のニーズが大型車から小型車に転換したこともさることながら,高品質,低価格にこそ,その基本的条件があったことはいうまでもない.そうしたなかでも,トヨタ,日産は,とりわけ「日本的経営」に優れていた.その成果は,次の表XⅢ-6 にもうかがう

---

4) 労働者調査研究会編『シリーズ―労働者の状態 3―自動車』224 ページ.
5) 中村静治著『現代自動車工業論』267～268 ページ.

表 XIII-6 メーカー別四輪車生産・販売・輸出台数推移（含軽）

(単位：台、％)

メーカー	生産 54年	生産 55年	生産 56年	56年シェア	国内販売 54年	国内販売 55年	国内販売 56年	56年シェア	輸出 54年	輸出 55年	輸出 56年	56年シェア
トヨタ	2,996,225 (76,960)	3,293,344 (87,910)	3,220,418 (112,430)	28.8	1,611,046	1,494,350	1,492,699	29.1	1,383,648 (78,510)	1,785,445 (87,910)	1,716,486 (105,860)	28.4
日野	76,508	74,890	69,276	0.6	57,808	47,180	38,922	0.8	18,162	25,314	26,232	0.4
ダイハツ	366,345	432,374	472,254 (7,104)	4.2	286,793	287,529	313,712	6.1	78,822	142,324	148,373 (6,464)	2.5
トヨタグループ小計	3,439,078 (76,960)	3,800,608 (87,910)	3,761,948 (119,534)	33.6	1,955,647	1,829,059	1,845,333	36.0	1,480,632 (78,510)	1,953,083 (87,910)	1,891,092 (112,324)	31.3
日産	2,337,821 (174,286)	2,644,052 (183,292)	2,584,288 (227,292)	23.1	1,234,652	1,166,439	1,134,347	22.1	1,134,191 (178,726)	1,465,827 (183,292)	1,436,995 (228,932)	23.8
日産ディーゼル	42,433 (450)	48,121 (530)	44,041 (160)	0.4	29,618	25,688	20,905	0.4	11,857 (300)	19,291 (530)	23,055	0.4
富士重工	334,290 (13,700)	425,633 (9,500)	472,639 (9,100)	4.2	163,850	191,234	230,226	4.5	174,651 (13,700)	232,179 (9,500)	239,650 (9,100)	4.0
日産グループ小計	2,714,544 (188,436)	3,117,806 (193,322)	3,100,968 (236,552)	27.7	1,428,120	1,383,361	1,385,478	27.0	1,320,699 (192,726)	1,717,297 (193,322)	1,699,700 (238,032)	28.1
三菱	938,517 (66,414)	1,104,930 (76,716)	1,094,793 (79,470)	9.8	547,056	527,425	515,327	10.1	372,701 (61,674)	570,696 (76,716)	589,589 (78,732)	9.7
東洋工業	971,421 (62,660)	1,121,016 (74,120)	1,176,608 (76,620)	10.5	404,305	392,052	385,926	7.5	580,967 (65,180)	699,407 (74,120)	805,739 (78,860)	13.3
いすゞ	424,788	472,127	457,242	4.1	200,698	194,844	189,475	3.7	211,812	271,412	258,536	4.3
本田技研	801,869 (8,000)	956,902 (7,000)	1,008,927 (44,000)	9.0	262,865	270,925	334,439	6.5	546,950 (5,400)	658,986 (7,000)	667,692 (42,900)	11.0
鈴木	344,935	468,683	578,876	5.2	294,899	372,973	432,908	8.4	49,020	96,080	136,100	2.3
輸入車その他	394	812	600	—	60,161	44,871	38,110	0.7	—	—	—	—
合計	9,635,546 (402,470)	11,042,884 (439,068)	11,179,926 (556,176)	100	5,153,751	5,015,510	5,126,996	100	4,562,781 (403,490)	5,966,961 (439,068)	6,048,447 (550,848)	100

注：日本自動車工業会「自動車統計月報」KDセットは下段カッコ内に外数として表示。
出所：前掲『ザ・トヨタ』136ページ。

第XIII章　日本的経営制度の国際化　　　　　　　　　　237

ことができる．

　トヨタに限らず，自動車産業の世界市場進出の初期は，完成車の輸出という形態をとった．貿易摩擦問題があっても，日本の自動車独占にとっては，ノックダウン（KD）方式よりも，その方がはるかに有利だったのである．それは，トヨタの会長であった花井氏の次のような指摘にも明らかである．

　「日本で作れば船賃をかけたって安い．完成車輸出のほうが儲かる．会社の利益を増やし，従業員を養い，国に税金をたくさん納める．これが企業の務めなのだから．完成車輸出に重きをおいてきたのは当然のことです．」[6]

　だが，次のコラム欄にもみられるように，完成車の輸出は，日米貿易摩擦に対応した自主規制とのかかわりで，ここ2年ほど低迷状態が続いているが，その反面，KD方式による輸出は，1981年以降かなりの急成長をみせている．トヨタ自動車の豊田章一郎社長によれば，その要因は次のような点にあった．

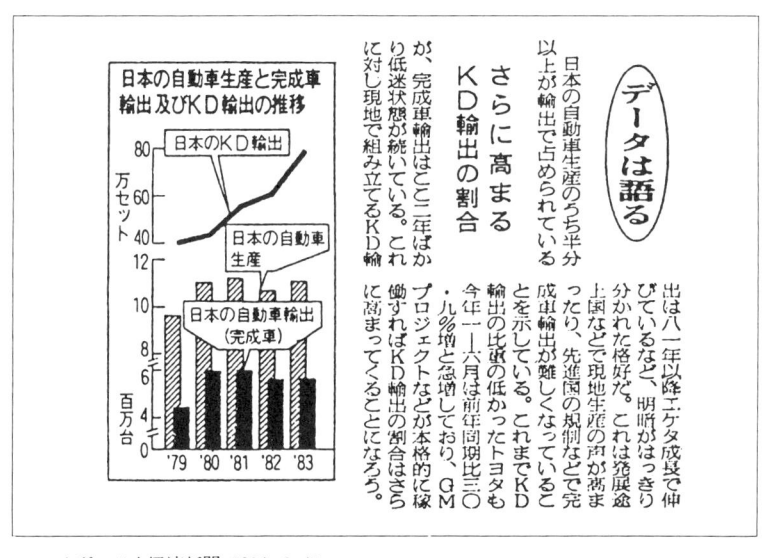

データは語る

さらに高まるKD輸出の割合

日本の自動車生産のうち半分以上が輸出で占められているが，完成車輸出はここ二年ばかり低迷状態が続いている．これに対し現地で組み立てるKD輸出は八一年以降ニケタ成長で伸びているなど，明暗がはっきり分かれた格好だ．これは発展途上国などで現地生産の声が高まったり，先進国の規制などで完成車輸出が難しくなっていることを示している．これまでKD輸出の比較の低かったトヨタも今年一─六月は前年同期比三〇・九％増と急増しており，GMとのプロジェクトなどが本格的に稼働すればKD輸出の割合はさらに高まってくることになろう．

出所：日本経済新聞．1984.8.15．

---

6)・東洋経済臨時増刊『ザ・トヨタ』（1982.7.1.）32ページ．

「完成車輸出はしだいに難しくなっており，ここ数年 KD（現地組み立て）方式の輸出が増える傾向にある．各国とも自動車産業の育成が国策になっており，トヨタとしてもこうした希望にある程度はこたえていかなくてはならないだろう．しかし，各国で少量ずつ生産していたのでは量産効果はなくなる．技術移転だって簡単ではない．失敗している国の例もあり，自動車生産は本当は大変なことなのだといいたいのだが……．」[7]

周知のように，トヨタの国際化戦略は，「グローバル・テン」と称されている．この世界市場の10％を把握するという戦略には，どうしても国際的生産拠点が必要であった．その理由は，次のように説明されている．

「GM がワールドカーの構想の推進により，世界市場で25％のシェアーを安定的に確保することを狙っているのに対し，トヨタは『グローバル・10』の夢を抱いている．世界市場の10％掌握をめざす意欲の表明である．1980年には，GM，フォードの生産水準が低下し，世界の自動車生産台数（3,797万台）も前年比9％減になったことなどにより，トヨタの生産シェアは，8.7％にまで高まっている．81年の田原第二工場の完成により，年産 330 万台体制を確立しているが，トヨタの国内生産は 400 万台が限界とみられ，90年に5,400万台という世界市場規模の予測や GM，フォードの巻き返しを考えると，『グローバル・10』の実現には，どうしても生産拠点の国際的展開が必要になってこよう．」[8]

この「グローバル・テン」構想を支えるのが，世界的に分散された工場であり（表XIII-7），また，国内の組立工場であった（表XIII-8）.

こうしてトヨタの国際化戦略は，完成車の輸出から KD 方式による輸出へと変化することにより，更に大きく進展しつつある．そうしたなかで，GM との合弁計画が具体化し，アメリカでの現地生産が開始されたのであった．

2-2 日米独占の意図

品質的にも安定しており，また利益率も高かった完成車の輸出は，当然の

---

7) 日本経済新聞 1984.8.15.
8) 野村総合研究所編『日本企業の世界戦略』196ページ．

ことながら，アメリカの自動車独占との間に激しい市場争奪戦を生じ，アメリカの長期不況とあいまって深刻な日米間の経済戦争を惹き起こした．日本の自動車独占は，アメリカとの貿易摩擦が次第に深刻な様相を帯びてくるに従い，輸出の「自主規制」という形で対応せざるをえなかった．

しかしながら，国内市場の狭隘化から国際化戦略に転換した日本の自動車独占にとって，これは深刻な自己矛盾であった．アメリカの自動車独占はもとより，労働組合も強く要求した「自主規制」は，次のような内容をもっていた．

(1) 81年4月から82年3月までの1年間の輸出台数を168万台とする．
(2) 82年4月から83年3月までの1年間の輸出台数は米国乗用車市場の販売増加見込み台数に一定比率をかけ，これを168万台に加えた台数とする．
(3) 83年4月から84年3月までは米国市場動向をみて数量規制するかどうかを改めて検討する．
(4) 抑制方式は行政指導とし，場合によっては輸出貿易管理会の発動も考慮する．

というものであった．しかも，この「自

表 XIII-7 自動車工業主要企業地域別投資件数
（1982年現在）

投資仕向け国・地域	投資種別	トヨタ自動車	日産自動車
アメリカ	株式	6	9
	技術付	1	
カナダ	株式	1	1
	技術付		
中南米	株式	3	2
	技術付		1
ヨーロッパ	株式	2	5
	技術付		3
アフリカ	株式	1	
	技術付		1
韓国	株式		
	技術付		
韓国をのぞく東南アジア	株式	7	3
	技術付		1
その他のアジア	株式	1	
	技術付		
中東	株式		1
	技術付		
大洋州	株式	6	3
	技術付		1 1
社会主義国	株式		
	技術付		
合計	株式	27	24
	技術付	1	7 1

出所：経済調査協会『83企業別海外投資』

表 XIII-8 トヨタ車の組立工場一覧

<table>
<tr><th rowspan="2"></th><th rowspan="2"></th><th colspan="2">乗 用 車 系</th><th rowspan="2">ト ラ ッ ク 系</th></tr>
<tr><th>乗 用 車</th><th>商 用 車</th></tr>
<tr><td rowspan="5">トヨタ自工</td><td>本 社 工 場</td><td>クラウン, チェイサー, クレスタ, マークII</td><td></td><td>タウンエース, トヨエース, ハイエース, ダイナ, 大型トラック, ランドクルーザー, コースター</td></tr>
<tr><td>元 町 工 場</td><td>カローラ, スプリンター, コルサ, ターセル</td><td></td><td></td></tr>
<tr><td>高 岡 工 場</td><td></td><td>カローラ</td><td></td></tr>
<tr><td>堤 工 場</td><td>コロナ, カリーナ, カムリ, ビスタ, セリカ</td><td></td><td></td></tr>
<tr><td>田 原 工 場</td><td>ソアラ, セリカ, カローラ</td><td></td><td></td></tr>
<tr><td rowspan="7">ダループ・関係会社</td><td>豊田自動織機製作所</td><td>カローラ, スターレット</td><td>カローラ, スターレット</td><td>ハイラックス, スタウト</td></tr>
<tr><td>トヨタ車体</td><td>マークII, チェイサー, コロナ, カリーナ</td><td></td><td>パブリカ, 大型トラック</td></tr>
<tr><td>関東自動車工業</td><td>センチュリー, クラウン, マークII, チェイサー, コロナ, カローラ, カリーナ, コロナ, カローラ, スプリンター</td><td></td><td>ハイエーススワゴン, ライトエーススワゴン, ライトエース, ハイエース, コミューター</td></tr>
<tr><td>セントラル自動車</td><td>クラウン, コロナ, カリーナ</td><td>クラウン, マークII, コロナ, カリーナ</td><td>ハイエース</td></tr>
<tr><td>荒川車体工業</td><td></td><td></td><td>ハイラックス</td></tr>
<tr><td>日野自動車工業</td><td>コルサ, ターセル</td><td></td><td>タウンエーススワゴン, タウンエース, ライトエース, ブリザード</td></tr>
<tr><td>ダイハツ工業</td><td>スターレット</td><td></td><td></td></tr>
</table>

出所:前掲『ザ・トヨタ』

主規制」のために，アメリカ国内では，日本車を中心にした「便乗値上げ」すら発生するという事態まで生じ，日米自動車独占を取り巻く矛盾は，ますます厳しくなる．そうしたなかで，日米自動車独占の間に，1つの「協調」が生じたのも，むしろ当然であった．その意図について，トヨタ自動車の豊田章一郎社長は，次のようにいっている．

「GMとの共同生産の実現は，当然，対米自主規制の解除にいい影響をもたらすと思っている．自主規制はやめるべきだというのがトヨタの考えで，ユーザーに安くていい製品を提供するには，今後とも対等の立場で，公正な競争をすることが欠かせない．」[9]

GMとトヨタとの合弁小型車生産計画は，1983年12月に，アメリカ連邦取引委員会（FTC）が同意したことによって具体化した．この場合の同意の条件は，次のような4点にあった．

(1) 合弁企業の期間は，生産開始以後12年以内とする．
(2) 生産能力の規模は1モジュール（生産単位，約25万台）を限度とする．
(3) 両者は技術，価格などについて情報を交換しない．
(4) 合弁企業に変更があるときには，30日以内にFTCに報告する．

この合弁企業は，トヨタ，GMにとって，それぞれどのような利点があるのであろうか．山田厚史氏の次のような指摘は，当を得ているといえよう．

「単独進出に自信を持てないトヨタは，GMという強力パートナーを得ることで，米国で現地生産を行うリスクの緩和を狙っている．合弁により資金負担は軽くなる．また米国人相手の経営に未経験のトヨタとすれば，生産システムはがっちり指導しつつ，具体的なマネジメントはGMに委ねればいい．

ここで米国での経営のノウハウを覚え，採算の見通しがつけば，単独進出も可能だ．トヨタの最終的狙いはここにある．GMとの共同生産は米国に着地するためのかけ橋である．GMの考えも，『当面は日本車にかなわないのでトヨタに出前をしてもらい優秀な生産方式をかすめとろうという考え』

---

[9] 日本経済新聞 1984.8.15.

（花井氏）と思われる．両社の協調は競争の中の一局面でしかないことを，お互いに知っている．」[10]

結局，この合弁は，日米双方の自動車独占の，それぞれの思惑を秘めて成立しており，それだけに矛盾も大きいといえる．

3 日本的経営制度のアメリカ化

3-1 UAWと日本的経営

だが，この合弁企業の成否にとって，最も大きな問題は，「カンバン」方式を支える下請け管理体制と，労務構造とを築き上げることができるかどうかにある．とりわけ，労務管理問題は，複雑である．例えば，この点について，豊田章一郎氏は次のようにいっている．

「労務問題がこのプロジェクトの成否のカギを握っているのは事実だが，労務問題が重要なのは米国に限らない．UAWの組合員だって日本の従業員と大きく違っているとは思えない．経営者と従業員が相互信頼に基づき一つの目標に向かっていけば，心は必ず通じ合うはず．もちろん，これは大変な仕事だからトヨタだけでなくGMにも協力してもらわなくてはね．」[11]

GMとの合弁の条件は，トヨタにとっては必ずしも有利な条件とはいえ

---

10) 山田厚史稿「国際戦略にみる摩擦対応の哲学」（前掲『ザ・トヨタ』）36ページ．

11) 日本経済新聞 1984.8.15．この点について，山田正喜子教授は，次のようにいっている．

「さらに重要なことは，分業化・標準化された各職務の，組織内における重要性と必要性あるいは至難度などの基準に従って賃金が定められていることである．この職務と賃金の一体化と，職務の標準化は，アメリカ職業社会の中に流動的な労働市場を創出することになった．なぜなら，ある特定職務を遂行する能力，つまりキャリアさえあれば，一般論的には，いずれの企業においても働くことが可能であり，労働者が一生一つの企業に縛りつけられている必要がないからである．こうした経営風土の中で，日本的人事管理のベースともいえる終身雇用制と年功序列の昇給・昇進をアメリカ法人である日系企業に導入することは，至難の業というより不可能であることはよくおわかりいただけることと思う．」

山田正喜子著『アメリカの経営風土』154〜155ページ．

ないといわれている．だが，アメリカの自動車独占と「協調」し，合弁を進展させ，世界市場の10％を把握していこうとするトヨタの国際化戦略にとって，最大のネックは，日本的経営を支え，「乾いたタオルを絞る」とまでいわれたトヨタの「合理化」を，どのようにしてアメリカの労働者に受け入れさせるかということであった．

そのためには，まず，日本的「労使協調」路線をアメリカの自動車産業労働者のなかにもちこみ，育成しなくてはならない．つまり，UAW が，わが国の自動車総連と同様に資本の要請に積極的に協力する体制を創り上げていくことが必要であった．

これまでは，アメリカの労働組合のなかでも，UAW は，労働者の諸権利を擁護するための闘いを進めてきた．かつて，UAW は，「日本からの直接投資」について，次のような見解をもっていた．

「日本からの直接投資，それに伴ういわゆる日本的経営の移入については，『新しいタイプ』のマネージメントとして評価していると述べているが（AFL－CIO, UAW），組合としては好感を抱いていない様子であった．その原因は断片的な発言から推測するに，①日本企業の経営は労使が協力的（Cooperative）にすぎるのではないか．②"日本的経営"は，革新的マネージメント技術（Innovative management technique）だが，進出先国の文化風土（Culture）も尊重されるべきだ（AFL－CIO）．③日本企業のすべてが，反組合的とは思っていないが，いくつかの企業には悪い（反組合的）コンサルタントがついているようだ．④これはジャーナリズムに一端の責任があるが，日本的経営を賛美することで，必要以上に反アメリカ的なキャンペーン（おろかな経営者，怠惰な労働者など）が展開されている，などの理由によるものと思われる．」[12]

日本の自動車独占がアメリカに進出することは，UAW にもきわめて複雑な影響を与えたことが，ここにも述べられている．だが，UAW を取り巻く，きわめて厳しい情況は，次第に UAW をして「労使協調」路線にの

---

12) 日本労働協会編『海外投資と雇用問題』158ページ．

めりこませるのであった．その第1が，レイオフである．

アメリカの自動車市場で，オイル・ショックを契機に，日本製小型車の急迫を受けたビッグ・スリーが経営上の破綻をきたし，大幅な赤字を計上するとともに，約25万人にも及ぶ大量の労働者をレイオフしたのが，1982年のことであった．

第2は組織率の低下である．この点については，次のようにいわれている．

「伝統的に（労働組合運動が）が弱い南部へ人口や工業が移動したこと，あるいは航空，トラックなどの業種で規制緩和が行われ，組織化されない新規業者が安いコストで参入してきた点などが組織率の低下につながっている．現在の組織率は20％を割っているとみられ，日本の約30％と比べると非常に低い水準だ．」[13]

第3は，国民の労働組合に対する意識の変化である．この点については，次のようにいわれている．

「ギャラップ世論調査などによると，『労働組合を肯定する』人の割合は65年の71％から81年には55％に低下し，逆に『肯定しない』はこの間19％から35％にも増えている．別の調査では，米国の鉄鋼，自動車などがダメになった原因として43％の人が『高すぎる賃金』を挙げている．」[13]

いずれにもせよ，これらの諸要因が重なりあって，UAWをして労働条件の確保・向上から，次第に雇傭の確保を目標とし，「アメリカ自動車業界に初めて労使協調時代が来た」[14]といわれる路線に転換せしめたのである．それまでは，UAWに対する評価は，次のような点にあったのである．

「米労組はこれまで団結力によって未組織労働者を上回る賃金水準を獲得してきた．UAWは一般製造業労働者の1.5倍の賃金を得ている．だがこうした労組の成功は，企業の競争力を弱め，特に日欧の企業との競争に敗れる原因をつくったとの指摘も多い．『UAWは今までのツケを支払う時にさしかかった』（ワシントン・ポスト紙）と言えそうだ．」[14]

---

13) 日本経済新聞 1984.9.3.
14) 日本経済新聞 1984.8.2.

た場合，要員の配置がえをし，生産に支障をきたさないようにする．(3)各　　　　が作業標準を守っているかどうかみてまわる．(4)異常が発生したときの　　　　など帰国後，監督者として行うべき役割を身につけることにウェイトが　　　　かれて，研修は進められた．」[17]

　　の研修についての印象を，参加した労働者達は質問に答えて次のように　　　ている．

――カンバン方式や QC サークルは米国で受け入れられようか．圧迫　　　　ないか．

『カンバン方式の考え方は米国でも"ジャスト・イン・タイム"の在庫管　　　　ステムとして広がりつつある．"良い経営"と"良いリーダーシップ"　　　　伴うものだが，QC 活動はそれを可能にするために重要な役目を果た　　　　いると思う．いずれも米国でうまくいくだろう．米国は経営にまずいと　　　　があったのだ．』

――どんな弱点があったのか．

　　米自動車メーカーの従業員の方がトヨタより勤続年数は短いし，多くの　　　　で訓練も受けない．ほとんどの労働者が一生で一つか二つの作業しか出　　　　い．常習欠勤が発生しやすいやり方だ．』

――トヨタ生産方式を米国に移植できると思うか．

『小さい問題が発生するかもしれないが，全体としては米国でも受け入れ　　　　んじゃないか．米国の労働者も時代が変わったことを認識しているし　　　　とにかく，労使関係をうまくやるのが重要だ．』『いやいや，文化が　　　　のだから，システム全体を移すには，当然に限界がある．ただ，品質管　　　　生産管理に関しては，同じ程度まで出来るだろう．もっとも，それには　　　　，経験を積んだ人材があるということが条件だ．とにかく，このシス　　　　学ぶことはできる．新しい挑戦だ．』」[18]

池田良夫稿「NUMMI の第 1 線監督者がみたトヨタ生産方式の現場」(『工場管　　　1985. 5.) 22～23ページ．
日本経済新聞 1984. 8. 28.

第XIII章　日本的経営制度の国際化

　1984年は，企業防衛的色彩の濃かった1982年の労働協約の改定の時期であった．運動方針を協調路線に転換以来，UAW のなかには，UAW の幹部に対する下部の組合員からの批判が強まりつつあるといわれている．だが，84年の UAW と GM との労働協約改定に際しても，この協調路線は貫かれた．いささか長文ではあるが，84年の労働協約改定の評価を紹介しておく．

　「84年9月，全米自動車労組（UAW）は GM との労働協約改定に合意した．協約改定交渉では小型車の海外生産，部品・完成車の海外調達，ロボット導入などの合理化に対する雇傭機会喪失に歯止めをかけるため，経済要求より雇傭保障が優先課題となった．この結果，賃金引上げ率は初年度 2.25%と低率にとどまり，新技術導入や外部調達の増大に伴う失業に対する賃金保障や職業再訓練など，一応の雇傭保障を獲得した．

　この84年の労働協約交渉は，景気回復と企業業績の改善を背景に，労組が再び強硬姿勢に転ずるか，これまでの譲歩傾向を継続するか，今後数年間の労使交渉のパターンを決定づけるものと注目されていたものである．今回の決着内容により労使協調路線が定着し，労働組合の影響力の低下傾向は一層明確になったといえよう．こうした労組の姿勢は，20年ぶりにストを回避した全米鉱山労組（ULW）のほか，郵便，鉄道など84年に協約改定交渉を迎えた主要産業でもみられた．」[15]

　だが，長期にわたるアメリカの不況の真の原因は，レーガン政権の狂気とすら思われる軍拡路線の結果であって，労働組合が責を負うべきものではない．マスコミを操作し，労働者や労働組合の賃上げが，不況や競争能力欠除の原因であるかのようにいうのは，経営者が常に行う労働者攻撃の方法であった．それにもかかわらず，UAWが労働者の切実な要求に背を向け，次第に右傾化していることは，「労使協調」どころか，労資間の矛盾をますます激しくするものでしかないことは，日本の例で十分に立証されている．

---

15)　日本貿易振興会編『世界と日本の海外直接投資』41～42ページ．

3-2 競争能力とコストの差

日本製小型車が、アメリカの自動車市場で次第にシェアーを拡大し、貿易摩擦が激化するに従って、アメリカと日本との間で、どこに競争能力の相違があるかについて、特にアメリカでさまざまな方面から議論が行われた。その1つに「コスト」の相違が求められた。例えば、アメリカ議会自動車問題特別班報告は、この点について、次のように指摘したのである、

「日本の自動車産業の隆盛のもう1つの主要因に自動車メーカーの経営力を挙げることができる。経営者は競争力の重要性を認識し、世界市場での対応策にきわめて優れている。運輸省の試算では、日本はコストの面で米国と比較すると1,000ドルから1,500ドルも有利である。それは一部低賃金労働によるものであるが、優れた生産設備、生産工程における部品供給体制によるものである。

日本車がコスト面で有利な他の要因として、自動車1台当りの労働時間が少ないという点がある。日本車メーカーは米国よりもはるかに多くのロボットを設置した近代的生産設備を有し生産工程でも部品供給集合化がきわめて優れている。部品メーカーと自動車メーカーはわずか数マイル以内の距離にあり、輸送コストの軽減が可能だ。」16)

だが、野村総研の計算によると、日米間のコストの相違は1,730ドルとなっている（表XIII-9）。その相違をもたらしているのは、労働生産性と賃銀とである。つまり低賃銀、長時間労働にこそ、その源泉が求められるのである。アメリカの経営者が、なりふりかまわず日本的「合理化」を学び、それをアメリカの労働者に押しつけ、強行しようとする要因がここにある。

だが、コストの相違をもたらす「労働生産性」は、とりもなおさず日本的風土のなかで育てられてきた日本的経営制度によって支えられている。例えば、TQCなどがその典型であった。だが、作業に対する考え方をはじめ、あらゆる条件が全く異なっているアメリカの組立工場で、「カンバン」方式

---

16) アメリカ議会自動車問題特別班報告「アメリカ自動車産業批判」(81.3.) (東洋経済臨時増刊『米国の最先端産業』昭和56.7.17.) 112ページ。

第XIII章 日本的経営制度の国際化

表 XIII-9 日米の小型車のコスト比較（1980

	米 国	日
労働生産性	51.0マンアワー／台	16.0マン
賃 金 率	18.5ドル／時	9.9ド
人 件 費	944ドル	159ド
部 品 費	2,850ドル	2,375ド
在 庫 金 利	75ドル	11ド
保 証 費	175ドル	46ド
輸 送 費	150ドル	86ド
税 公 課	401ドル	242ド
エネルギー	108ドル	55ド
設 備 費	56ドル	52ド
計	4,756ドル	3,026ド

出所：野村総研「財界観測」84.6.

が定着し、日本と同じような機能を発揮できるのでMと合弁でアメリカに進出したトヨタが、まず解決たし、また、GMにとっても、きわめて関心の高い

そのため、トヨタとGMとの合弁企業、New U turing Inc.（社長は豊田達郎トヨタ常務）では、グノム・リーダーとして活動すべく期待されている労働日本のトヨタで研修させている。この研修の内容のあった。

「実習内容は午前6時前に起床し、7時前に工!組立、塗装などの各自の持ち場に分散する。体操日本的経営にのっとったやり方で進められるが、組ませ、失敗しても自分で原因がつかめるまで待うすることによって『どうすれば効率のよい生産感じることができると判断したからである。

研修のしめくくりは、『監督者の役割』についの内訳は、(1)自分の持ち場の人がそろっている

だが，たとえ「カンバン」方式が研修で学ぶことができたにしても，それを積極的に支え，発展させていくべき忠誠心の高い労働者を，どのように養成していくのであろうか．これは，日米の自動車独占にとっては，きわめて困難な問題であった．日本の労働者の忠誠心の高さは，世界的にも有名である．だが，その要因は，次のいくつかの図表（表XⅢ-10, XⅢ-11, 図XⅢ-1）にもみられる通り，わが国ならではの独自の労働条件にあったのである．例えば，年間の労働時間をとってみても，西ドイツやフランスの労働者に比べると，実に500時間も長い．それに反して，実質賃銀は，アメリカの労働者の約50％，西ドイツ労働者の約60％でしかないのである．これと同様な条件を，アメリカの労働者にも押しつけ，彼等に対し日本的「合理化」と同様な厳しい「合理化」を強行するためには，作業方法そのものを，根本的に変革しなくてはならない．例えば，NUMMI と UAW とで締結することが合意されている労働協約は，次の3点を主要な内容としているといわれている．

(1) 通常の米自動車工場の場合，200以上ある組立など，熟練労働者の職種を一本化し，配転を自由にする．
(2) 4～6人で構成するチーム．その上に4～6チームで組織するグループを作り，このチームで作業管理を行う．
(3) 従来，労組と交渉が必要とされていた生産方式や，基準が自由に変え

表 XⅢ-10 世界自動車メーカーの1人当たり生産台数比較（80年）

会 社 名	総生産台数 （万台）	従業員数 （人）	1人当たり 生産台数 （台）
ト ヨ タ	329	47,064	69.9
日 産	264	95,566	27.6
G M	475	746,000	6.4
フォード	189	426,700	4.4
ル ノ ー	171	231,700	7.4
プ ジ ョ ー	165	245,000	6.7
V W	163	257,930	6.3
フィアット	135	342,654	3.9

注：トヨタ自動車の従業員数は，トヨタ自販との合併前．
出所：教育社新書『自動車業界』の資料から算出．

表 XIII-11 売上高に占める人件費の国際比較

業種・企業（国名）	売上高人件費率 %
鉄　鋼	
新　日　　　鉄（日）	12.95（79年）
日　本　鋼　管（日）	12.36（79年）
ア　ー　ム　コ（米）	29.05（79年）
エ　ッ　セ　ン（西独）	24.90（82年）
一般機械	
久　保　田　鉄　工（日）	14.60（79年）
小　松　製　作　所（日）	15.28（79年）
キ ャ タ ピ ラ ー（米）	29.72（79年）
電　機	
日　立　製　作　所（日）	18.98（79年）
松　下　電　器（日）	8.36（79年）
Ｇ　　　　Ｅ（米）	37.47（81年）
ジ ー メ ン ス（西独）	42.57（82年）
自　動　車	
ト ヨ タ 自 動 車（日）	6.65（79年）
日　産　自　動　車（日）	8.83（79年）
Ｇ　　　　Ｍ（米）	28.43（79年）
フ　ォ　ー　ド（米）	23.91（82年）
フォルクス・ワーゲン（西独）	32.24（82年）
化　学	
三　菱　化　成（日）	5.57（79年）
住　友　化　学（日）	8.06（79年）
デ ュ ポ ン（米）	29.01（79年）
バ　イ　エ　ル（西独）	29.19（82年）
板ガラス	
旭　硝　子（日）	11.90（79年）
Ｐ　　Ｐ　　Ｇ（米）	28.61（79年）
ゴ　ム	
ブリヂストン（日）	18.46（79年）
ファイヤーストン（米）	33.04（79年）

出所：通産省「世界の企業の経営分析」

られる弾力的な生産手順を導入する[19].

---

19) 門田安弘稿「いまブームのトヨタ生産方式は米国で定着するか」(『工場管理』85.5.) 47ページ.

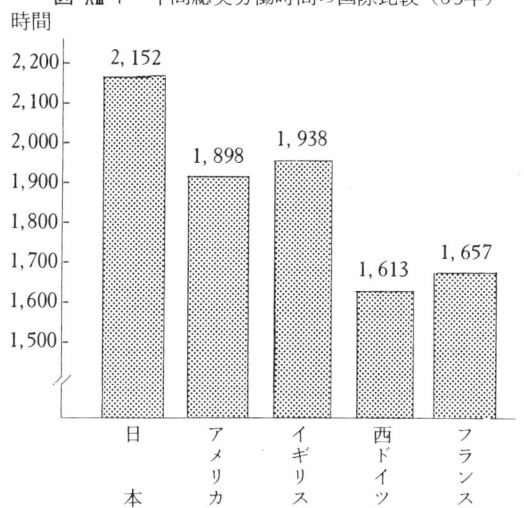

第XIII章　日本的経営制度の国際化　　251

図 XIII-1　年間総実労働時間の国際比較（83年）

国	時間
日本	2,152
アメリカ	1,898
イギリス	1,938
西ドイツ	1,613
フランス	1,657

出所：労働省統計

　この新しい労働協約が，アメリカの自動車産業をはじめとし，全産業に定着するかどうかは，今後の問題であるが，日本的経営の攻勢をうけてアメリカの労働界も大きく動揺しはじめていることは確かであろう．

　アメリカを中心とする現代の帝国主義の矛盾が，国際的に拡大され，深化されていくなかで，とくに，日本的経営制度をアメリカに移転し，アメリカの労働者に対しても日本の労働者に対するのと同様に，有効に機能させるためには，労働組合を取り込んだ「労使協調」関係がまず成立していなくてはならなかった．つまり，国際的にも，労働運動を右傾化していくことが，多国籍企業の海外進出には，まず重要な条件であったのである．

　この場合，独占にとって問題であったのは，日本の労働組合は，企業別に組織されていることもあって，比較的労資協調路線にだき込みやすいが，アメリカでは，全米自動車労働者組合（UAW）という産業別労働組合であることであった．したがって，アメリカの労働者の間に「日本的経営」を定着させるためには，まず，このUAWを右傾化させ，日本の自動車労組と同じ

ような労資協調路線に巻き込むことが重要である．そして，その役割の一端を担ったのが，日本の自動車総連であった．それが果たした積極的な役割は，次の点にあった．

「多国籍企業に対する戦略は，日本自動車独占資本にとって最重要課題であり，それが72年の自動車総連結成にとっての最大要因の1つであった……．このことは結成後の一連の動きのなかにみてとることができる．72年10月の結成後，JCを中心に73年7月につくられた多国籍企業問題対策労組連絡会議に参加し，同年11月には対政府との連絡会議をもち，74年9月には政労使による連絡会議を発足させ，進出先の海外労働者状態の調査研究にのりだす．同時に，日産，トヨタの進出工場の労働組合を糾合したIMF日産，トヨタ世界自動車協議会を73年には設立し，進出先の労働者を国際反共労働組合運動の最大の産別組織であるIMFの線から統合・支配するためにいちはやく乗りだす．

とくに貿易摩擦が最初に激発するアメリカとは，UAWとの定期協議が重視された．75年，UAWは日本からの輸入車に対してダンピングの疑いありとして，政府に調査を申請した．この輸入規制問題は，第1回目は取り下げられた．これに対して自動車総連は『UAWが本年初頭において提唱したアメリカの輸入規制問題は，UAWと自動車総連の友好関係に基づく慎重な意見交換などによって大事に至らなかったことは，日常の連帯活動の重要性を立証するものであったと特筆できる』と自賛し，組合の存在理由を日本自動車独占資本に高く評価してみせた．」[20]

自動車総連とUAWとの定期協議では，どのような問題が，どのような方向で話されたのであろうか．いずれにしても，日本的経営制度の国際化は，同時に，日本的「労使協調」路線を海外に移転し，アメリカの労働者まで，それに巻き込むことを意味していた．

3-3 アメリカにおける日本的経営制度の「成果」

最近では，アメリカの自動車産業，電機機械産業の間でジャスト・イン・

---

20) 労働者調査研究会編『前掲書』228〜229ページ．

1984年は，企業防衛的色彩の濃かった1982年の労働協約の改定の時期であった．運動方針を協調路線に転換以来，UAW のなかには，UAW の幹部に対する下部の組合員からの批判が強まりつつあるといわれている．だが，84年の UAW と GM との労働協約改定に際しても，この協調路線は貫かれた．いささか長文ではあるが，84年の労働協約改定の評価を紹介しておく．

　「84年9月，全米自動車労組（UAW）は GM との労働協約改定に合意した．協約改定交渉では小型車の海外生産，部品・完成車の海外調達，ロボット導入などの合理化に対する雇用機会喪失に歯止めをかけるため，経済要求より雇用保障が優先課題となった．この結果，賃金引上げ率は初年度 2.25％と低率にとどまり，新技術導入や外部調達の増大に伴う失業に対する賃金保障や職業再訓練など，一応の雇用保障を獲得した．

　この84年の労働協約交渉は，景気回復と企業業績の改善を背景に，労組が再び強硬姿勢に転ずるか，これまでの譲歩傾向を継続するか，今後数年間の労使交渉のパターンを決定づけるものと注目されていたものである．今回の決着内容により労使協調路線が定着し，労働組合の影響力の低下傾向は一層明確になったといえよう．こうした労組の姿勢は，20年ぶりにストを回避した全米鉱山労組（ULW）のほか，郵便，鉄道など84年に協約改定交渉を迎えた主要産業でもみられた．」[15]

　だが，長期にわたるアメリカの不況の真の原因は，レーガン政権の狂気とすら思われる軍拡路線の結果であって，労働組合が責を負うべきものではない．マスコミを操作し，労働者や労働組合の賃上げが，不況や競争能力欠除の原因であるかのようにいうのは，経営者が常に行う労働者攻撃の方法であった．それにもかかわらず，UAWが労働者の切実な要求に背を向け，次第に右傾化していることは，「労使協調」どころか，労資間の矛盾をますます激しくするものでしかないことは，日本の例で十分に立証されている．

15）　日本貿易振興会編『世界と日本の海外直接投資』41～42ページ．

3-2 競争能力とコストの差

日本製小型車が，アメリカの自動車市場で次第にシェアーを拡大し，貿易摩擦が激化するに従って，アメリカと日本との間で，どこに競争能力の相違があるかについて，特にアメリカでさまざまな方面から議論が行われた．その1つに「コスト」の相違が求められた．例えば，アメリカ議会自動車問題特別班報告は，この点について，次のように指摘したのである、

「日本の自動車産業の隆盛のもう1つの主要因に自動車メーカーの経営力を挙げることができる．経営者は競争力の重要性を認識し，世界市場での対応策にきわめて優れている．運輸省の試算では，日本はコストの面で米国と比較すると 1,000 ドルから 1,500 ドルも有利である．それは一部低賃金労働によるものであるが，優れた生産設備，生産工程における部品供給体制によるものである．

日本車がコスト面で有利な他の要因として，自動車1台当りの労働時間が少ないという点がある．日本車メーカーは米国よりもはるかに多くのロボットを設置した近代的生産設備を有し生産工程でも部品供給集合化がきわめて優れている．部品メーカーと自動車メーカーはわずか数マイル以内の距離にあり，輸送コストの軽減が可能だ．」[16]

だが，野村総研の計算によると，日米間のコストの相違は 1,730 ドルとなっている（表XIII-9）．その相違をもたらしているのは，労働生産性と賃銀とである．つまり低賃銀，長時間労働にこそ，その源泉が求められるのである．アメリカの経営者が，なりふりかまわず日本的「合理化」を学び，それをアメリカの労働者に押しつけ，強行しようとする要因がここにある．

だが，コストの相違をもたらす「労働生産性」は，とりもなおさず日本的風土のなかで育てられてきた日本的経営制度によって支えられている．例えば，TQCなどがその典型であった．だが，作業に対する考え方をはじめ，あらゆる条件が全く異なっているアメリカの組立工場で，「カンバン」方式

---

16) アメリカ議会自動車問題特別班報告「アメリカ自動車産業批判」(81.3.)（東洋経済臨時増刊『米国の最先端産業』昭和56.7.17.）112ページ．

表 XⅢ-9　日米の小型車のコスト比較（1980年）

	米　国	日　本
労働生産性	51.0マンアワー／台	16.0マンアワー／台
賃　金　率	18.5ドル／時	9.9ドル／時
人　件　費	944ドル	159ドル
部　品　費	2,850ドル	2,375ドル
在　庫　金　利	75ドル	11ドル
保　証　費	175ドル	46ドル
輸　送　費	150ドル	86ドル
税　公　課	401ドル	242ドル
エネルギー	108ドル	55ドル
設　備　費	56ドル	52ドル
計	4,756ドル	3,026ドル

出所：野村総研「財界観測」84.6.

が定着し，日本と同じような機能を発揮できるのであろうか．この点は，GMと合弁でアメリカに進出したトヨタが，まず解決を迫られた問題であったし，また，GMにとっても，きわめて関心の高い問題であった．

そのため，トヨタとGMとの合弁企業，New United Motor Manufacturing Inc.（社長は豊田達郎トヨタ常務）では，グループ・リーダーやチーム・リーダーとして活動すべく期待されている労働者を，約3週間にわたり日本のトヨタで研修させている．この研修の内容の主要な部分は，次の点にあった．

「実習内容は午前6時前に起床し，7時前に工場に到着，それぞれボデー組立，塗装などの各自の持ち場に分散する．体操やスローガンの復唱など，日本的経営にのっとったやり方で進められるが，作業は研修生のペースで取組ませ，失敗しても自分で原因がつかめるまで待つような方法をとった．こうすることによって『どうすれば効率のよい生産ができるか』，実際に肌で感じることができると判断したからである．

研修のしめくくりは，『監督者の役割』についての実地研修である．研修の内訳は，⑴自分の持ち場の人がそろっているかどうか，⑵休んでいる人が

いた場合，要員の配置がえをし，生産に支障をきたさないようにする．(3)各工程が作業標準を守っているかどうかみてまわる．(4)異常が発生したときの対策など帰国後，監督者として行うべき役割を身につけることにウェイトが置かれて，研修は進められた．」[17]

この研修についての印象を，参加した労働者達は質問に答えて次のように語っている．

「——カンバン方式やQCサークルは米国で受け入れられようか．圧迫感はないか．

『カンバン方式の考え方は米国でも"ジャスト・イン・タイム"の在庫管理システムとして広がりつつある．"良い経営"と"良いリーダーシップ"は相伴うものだが，QC活動はそれを可能にするために重要な役目を果していると思う．いずれも米国でうまくいくだろう．米国は経営にまずいところがあったのだ．』

——どんな弱点があったのか．

『米自動車メーカーの従業員の方がトヨタより勤続年数は短いし，多くの部署で訓練も受けない．ほとんどの労働者が一生で一つか二つの作業しか出来ない．常習欠勤が発生しやすいやり方だ．』

——トヨタ生産方式を米国に移植できると思うか．

『小さい問題が発生するかもしれないが，全体としては米国でも受け入れやすいんじゃないか．米国の労働者も時代が変わったことを認識しているし……．とにかく，労使関係をうまくやるのが重要だ．』『いやいや，文化が違うのだから，システム全体を移すには，当然に限界がある．ただ，品質管理と生産管理に関しては，同じ程度まで出来るだろう．もっとも，それには時間と，経験を積んだ人材があるということが条件だ．とにかく，このシステムを学ぶことはできる．新しい挑戦だ．』」[18]

17) 池田良夫稿「NUMMIの第1線監督者がみたトヨタ生産方式の現場」（『工場管理』1985.5.）22〜23ページ．
18) 日本経済新聞 1984.8.28.

だが，たとえ「カンバン」方式が研修で学ぶことができたにしても，それを積極的に支え，発展させていくべき忠誠心の高い労働者を，どのように養成していくのであろうか．これは，日米の自動車独占にとっては，きわめて困難な問題であった．日本の労働者の忠誠心の高さは，世界的にも有名である．だが，その要因は，次のいくつかの図表（表XIII-10，XIII-11，図XIII-1）にもみられる通り，わが国ならではの独自の労働条件にあったのである．例えば，年間の労働時間をとってみても，西ドイツやフランスの労働者に比べると，実に500時間も長い．それに反して，実質賃銀は，アメリカの労働者の約50％，西ドイツ労働者の約60％でしかないのである．これと同様な条件を，アメリカの労働者にも押しつけ，彼等に対し日本的「合理化」と同様な厳しい「合理化」を強行するためには，作業方法そのものを，根本的に変革しなくてはならない．例えば，NUMMIとUAWとで締結することが合意されている労働協約は，次の3点を主要な内容としているといわれている．

(1) 通常の米自動車工場の場合，200以上ある組立など，熟練労働者の職種を一本化し，配転を自由にする．

(2) 4～6人で構成するチーム．その上に4～6チームで組織するグループを作り，このチームで作業管理を行う．

(3) 従来，労組と交渉が必要とされていた生産方式や，基準が自由に変え

表 XIII-10　世界自動車メーカーの1人当たり生産台数比較（80年）

会 社 名	総生産台数 （万台）	従業員数 （人）	1人当たり 生産台数 （台）
ト ヨ タ	329	47,064	69.9
日　　産	264	95,566	27.6
Ｇ　　Ｍ	475	746,000	6.4
フォード	189	426,700	4.4
ル ノ ー	171	231,700	7.4
プジョー	165	245,000	6.7
Ｖ　　Ｗ	163	257,930	6.3
フィアット	135	342,654	3.9

注：トヨタ自動車の従業員数は，トヨタ自販との合併前．
出所：教育社新書『自動車業界』の資料から算出．

表 XⅢ-11　売上高に占める人件費の国際比較

業種・企業（国名）	売上高人件費率 %
鉄　　鋼	
新　日　鉄　　（日）	12.95（79年）
日　本　鋼　管　（日）	12.36（79年）
ア　ー　ム　コ　（米）	29.05（79年）
エ　ッ　セ　ン　（西独）	24.90（82年）
一　般　機　械	
久　保　田　鉄　工（日）	14.60（79年）
小　松　製　作　所（日）	15.28（79年）
キ　ャ　タ　ピ　ラ　ー（米）	29.72（79年）
電　　機	
日　立　製　作　所（日）	18.98（79年）
松　下　電　器　（日）	8.36（79年）
G　　　　　E　（米）	37.47（81年）
ジ　ー　メ　ン　ス（西独）	42.57（82年）
自　動　車	
ト　ヨ　タ　自　動　車（日）	6.65（79年）
日　産　自　動　車　（日）	8.83（79年）
G　　　　　M　（米）	28.43（79年）
フ　ォ　ー　ド　（米）	23.91（82年）
フォルクス・ワーゲン（西独）	32.24（82年）
化　　学	
三　菱　化　成　（日）	5.57（79年）
住　友　化　学　（日）	8.06（79年）
デ　ュ　ポ　ン　（米）	29.01（79年）
バ　イ　エ　ル　（西独）	29.19（82年）
板　ガ　ラ　ス	
旭　硝　子　　　（日）	11.90（79年）
P　　P　　G　（米）	28.61（79年）
ゴ　　ム	
ブ　リ　ヂ　ス　ト　ン（日）	18.46（79年）
フ　ァ　イ　ヤ　ー　ス　ト　ン（米）	33.04（79年）

出所：通産省「世界の企業の経営分析」

られる弾力的な生産手順を導入する[19]．

---

19) 門田安弘稿「いまブームのトヨタ生産方式は米国で定着するか」(『工場管理』85.5.) 47ページ．

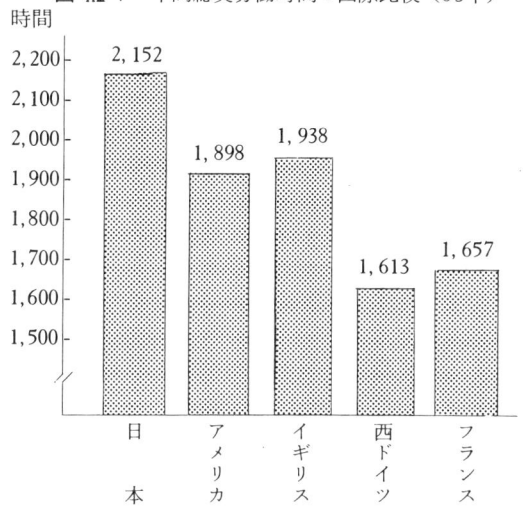

図 XIII-1　年間総実労働時間の国際比較（83年）

国	時間
日本	2,152
アメリカ	1,898
イギリス	1,938
西ドイツ	1,613
フランス	1,657

出所：労働省統計

　この新しい労働協約が，アメリカの自動車産業をはじめとし，全産業に定着するかどうかは，今後の問題であるが，日本的経営の攻勢をうけてアメリカの労働界も大きく動揺しはじめていることは確かであろう．

　アメリカを中心とする現代の帝国主義の矛盾が，国際的に拡大され，深化されていくなかで，とくに，日本的経営制度をアメリカに移転し，アメリカの労働者に対しても日本の労働者に対するのと同様に，有効に機能させるためには，労働組合を取り込んだ「労使協調」関係がまず成立していなくてはならなかった．つまり，国際的にも，労働運動を右傾化していくことが，多国籍企業の海外進出には，まず重要な条件であったのである．

　この場合，独占にとって問題であったのは，日本の労働組合は，企業別に組織されていることもあって，比較的労資協調路線にだき込みやすいが，アメリカでは，全米自動車労働者組合（UAW）という産業別労働組合であることであった．したがって，アメリカの労働者の間に「日本的経営」を定着させるためには，まず，このUAWを右傾化させ，日本の自動車労組と同じ

ような労資協調路線に巻き込むことが重要である．そして，その役割の一端を担ったのが，日本の自動車総連であった．それが果たした積極的な役割は，次の点にあった．

「多国籍企業に対する戦略は，日本自動車独占資本にとって最重要課題であり，それが72年の自動車総連結成にとっての最大要因の1つであった……．このことは結成後の一連の動きのなかにみてとることができる．72年10月の結成後，JCを中心に73年7月につくられた多国籍企業問題対策労組連絡会議に参加し，同年11月には対政府との連絡会議をもち，74年9月には政労使による連絡会議を発足させ，進出先の海外労働者状態の調査研究にのりだす．同時に，日産，トヨタの進出工場の労働組合を糾合したIMF日産，トヨタ世界自動車協議会を73年には設立し，進出先の労働者を国際反共労働組合運動の最大の産別組織であるIMFの線から統合・支配するためにいちはやく乗りだす．

とくに貿易摩擦が最初に激発するアメリカとは，UAWとの定期協議が重視された．75年，UAWは日本からの輸入車に対してダンピングの疑いありとして，政府に調査を申請した．この輸入規制問題は，第1回目は取り下げられた．これに対して自動車総連は『UAWが本年初頭において提唱したアメリカの輸入規制問題は，UAWと自動車総連の友好関係に基づく慎重な意見交換などによって大事に至らなかったことは，日常の連帯活動の重要性を立証するものであったと特筆できる』と自賛し，組合の存在理由を日本自動車独占資本に高く評価してみせた．」[20]

自動車総連とUAWとの定期協議では，どのような問題が，どのような方向で話されたのであろうか．いずれにしても，日本的経営制度の国際化は，同時に，日本的「労使協調」路線を海外に移転し，アメリカの労働者まで，それに巻き込むことを意味していた．

3-3 アメリカにおける日本的経営制度の「成果」

最近では，アメリカの自動車産業，電機機械産業の間でジャスト・イン・

---

20) 労働者調査研究会編『前掲書』228〜229ページ．

タイム (JIT) 方式ないしはそれに類似した生産方式の導入が，1つのブームになっているといわれている．ここでは，洲崎清氏のレポート[21]によりながら，その「成果」を検討してみる．

〔**事例1**　ゼネラル・エレクトリック社〕

世界でも有数な巨大多国籍企業であるGEは，1980年からJIT方式の導入にふみきり，それ以後活発に研究が進められ，1983年には，約40の部門で，何らかの形でJIT活動を行っているといわれている．この場合，「GE社は数年前から東芝，日立，トヨタ自動車と生産技術に関する技術導入，交換契約を結んでおり，これらを通してJIT関係の技術の導入があった」ことも忘れられてはならない．

GEのアシュボロ工場では，アイロン，コーヒー・メーカーなどの家庭用電器製品の大量生産が行われているが，JIT方式の導入が図られたのは，このコーヒー・メーカーの製造ラインであった．ここでの導入順序は，およそ次の通りである．

(1) 2つの製品モデルをミックス・プロダクトできるようにし，従来行われてきた2週間ごとにラインを切りかえることをせず，最終在庫の低減を図る．

(2) 中間倉庫の排除，部品置場の整理，整頓を行い，運搬ルートや毎日必要な運搬量を，きめこまかく決定する．その結果，運搬費用の約30％の削減が見込まれた．

(3) 教育・コミュニケーション活動が非常に重視され，JITの本や資料の収集がなされ，毎週のミーティングなどで応用方法の検討が従業員レベル，マネジャーレベルでも行われるようになった．このようなJIT方式の導入の「成果」は，きわめて大きく，おおよそ次の通りであったといわれる．

(1) 当初の目標であったフロアスペース 4,500 ㎡ の開放．

(2) 直接人員の労働生産性の15％向上．

---

21) 洲崎清稿「米国でブームの『ジャスト・イン・タイム生産』事情」（『工場管理』85.5.）30～41ページ．

(3)間接人員の労働生産性の25％向上．

(4)原料および中間仕掛在庫の40％減少．

(5)スクラップおよびリワーク（作り直し）の33％減少．

また少量生産工場でも，次のような「成果」があったと指摘されている．

(1)直接人員の労働生産性の7％向上．

(2)間接人員の労働生産性の15％向上．

(3)原材料および中間仕掛在庫の22％減少．

(4)フロアスペースの2,000㎡の開放．

〔事例2　スリーエム社〕

スコッチ・テープのメーカーである3M社のビディオカセット組立ラインでは，1984年2月からJIT方式の導入をはじめ，短期間のうちにきわめて大きな「成果」を上げたといわれている．同社の場合は，コーヒーカップを使用してシミュレートし，問題の抽出，解決を早期に図った点に特徴があった．このシミュレーションは，次のような手順で行われた．

(1)シミュレーションは3部門，15のワークステーションに対して行い，まずラインの終わりから製品を"引取る"ことから始められた．

(2)シミュレーションをなるべく"現実に即したもの"とするため，機械故障，品質の悪い部品の混入なども組み込んで行われた．また，機械の性能，段取時間，品種構成なども模擬し，コーヒーカップの中には「カンバン」も入れて，時間ごとの生産高をモニターし，平準化生産の様子についてもチェックする．

(3)ひととおりのプロセスが終わったとき，100件以上の問題点が見出された．それらが，実際に生産がスタートする以前に解決されているように，一つ一つ検討が加えられた．

この3M社のコーヒーカップ・シミュレーションの「成果」は，約半年のうちに，在庫高は80％減，そして品質向上などに求められたという．

以上の事例にみる限りでは，JIT方式はアメリカの工場でも，それなりの「成果」を発揮しているといえそうである．

第XIII章　日本的経営制度の国際化

それでは，このJIT方式以外の，とりわけ労務管理的な側面では，どのような労務政策が採用され，それがどのような「成果」を生み出しているのであろうか．

例えば，データとしてはやや古いが，1981年（昭和56年）9月に，日本貿易振興会から刊行された資料[22]によると，進出企業が「日本的経営」の一環として意識的に実施している経営政策には，次のようなものがあった．

(1) レイオフをできるだけ避けるなどの雇傭の安定面．
(2) 職務の融通性など業務・作業にかかわる面．
(3) レクリエーションなど福利厚生にかかわる面．
(4) 人材育成にかかわる面．
(5) 社内報など社内情報にかかわる面．
(6) ボーナス制度．

また，これらの「日本的経営」がもたらした「成果」については，次のような点が挙げられていた．

(1) 従業員の定着率が高くなっている．
(2) 製品の品質が良くなっている．
(3) 友好的職場環境，コミュニケーションの改善がみられた．
(4) 従業員の欠勤率が少なくなっている．

だがJIT方式にせよ，日本的経営制度にせよ，アメリカで手放しで歓迎されているとは限らない．とりわけアメリカの労働者には，きわめて複雑な反応を与えているようだ．それは，次のコラムにもみられるとおりである（次ページ参照）．日本的経営の国際化によって深められる矛盾もまた大きいことを忘れてはならないのである．

---

22) 日本貿易振興会編『在米日系進出企業の経営の実態』52ページ．

日本人経営に違和感

日本企業による対米投資の急増は雇用の創出を通じ米国社会に大きく貢献している――。日本の経営者のだれもが語り、米国人の多くがうなずくこの論理も、ひと皮むけば米国社会にいわく言い難い反応を引き起こしつつある点を見逃すことができない。

米国のマスコミがこぞって「日米協力の模範例」と称賛したトヨタ・GM（ゼネラル・モーターズ）の合弁事業にしてそうである。会社のNUMM社がFTC（米連邦取引委員会）の正式認可後、いち早く旧フリーモント工場の労働者五千人に対し応募書類を同封した手紙を出し、五月には最初の三百人程度の従業員を採用し日本に研修に行かせるとの計画を公表した時、メッツチ・フリーモント市長は「すばらしい事だ。FTCの決定は遅すぎた」と手放しの喜びようだった。

しかし、シリコンバレーを拠点にした地元紙のひとつ、「サンゼ・マーキュリー」は、NUMM社の出した手紙には「もし、あなたが採用されたとしても新入社員として扱う。過去GMとの間で結んだ労働協約などは一切適用しない」という"警告"がある点を指摘したうえで、次のような元フリーモント工場従業員の複雑な反応を紹介している。

「日本人はNUMM社の従業員に一日二十五回の腕立てふせをさせるといううわさがある」

「すでに他のGMの工場に職を得ている者は採用されない。故郷に帰るとはできない」

現在、日本からカリフォルニア州に進出している企業の数は二千社に迫り、現地従業員の数は五万人を超えている。だから、対米投資を阻害するユニタリー・タックス（合算課税）は、「アンチジョブ（雇用）」（ソニーの盛田会長）ということになるのだが、米国人の心の片隅に「本を正せばだれが職を奪ったのか」という気持ちがあったとしても不思議ではない。

カリフォルニア州の上位銀行十行のうち半数以上が邦銀など外銀の翼下におさまっているが、邦銀で働くある現地社員は「英国のミッドランド銀行がクロッカーを買収した時は感じなかったという日本の銀行が米銀を買ったというニュースを聞くと、外国人の経営する会社になったのかという気がした」と、率直な印象を聞かせてくれた。

百年以上の歴史のある名門のバンク・オブ・カリフォルニアを含みカリフォルニアで三行の買収を経験している加州三菱銀行の斉藤啓助副頭取は、「一番神経を使うのが人事問題。現在は米国人二人、日本人三人で構成する役員会を毎週開き、細かなことまで話し合って決めるようにしている」と、苦労の一端を話す。日本企業による米国企業の買収ブームに対する米側の反応は日本で耳にするほどひと色ではなかった。

（ロサンゼルス＝矢作特派員）

出所：日本経済新聞

3-4 日本的経営をゆるがすもの

すでに検討してきたように，日本の労働者の異常なまでの勤労意欲＝忠誠心を支えた要因として，これまでは，終身雇傭制を典型とする日本的経営の諸制度の機能を求めるのが一般的であった．それとともに，ME化の進展を中心とした急速な技術革新の展開，オイル・ショックに象徴される世界的な長期不況の発生・拡大は，日本的経営にまつわる神話を，必要以上に，また実態以上に大きな虚像として描き出してみせた．

だが，日本的経営は，同時に，日本的「合理化」の所産であった．そして，この日本的経営でも，もうどうにもならない事態が，着実に迫りつつあることを，われわれは忘れてはならない．例えば，1985年5月23日の日本経済新聞は，2000年の労働市場を予測した調査結果として，次のようなことを報じている（図XIII-2参照）．

図 XIII-2　西暦2000年の労働市場

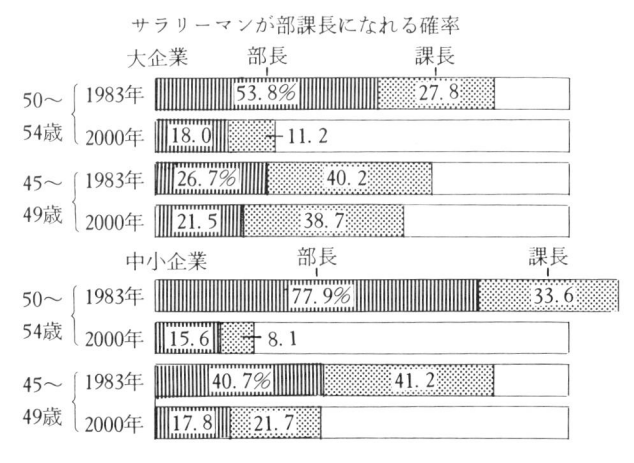

サラリーマンが部課長になれる確率

大企業　　部長　　　課長

50〜54歳　1983年　53.8%　27.8
　　　　　2000年　18.0　11.2

45〜49歳　1983年　26.7%　40.2
　　　　　2000年　21.5　38.7

中小企業　　部長　　　課長

50〜54歳　1983年　77.9%　33.6
　　　　　2000年　15.6　8.1

45〜49歳　1983年　40.7%　41.2
　　　　　2000年　17.8　21.7

注：1. 大卒男子，25歳から1度も転職していない社員．
　　2. 100%を超える数字は中小企業では転職者が多いことを示す．

(1) 年功序列の待遇が崩れるのは，2000年には第1次ベビーブームの団塊の世代(1947〜49年生まれ)が50〜54歳の年齢層に達するためで，企業側はこうした世代にこれまでのように管理職のポストを用意できない．即ち，大学卒業の男子のうち，50〜54歳で部・課長になれるのは4人に1人だけである．

(2) 団塊二世(1971〜74年生まれ)にとっては，ポストに比べて新卒者の数が多く，団塊二世を吸収するのは「絶対に不可能」，「おそらく不可能」と答えた企業の割合は，大卒男子について57.1％，同女子75.3％にのぼる．

(3) 正規の雇傭者は研究開発部門で241万人増えるものの，販売・サービス部門では86万人減，工場，オフィス部門では444万人減る．

(4) 非正規の雇傭者(パートタイマー)は着実に増え，2000年には全体の雇傭者4,500万人のうち1,492万人と3人に1人の割合を占める(82年統計では6人に1人)．

またこの調査報告は，このような変化に対応する方法として，サラリーマンたるものは，(1)自己啓発，自己投資をして自立につとめること，(2)企業は管理職以外の専門職制を確立して，企業の外に労働者が出されても通用できるような人材を育てることが必要だとしている．同時に，労働時間を短縮することにより，新たな雇傭機会を創出することも提案している．

日本の労働者階級を取り巻く諸情勢は，加速度的に厳しさを増しつつあるが，その一部は，既に表面化している．例えば，失業の問題がそれである．

周知のとおり，わが国での1983年の完全失業者数は156万人，失業率は2.6％と，調査開始以来最悪といわれる状態になっている．しかもその内容は，男子の14〜24歳が4.6％(前年比0.4％増)，女子の15〜24歳が4.5％(同0.2％増)，男子の55歳以上が4.3％(同0.5％増)と高率を示しており，いわばU字型構造を成している．このU字型の谷間は次第に深くなり，やがてそれはV字型に近づいていくであろう．われわれは，ここにも，今後，日本的経営をゆるがすであろう1つの要因を見出すのである．

青年は，こうした社会的情況の推移に，きわめて敏感に反応する．彼等が，いつ放り出されるかわからない職場を，何よりも優先させて考えるようなことをしなくなったのも，当然のことといえよう．これまで日本的経営を支え，日本的経営のスピリットとまでされてきた忠誠心が，経営者の期待するほど発揮されなくなることは，ありうることである．

例えば，日本青少年研究所の小玉敏彦氏は，1982年10月に日本，アメリカ，イギリス，西ドイツ，スウェーデン，イスラエルなどの労働者を対象とした意識調査（日本では1,501人から調査票を回収）の結果を，次のように紹介している[23]．

表 XⅢ-12 忠誠心と労働条件との相関

	日 本		アメリカ		西ドイツ	
1	発言権がある	.502	所属が誇り	.637	面白い仕事	.633
2	所属が誇り	.491	情報に通じている	.602	所属が誇り	.572
3	有用と考えてくれる	*.481	発言権がある	.593	発言権がある	.568
4	他人から尊敬	*.440	社会的評価高い	.588	人間として扱われる	.564
5	人間として扱われる	.433	組合活動活発	.585	有用と考えてくれる	*.552
6	情報に通じている	.428	質の高い仕事	.578	責任の重い仕事	.539
7	上司と良い関係	.423	人間として扱われる	.576	こなしきれない仕事	.523
8	社会的評価高い	.400	能力の発揮	.560	他人から尊敬	*.509
9	責任の重い仕事	.394	こなしきれない仕事	.525	情報に通じている	.506
10	働きに見合う収入	.379	面白い仕事	.491	上司と良い関係	.498

注：＊印の項目はアメリカのデータにはない．
　　各国とも上位10位までを示す．
出所：小玉稿「同論文」

ここでまず小玉氏は，表XⅢ-12によりながら，日本人労働者の忠誠心の源泉について，他国の労働者の場合とは，かなり，異質な要因が指摘できるという．つまり，他国の労働者の場合には，「仕事の質や内容と企業の処遇とが企業忠誠心の両輪」になっているのに対し，日本の労働者の場合には，「仕事満足感や勤労意欲と強い相関があった仕事の質に関する条件が，企業

---

[23] 小玉敏彦稿「'90年代の仕事と人間を考える―労働観の変化と日本的経営の行方」（『エコノミスト』83.11.21.）以下の引用は本稿からである．

忠誠心と相関が弱い」ことが指摘されている．そして，そこから，次のような結論がいわれていた．

「……日本を含む各国とも，雇用の安定と企業忠誠心との相関は弱く，日本の終身雇用制が企業忠誠心の源流であるとする説は疑問視される．少なくとも直接的な要因とはなっていない．日本人の企業忠誠心が諸外国よりも高いとすれば，その理由は日本の企業に稟議制など意思決定への参加の機会が多いことに求められるであろう．」

同様な論法でいけば，QCサークル活動やTQC活動も，日本的「参加」の機会として位置づけられ，忠誠心高揚の要因となる．

それでは，日本の労働者の忠誠心は，年齢的にみれば，どのようになっているのであろうか．ここでも小玉氏は，図XIII-3を示しながら，日本の労働者の勤労意欲が「諸外国に比べて高いという確証は必ずしもない」といい，次のような点を指摘している．

図 XIII-3　勤労意欲の日米比較
「現在の仕事に打ち込んでいる」者の割合

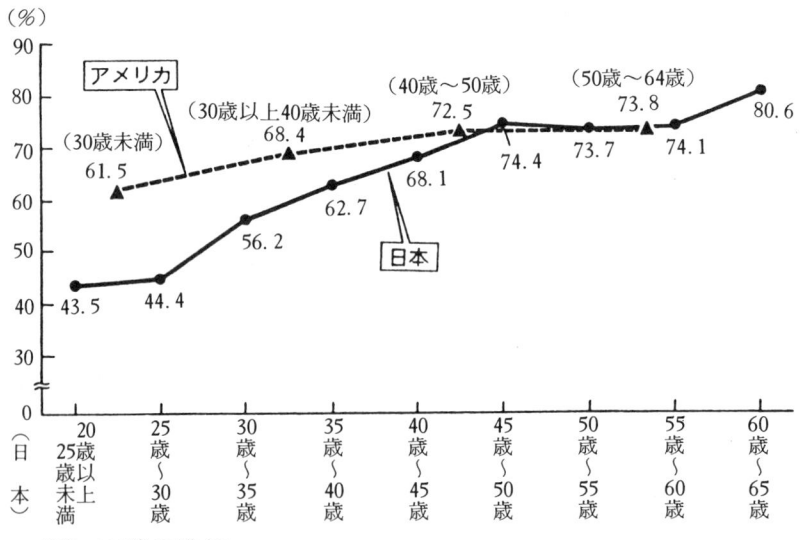

アメリカ
(30歳未満) 61.5
(30歳以上40歳未満) 68.4
(40歳〜50歳) 72.5
(50歳〜64歳) 73.8

日本
43.5　44.4　56.2　62.7　68.1　74.4　73.7　74.1　80.6

（日本）
20〜25歳未満／25歳〜30歳／30歳〜35歳／35歳〜40歳／40歳〜45歳／45歳〜50歳／50歳〜55歳／55歳〜60歳／60歳〜65歳

出所：小玉稿「同論文」

みを忠実に擁り，闘いにかえて「協調」し，労務管理の一翼を担っている労働組合が，若年労働者はもとより，次第に多くの労働者から信頼を失いつつあることも否定できない．残念なことに，複雑な情況におかれ，分裂しているわが国の革新勢力は，目下のところ，労働者のエネルギーを十分にくみあげ，闘う力にしていない．

だが，日本的経営制度の国際化は，同時に独占を取り巻く矛盾も国際的に拡散し，深化することを意味していた．とりわけ，日本的経営の国際化は，こうした傾向が著しいといえよう．したがって，佐々木建教授の次のような指摘は，われわれにとって，きわめて重要な意義をもっているのである．

「最近のアメリカや西ヨーロッパとの『貿易摩擦』の深刻化は，わが国独占企業の対外戦略の手なおしを迫り始め，対外進出と在外生産活動の積極化が方々で主張されはじめている．このことが，主張されているように急速に実現されるかどうかはともかくとして，昨今の『日本的経営』『日本式経営』の成功のことさらの大国主義的な宣伝に関連して，わが国企業の対外進出が生み出す『文化摩擦』の拡大の可能性に注目しておかなければならない．……わが国独占企業の場合には，アメリカ以上にその独自の『企業文化』の輸出に情熱的であって，これがわが国企業の経営組織の過度の集権的構造と結びついた時，その対外進出はアメリカ多国籍企業以上に現地での対立を激化させる可能性をもって展開されるであろうことは容易に想像できるのである．だから，……わが国の労働組合運動にとって，国内において労働者階級に課せられている『日本的』管理を新しい国際主義の視点から批判することは，ますます必要なことになって来ているのである．」[27]

---

27) 佐々木建著『多国籍企業と労働問題』267〜268ページ．

「レイオフせず」を確約
トヨタ・GM合弁会社の労働協約
有給ランチタイムも導入

【ロサンゼルス二十七日＝矢作特派員】トヨタ自動車と米GM（ゼネラル・モーターズ）の合弁会社NUMMI（ニュー・ユナイテッド・モーター・マニファクチャリング・インク）とUAW（全米自動車労組）支部二三四（カリフォルニア州フリーモント）が締結した労働協約の具体的な内容が二十六日明らかになった。賃上げは時給二十八㌣にとどまったが、実質的な非レイオフ（一時解雇）保証、三十分間の有給ランチタイムというキメの細かい配慮に米労働界の反応は総じて肯定的だ。日本の乗用車メーカーがUAWと結んだ初の労働協約の最も目新しい点は、「雇用保証」（リーU

AW西部地区長）。NUMMIは①会社の長期的な財政状態がそうせざるを得ないほどに悪化しない限りレイオフをしない②レイオフを行う場合はそれに先立ち役員給与削減、自主退職者の募集など類に集約することを骨子とした作業の標準化に成功した。しかし、組合員の間に「トヨタの生産ラインの稼働速度は速すぎる」との不満があり、それぞれの部門で労使双方の代表による委員会を設置し、苦情や注文を処理することになった。

有給三十分ランチタイムの導入など穴埋めした。会社は当初の計画通り旧GM工場時代に八十四あった職種を四分

また、他のUAW支部と比べて低いと批判のあった賃金も単純インエで時給二十八㌣増の十三㌦、熟練工で同四十八㌦増の十五㌦九十五㌣とほぼ平均水準に引き上げられた。平均年齢の高い千二百人の組合員にはいささか不満が残る額だが、一時金、一週間で三十三㌦を多少超える米国では初めての定締結の一時金、

出所：日本経済新聞（朝刊）1985.6.28.

第 XIV 章

不況下における日本的経営
——日本的経営の将来像——

1　経済企画庁の調査

　1992年から93年にかけて，アメリカやドイツなどの先進工業諸国は不況に悩まされていたが，日本経済もその例外ではなかった．それまで異常な活況を呈していたバブル経済が破綻し，「複合不況」といわれる長期の不況が浸透してくるにつれて，銀行や証券企業の反社会的行為も明らかにされてきた．こうしたなかで個別企業のリストラクチャリングも進み，再び大幅な「減量経営」が強行されようとしている．日本の企業の行動が再検討されることは，同時にそれを支えてきた日本的経営を再吟味することでもある．ここでは1992年1月に経済企画庁が行なった「平成三年度企業行動に関するアンケート調査報告」に従って，不況下での日本企業の行動と，それに伴う日本的経営の転換についての検討を進めることとする．

　このアンケート調査の目的は，「1980年代後半における金融情勢の変化にもとずく経営環境の変化への対応，企業活動における在庫の管理などにかかわる企業行動を探るため，①景気変動に対応する在庫管理の動向，②企業金融の自律性，③企業行動の意識などについて企業の意識と行動を把握し，日本経済の現況の解明に資する」ところにあるとされている．調査の対象となったのは，東京，大阪，名古屋の証券取引所第一部，第二部に上場してい

る企業のなかで，金融・保険を除いた全企業1861社であり，回答企業数は1314社（製造業835社，非製造業479社）となっている．回答率は，70.6%であった．アンケート調査としては，かなり高率の回答であり，現在の状況の中での経営者の意識が反映されているものといえよう．

　ここでは，まず，「調査結果の概要」としてつぎの点が指摘されている．

　「日本経済あるいは日本企業は，現在，循環的な面と構造的な面の両面から大きな変動を経験しつつある．

　循環的な面では，四年間続いた高成長もこのところ大きく減速しており，企業の景気見通しも警戒的なものとなっている．需要の低迷から在庫が増加し，生産の抑制が行なわれている．かつて旺盛な需要や高収益に加えて，低金利や株式市場の活況による豊富な資金を背景として，高い伸びを誇った設備投資もこのところ鈍化が著しい．これら在庫と設備投資は，近年循環的影響を受けにくくなったと言われてきた．

　すなわち，在庫管理技術の発達により在庫量は減少し，変動も小さくなった．合理化，省力化投資は景気変動と独立に行なわれる投資と思われた．金融の自由化・国際化に加えて，金融緩和・株価高騰により企業は資金調達のフリーハンドを得たようにみえた．景気循環の節目を迎えている現在，こうした在庫，設備投資の循環的な変動の程度を，改めて検討することが必要と思われる．」

　このように，まず今回の不況が従来の景気循環的要因によるものとはやや異なり，さまざまな要因の「複合」によるものであることが指摘されている．同時にそのことは，日本の企業が一層複雑な対応策を要請されていることでもあった．その点について，企画庁では，次のように指摘している．

　「構造的な面では，企業の存在が根本的なところで問われている．戦後の日本企業は，業界・系列などのグループを結成し，従業員の勤勉さと忠誠心を得て，経済効率を徹底して追求してきたと言えよう．しかし，このようなシステムにも，最近いくつかの点から疑問が投げ掛けられている．

　第一は，国際化が進展した結果，いわゆる"日本的経営システム"に対し

て，国際的な批判が出てきていることである．

第二は，人々の生活が豊かになるとともに価値観が転換し，従来のような仕事第一主義から，人々の会社に対する態度が変化してきたことである．

第三に，企業と社会との関係についても，単に生産活動を行ない雇用機会を提供するにとどまらず，社会的存在としての企業の望ましい在り方や，企業の社会的貢献などについても関心が高まっている．まさに企業の存在意義と存在形態が問われている.」

ここでは，日本企業のこれまでの営利至上主義的な行動と，それを支えた日本的経営についての批判が述べられている．その意味からすれば，今後の日本企業の行動や日本的経営の在るべき姿を指摘している部分として重要である．

2 設備投資と雇用の動向

以上の前提のうえに，更にアンケート調査の結果として，次の諸点が指摘されている．まず，経営環境と経営基本方針についてである．

日本経済の今後の見通しについては，1992年度は「一時的に成長率は下がるものの以後3％台半ばの安定成長」に転化すると指摘されている．即ち，1992年度の「実質経済成長率の見通しは，平均3.1％と成長率が引き続き鈍化する」と多くの経営者は観測しているものの，「今後3年間3.4％，今後5年間3.5％と中期的には安定成長を維持する」ものとみているという．また，業界需要に関しても，1992年度には「平均2.7％と製造業を中心に慎重な見通しとなったものの，中期的には3％台後半の安定的な成長」になるという見通しをもっている．

(ア) 設備投資の動向

このような今後の経済成長の見通しのもとに，設備投資についても「今後3年間に設備投資動向は，年平均4.6％の増加と，過去3年間の年平均10.9％に比べると約半分弱の伸び」を見込んでいる．しかし，特に素材型製造業における伸び率の低下が著しい点には注意が必要であろう．

さらに，設備投資の決定要因をみると，生産能力増強のための投資では「需要動向」と「収益水準」が大きなウエイトを占めることが指摘されている．しかし「金利動向」については，「手元流動性」や「株式市場の動向」は，あまり重要な要因と考えられていない．また合理化・省力化投資および研究開発投資については，それぞれ「人手不足」及び「他社の動向」を要因として指摘しているのが多いことが特徴的である．これらのものは，一般に独立投資といわれながらも「需要動向」や「収益水準」も比較的大きな影響を及ぼしている点が指摘できる．

なお，いずれのカテゴリーにおいても今後3年間について「金利動向」を挙げる企業が増加していることは，このところの金融情勢の変化を反映しているものと見られる．結論的にいえば，設備投資全体からみると，生産能力増強のための投資は今後低下するのにたいして，合理化，省力化投資及び研究開発投資は上昇する傾向がみられる．

(イ) 雇用問題

今後3年間の雇用動向については，5割弱の企業が雇用を増加させるとしており，依然として強い雇用意欲がうかがわれる．また，採用は引き続き困難になるとみている企業が約半数を占め，雇用情勢に関しては厳しい見方をしている．

また，職種に関しては，特に技術者の不足を指摘する企業がいくつかあった．人手不足にたいする対応策をみると，労務面では「賃金の引上げ」を指摘する企業が3割程度にとどまったのにたいし，5割程度の企業が「福利厚生制度の充実」，「労働時間の短縮による人材の確保」を挙げており，労働環境・労働条件の改善により，職業としての魅力を高める方向を打ち出している．

3 在庫調整の動向

(ア) 在庫量について

過去3年間においては半数近くの企業で在庫量が増加したことが指摘され

ている．しかし今後3年間については「在庫を減少させる」とした企業は3割強と，過去3年間に減少させた企業よりも増加する傾向が見られた．

過去3年間において在庫量が減少した要因としては，「生産の伸縮性の向上」を挙げた企業が50.6％と最も多く，次いで「コンピュータシステム（POS）の導入による在庫管理方法の改善」(37.2％),「ジャストインタイム（かんばん）方式の導入による在庫管理方法の改善」(22.4％）が挙げられている．なお，過去3年間において在庫が増加した企業のなかには，「このところの需要低迷による在庫増のほかに，単品としての在庫は減少しても製品・部品の多様化のために全体としての在庫は増加してしまう」という企業がみられた．

また，JIT方式について今後解決をはからねばならない問題点としては,「物流業の労働力不足等による物流コスト高」(50％),「相手企業への配慮」(35.3％）などが挙げられている．

(イ) 在庫調整の方法について

需要の変動にたいして生産の伸縮によって対応しようとする場合は，過去・現在とも,「雇用者数を調節して生産を変化させるよりは，設備の稼動率の調整や労働時間の調整により生産を変化させる企業」が多くなっている点が指摘されている．これは，人手不足による人員確保の困難さを考え，一度採用した人員はあくまでも保持していこうとする傾向のあらわれといえるであろう．

今後の在庫量については,「物理的にさらに減少することが可能としている企業」は33.3％であった．また,「ある程度減少させることができるとする企業」も一割程度あった．しかし「現在の在庫量より減らすことは難しいとする企業」も47.1％あり，在庫の削減にも限度があることがうかがわれる．

今後，在庫の削減をはかっていくうえでは,「製品設計の合理化」（部品数の削減，共通化),「生産工程の短縮」などが必要とする企業がみられた．なお，望ましい在庫水準は1992年度の「47.4日分」から3年後には,「42.8日分」と一割程度低下すると考えられている．

4 企業金融の自律化

(ア) 設備投資資金の余裕度

設備投資資金の余裕度については，過去3年間は5割近くの企業が「余裕がある」と答えていたのにたいして，今後3年間は逆に5割近くの企業が「苦しくなる」と答えている．設備投資資金の余裕度の背景としては，「景気の動向（売上・収益の伸び）」によるものが最も多く，ついで「金融の動向（金融の引締め・緩和）」によるとするもの，「株式債券市場の動向」となっている．金融の自由化・国際化の進展を挙げる企業は少なく，企業金融は引き続き景気循環や金融情勢の影響を強く受けるものとみられている．また，合理化・省力化投資や研究開発投資も，今後金融情勢が厳しくなると影響を免れないとみられている．

(イ) 設備投資資金の調達

設備投資資金の調達については，過去3年間では「国内金融機関からの借入れ」，「国内資本市場からの資金調達」，「海外市場からの資金調達」がほぼ同じウエイトを占めていたが，今後3年間においては「国内金融機関からの借入れ」は，大幅にその割合を上昇させる一方，「国内資本市場からの資金調達」，「海外市場からの資金調達」は逆にその割合を大幅に低下させている．

また「手元流動性資金の取崩し」も，過去3年間より今後3年間において大幅にその割合を上昇させている．内部留保については，過去・今後ともほぼ同じ割合であった．

今後，国内資本市場及び海外市場からの資金調達から金融機関借入へのシフトが予想されているのは，企業にとって国内資本市場及び海外市場は，有利な時には資金調達をするがそうでなければ引き上げるマージナルな資金市場であり，基本的な資金調達源はやはり内部留保と金融機関であることを示唆しているものと考えられる．

5 企業行動の理念と意識

(ア) 企業行動の理念

以上に指摘したような日本経済の状況のなかで，企業行動の理念としてはどのような点が強調されているのであろうか．回答率の高い順に列挙してみると，「事業活動において節度ある適正な利益に配慮する」(61.6%)，「消費者へ良質・安価な商品を提供する」(56.9%)，「従業員のゆとりある生活に配慮する」(51.0%)，「従業員の自己実現，適材適所に配慮する」(46.3%) などがある．いずれも，企業行動の理念についての最近の関心事については，十分に意識されているものといえよう．

(イ) 企業経営の目標

さらに企業経営の目標としては，今後は，「伝統的分野でのマーケット・シェアーの維持・向上」がウエイトを高めている点が指摘されている．また，今後については，「国際化戦略の見直し，強化」が，大幅にそのウエイトを上昇させている．これは，これまでの日本企業に伝統的な「横並び競争」から，独自の評価基準を考慮し始めているものと考えられるであろう．それとともに，このような「国際化戦略の見直し」の背景には，世界における自己のプレゼンスの高まりを意識しているものとみられる．

(ウ) 企業行動の決定要因

企業行動の決定要因としては，今後3年間も，「業界内秩序の維持」(57.6%)，「系列全体としての利益」(49.1%) などが引き続き多く見られる要因である．なお，「自律的な独自の活動」を指摘する企業も3割あった．それとともに「異業種間交流」(19.6%) は割合が上昇し，「公的規制」など (13.3%) は，若干低下している．

こうした，企業間関係の変化の背景にある要因としては，今後は「業界成長の促進や市場秩序の維持」については若干低下し，「技術革新への対応」や「国際的要請への配慮」については，その必要性が高まるという意識があると思われる．

(エ) 企業内職務流動性の促進と福利厚生の充実

企業と従業員との雇用関係については，過去においては「従業員に対する福利厚生給付を充実した」とするものが最も多く，全企業の48.6％を占めていた．次いで「年功序列制による人事管理を修正した」(34.2％)こと，「企業内職務流動性を促進した」(32.2％)ことが指摘されている．

　また今後については，「企業内職務流動性を促進する」のが最も多く，全企業の56.9％を占めており，ついで「従業員に対する福利厚生給付を充実する」(50.8％)，「年功序列制による人事管理を修正する」(42.6％)の順になっている．それとともに「女子従業員活用制度（育児休業，再雇用）を導入する」が，大幅に割合を上昇させている点も注目されてよい（過去18.3％，今後34.9％）．

　個別企業にたいする面接では，「今後，高学歴化の一方でポストは増えないので単なる年功制度ではなく，日頃の仕事振りをみていく」とか，「会社全体でみれば人材は余っているが，社員の意識の変化により会社の都合のみで人員配置を行なうことが次第に困難になってきている」（例えば単身赴任が嫌われる）などの点が特に強調されていた．このため「地域や部署によっては人材が足りなくなってきており，こうしたミスマッチを解消するため企業内の流動性を高めることが大きな課題」などの意見があった．

　(オ)　従業員の企業に対する価値観の変化

　雇用関係の変化を規定する要因では，過去においては「人手不足」とするものが最も多く，全企業の60.9％を占めていた．次いで「企業の成長」(51.2％)，「企業に対する価値観の変化」(32.0％)が挙げられている．いずれにしても，企業にたいする価値観の変化は，その割合を急速に増加させている．

　(カ)　人件費の圧縮

　人件費の圧縮方策としては，過去においては「合理化・省力化投資」が最も多く，全企業の58.0％を占めていた．ついで「残業時間の抑制」(46.3％)，「雇用の多様化・多角化」(35.7％)となっている．

　また今後においては「合理化・省力化投資」が最も多く，全企業の67.0％

を占めている．ついで「残業時間の抑制」(38.8%),「勤務体制の合理化」(38.2%) となっているが，同時に「配置転換等による余剰人員の圧縮」が6.8%上昇し,「勤務体制の合理化」が14.3%上昇するなど，企業内労働力の活性化をはかる試みも考えられている．

　㈭　中途採用者比率と退職者の再雇用比率

　中途採用者比率は，全産業でほぼ横這いで推移するとみられている．また退職者の再雇用比率は全産業で微増の傾向にある．

　㈰　地域社会との対応

　地域社会との対応については，「従業員が地域活動を行ないやすい環境を作る」(68.2%),「企業自らが地域社会の一つの活動主体となる」(51.0%),「資金は出すが運営は地域に任せる」(24.8%) などが考えられている．この問題については，面接調査においても，まだ具体的方策が確立しているところはそれほど多くはないが，なかには地方都市に欠けているものを補い，快適な市民生活を送れる環境を整備するための中核的役割をはたすことを目指している所もあった．

　以上，経済企画庁によるアンケート調査の概要を検討してきたが，それを要約すると次のように整理することができるであろう．

　1．経営環境については，アンケート対象企業は，わが国及び業界の成長率が一時的に鈍化するものの，中期的には安定的な成長経路に復帰するものとみている．設備投資の伸びは大幅に鈍化するものとみられているが，これは，需要あるいは収益がかつてのきわめて高い水準からノーマルな水準に移行していくことに対応した動きと考えられている．

　成長率が鈍化していくなかでも，雇用意欲は引き続き旺盛で，人材確保は今後とも困難であると認識されているが，こうした情勢のなかで，労働条件の改善や雇用関係の変化が進展するものとみられている．

　2．在庫管理の現状としては，生産の伸縮性の向上やPOSシステムの導入などによる在庫管理技術の向上にかかわらず，過去3年間で在庫は増加し

ている企業数が多い．これはこのところの需要の低迷という循環的要因とともに，製品・部品の多品目化という構造的要因も大きい．

今後の在庫の動向については，物理的に現在以上減らせないとする企業もかなりの数にのぼっており，今後在庫を減らすためには，製品設計の合理化や生産工程の短縮などから取り組まなくてはならないという見方もあった．しかし3分の1ほどの企業は今後在庫を減らしていくとしており，全体としての在庫率も今後逓減していくものとみられる．

3. 企業金融の余裕度は，金融市場の自由化・国際化などの構造変化にかかわらず，依然として景気循環や金融動向から大きな影響を受ける．こうした需要・収益や金融動向の影響は，能力増強投資だけではなく，通常独立投資といわれる合理化・省力化投資や研究開発投資についてもあてはまる．なお，今後の設備投資の決定要因として金利の動向は重要だが，株式市場の動向はあまり大きな決定要因とはみなされていない．

4. 企業行動の意識としては，今後異業種間交流が若干増加するものの，引き続き業界や系列などを重視するなど，基本的に従来型のシステムが維持されるものとみている．しかし，こうした中で，従来のシェアー重視から収益率重視への転換や国際的要請への配慮など新たな行動基準を探ろうとする動きもうかがえる．

また従業員の価値観の変化，人手不足や企業成長の鈍化などに対応して，雇用制度の変更を行なう企業が多くなってきている．地域社会への貢献に対しては積極的な姿勢を示しつつも，具体的内容としては模索中という段階にあるとみられる．

6 日本的経営の問題点

日本経済が，かつて経験しなかったような深刻な不況に遭遇している現在，それを克服するためにも日本企業には新たな行動が求められている．同時にそれは，これまでの日本企業の行動を支えてきた日本的経営についても反省を迫り，再編を促す要因でもあった．それでは，これまでの日本的経営

はどのような点での反省が必要であり，また，どのような方向で再編されるべきなのであろうか．ここでは，いささか感情的な面もあるが，いろいろと話題をよんだ盛田昭夫氏（当時ソニーの会長）の論文「日本型経営が危ない」（「文藝春秋」1992.2.）の検討から始めることにする．

ここで盛田氏は，自らの経営者としての経験を踏まえながら，まず日本の企業行動の根底にある熾烈な競争原理とシェアー重視の必然性について，次のように指摘する．

「日本市場では企業間の競争が非常に熾烈です．例えば，民生用電子機器の業界をみても，比較的すみ分けが明確でまた競争もそれほど激しくない欧米の市場環境に比べ，日本では，この狭い市場に，世界的な大企業がひしめき合い，競合する製品分野でしのぎを削りながら競争しているのが現状です．こうした市場においては競争はどうしても価格競争に集約してきます．そこで勝ち抜くには，大量生産によるコストダウンが大きなカギの一つを握ります．そのため，いきおい企業の側では大量に作った製品の販売先を確保するため，利益を犠牲にすることを覚悟で価格を引き下げてまでも売上げを伸ばし，市場シェアをとることに重点を置く場合もでてくるのです．つまり，日本企業の価格設定のやり方は市場獲得のために販売価格が先に決定され，その価格で売れるように，コスト，利益を削っていく方式がとられがちなのです．このような日本市場の特徴のため，日本企業の価格設定のやり方は欧米企業のものとは異なるものとなってしまいました．」

日本の市場構造の特異性と，そこでの価格競争の激しさとが，日本企業の独自の行動を生み出す要因となっていると指摘した盛田氏は，同時にそれが日本企業の営利至上的な体質も作り出したと，次のようにいう．

「そのため日本企業は必然的に，その持てるリソースのすべてを競争に勝ち抜く諸条件整備のために優先的に振り向けざるを得ませんでした．即ち，企業の業績が好調で，利益が大幅にあがっても，企業はその利益を一層の競争力向上のため，研究・開発や生産設備等への再投資に振り向け，さらには，景気その他企業を取り巻く経営環境の悪化に備えて内部留保に回すように

なったのです.」

　たしかに日本企業の内部留保は巨額であり，また銀行からの豊富な借入金などもあって不況に対する抵抗力も強大であるが，同時にこのことは，従業員や株主に対する配慮の欠如，地域社会への貢献などを忘れた企業行動の結果であるという面も否定できない．この点は盛田氏も指摘している所であって，次のようにいっている．

　「確かに，こうしたやり方は企業の体質を強化することに大きく役立ってきましたが，その反面，利益を従業員や株主，または地域社会に還元していくという側面が隠れてしまったきらいがあります．また，企業の活動を支えてくれる協力会社に対しても，自社の競争力向上を重視するあまり，時には無理を言ってきたきらいがあります．その結果，これらの企業にかかわる関係者の利益と経営方針との関係が欧米とは大きく異なってしまったようです．」

　さらに問題にされなくてはならないことは，日本企業のこのような行動と体質に，日本の労働者のみならず労働組合までも同調し，世界でもまれに見る企業風土を作りあげている点である．盛田氏は，この点について次のようにいう．

　「戦後の復興期において，GHQの指導による労働慣行の民主化の結果としてもたらされた終身雇用制は，日本企業の経営慣行に大きな変革をもたらしました．これによって，企業のマネジメントと従業員の間に≪運命共同体≫的意識が形成され，労使間，従業員間に給与面で大きな格差を設けないやり方や，年功序列意識といった日本的な平等主義につながることになりました．さらには≪欧米に追い付け，追い越せ≫という共通の目標のため労使が一体となって技術をみがき，生産効率を上げ，品質の向上に励むという欧米とは異なった企業風土を生み出すこととなりました．」

　その結果,「過労死」という異常な事態が日本的経営の代名詞となり，サービス残業という日本的な事態が常識的にすらなってしまった．その結果，長時間労働が世界的に批判されるにいたっている．しかも，日本の政府も経営

者も世界的な批判のなかではじめてその改善への取り組みを見せたに過ぎず，その実効はなかなか具体化されそうにない．

このように，欧米の企業とは異なった行動を世界的規模で繰り広げている日本企業にたいしては，当然のことながら厳しい批判の目が向けられることになる．それを盛田氏は，次のようにいう．

「海外でもライバルの日本メーカーに勝つためには，日本市場と同様なやり方で競争せざるをえなくなってしまうのです．欧米企業の常識とは異なった日本のやり方をそのまま自分たちの市場に持ち込まれた彼らにしてみると，それは≪侵略≫であり，≪我々の首をしめるのか≫ということになってしまいます．そこが問題なのです．」

日本企業がますますグローバル化を進めるなかで，世界的にもその効率性を評価された日本的経営が，いまでは日本企業の国際的孤立化を促進する要因となっている．何とも皮肉なことではあるが，ある意味では当然のこととといえる．とりわけ最近の不況の過程で，これまでの日本企業の行動や，それを支えてきた日本的経営を，新たな視点から見直して再編しようとする論調が多く見られるようになってきた．盛田氏の場合もまた，その例外ではない．まず，盛田氏は次のように主張する．

「我々日本企業のやり方に対する欧米企業の我慢が限界に近づいてきていることに加えて，今日では，限られた資源・エネルギーの利用の問題，環境汚染の問題が人類共通の問題として浮上しています．世界が今，力を合わせて真剣にこれらの問題に取り組まなければ取り返しのつかないことになる可能性があるのです．ことことからも，欧米からみれば異質な経営理念をもって世界市場で競争を続けることは，もはや許されないところまで来ていると言えるのです．」

日本の企業が世界的にも承認される経営理念をもち，世界経済の発展に貢献できるような行動を取れるのだろうか．また，日本の労働者たちが多少とも人間らしく生きていくためには，日本企業はどのような行動を取るべきなのであろうか．この点に関して，盛田氏は次のように提案をしている．

「①生活に豊かさとゆとりが得られるように，十分な休暇をとり，労働時間を短縮できるよう配慮すべきではないか．──旧西ドイツ・フランス並みへの速やかな移行は現実的ではないにしても，アメリカ並みのレベルを目標としてみてはどうか．

②現在の給与は，企業の運営を担うすべての人達が真の豊かさを実感できるレベルにあるのか．貢献している人々が，その働きに応じて十分に報われるシステムになっているのか．

③欧米並みの配当性向を確保すべきではないか．

④資材・部品の購入価格，納期の面で，取引先に不満を持たせているようなことはないか．

⑤企業および個々人が社会やコミュニティーの一員であることを認識し，積極的な社会貢献に努めるべきではないか．──コミュニティーの抱える諸問題を，企業がともに分ちあう覚悟を持つべきではないか．

⑥環境保護および省資源対策に十分配慮しているか．──環境，資源，エネルギーは人類共通の財産であることを強く認識すべきではないか．」

ここでの提案は，ごく当然のことを述べているに過ぎないが，それでもなお盛田氏は「小さな変革でさえ，いざ実行となると企業の側では二の足を踏まざるを得ないというのが実情ではないでしょうか」と指摘している．いずれにしても日本企業の行動の見直しや日本的経営の再編のガイドラインを，このような諸要因に求めようとするのが盛田氏の所論であった．

このような盛田氏の所論に対しては各方面からの批判もあるが，これまであまりにも日本的な諸要因に依存しすぎた日本的経営が，今や国際的な視野から見なおされ，再編されるべきだとする指摘の意義は評価されてよい．

7　日本的経営の将来像

日本的経営の再編やそのあるべき姿については，盛田氏をはじめとして既に多くの人々から指摘されてきている．なかでも「毎日新聞」の「社説」である「≪日本的経営≫の抜本的改革を」(1992.1.19.) のなかの次のような指

摘は，これまでの日本的経営の問題点を的確についている．

「全体として，経済界は日本的経営の歪みの根幹にある労働問題への認識が希薄にすぎる．労働分配率が70％を割り，労働時間も米国を200時間余も上回る劣悪さ．また，世界一の長寿国だと称しながら，定年制は旧態然だ．欧米の65歳定年制に及ばない．経済界が労働問題の改革にもっと真剣に取り組むことを期待したい．」

伝統的な「三種の神器」論による日本的経営には，その内部におのずから「合理化」を促進し，労使一体となって企業防衛意識を先鋭化する機能が備わっていた．一度日本的経営の枠内に取り込まれた労働者たちは，否応無しにモラールを高め会社中心人間として機能し，自己犠牲を自ら強いる諸条件のなかに置かれてしまう．しかし，同時にそのことは，企業内の労使双方を保守的にし，創造性を失ない，シエアー拡大主義，薄利多売主義を労使一体となって追求していく基盤でもあった．

最近，中谷巌教授が「会社の呪縛から個人解放」(1993.1.5.「日経」朝刊の「経済教室」欄）と指摘したのはこのような日本的経営の本質を鋭くついている．

ここで中谷教授は従来のシェアー第一主義，横並びでの薄利多売主義の日本的経営の行き詰まりを打開するために，次のような提案を行なっている．

①会社と個人を必要以上に強く結びつけている現在の仕組みを抜本的に見直すこと．今の日本には退職金制度，社宅，交際費など，会社に個人を縛りつける仕組みや制度が多すぎる．このような仕組みが労働の流動性を阻害する大きな要因になっている．

②人材育成政策の改革——内部育成型人材だけでは，日本企業の体質は改善されない．とくに，他社の追随を許さない独創的な商品を開発するには，内部で育った人間と外部労働市場から調達してくる人材を組み合わせて活用することが不可欠である．

ブルーカラーは従来通りの内部育成型方式を温存し，生産性の低いといわれてきたホワイトカラーについては，内部育成型人事管理政策を大幅に見直

してはどうか．日本企業が高付加価値経営に転換し，グローバル化に成功するには，人事戦略の見直しが不可欠である．

③もちろん，「外部型人材の不足」は何も日本企業に限られたことではない．日本社会全体が国際社会とのコミュニケーションに苦慮しているのが現状である．この問題を解決するには，企業努力だけではなく，国立大学の民営化を含む抜本的な教育制度の改革が必要である．

中谷教授の提案は，これまで「会社人間」を作り続けてきた伝統的な日本的雇用慣行の見直しを中心的内容としている．更に「会社人間」を作り出す間接的基盤となっていた教育制度，とりわけ大学制度の改革にまで提案が及んでいる点も注目される．いずれにしても，盛田氏の提案ともども日本的経営の将来像を描くものとして，今後，十分に検討すべき内容をもつものといえるであろう．

補論 I

企業別労働組合の構造と機能

　第2次大戦以後，アメリカを中心とする占領軍の「労働改革」の結果，わが国でも労働権が公認され，組合を組織する組織権，争議権，団体交渉権等が，労働者の正当な権利として憲法にもうたわれることとなった．それまで，資本家の専制的，強圧的管理に苦しんでいた労働者達は，ようやく経営者と対等な立場に立ち，団体交渉の場で，自己の権利を主張し，確立することになったのである．敗戦直後の一時期には，「生産管理闘争」といわれるような過激な争議形態も現れたが，やがて経営者達も「財界の労務部」といわれた日経連を組織して「経営権」を主張し，ようやく日本の労使関係も近代化したのである．

　しかし，その場合，次のような指摘を忘れてはならない．

　「わが国の労働組合組織の大部分は，西欧的な基準からみるかぎり，"御用組合"ともみられる企業別組合という組織形態，しかも日本の資本が戦前・戦後をつうじて奨揚してきた組織形態をとっており，この組織形態と，現在進行中の民間大企業労働組合の資本への癒着，労働組合運動の右傾化，全民労協結成という，資本による統合政策の結果としての諸事実とは，深い因果関係をもっているとみられるのである．」[1)]

　ここには，日本の労働組合の持つ特質が，次のように規定されている．い

ささか長文ではあるが，引用してみよう。[1]

1. 職業別組合，一般労働組合，産業別組合は，すべて組合が企業の外に，それとは無関係に，まったく孤立してつくられている．組合員は，企業に雇用されていようと，失業していようと組合員である．ところが企業別組合では，従業員であることが組合員資格の前提になるから，従業員であることが先で，組合員資格が従となり，組合の企業からの独立がさまたげられる傾向をもつ．
2. 組合員資格は正規の従業員という，雇用労働者のうちの特殊な層に限定され，下層に位置して資本のより強度な搾取と抑圧にさらされる臨時工，社外工などは，組織の外におかれる．
3. もともと企業と馴れ合った労働組合の指導者にふさわしくない傾向のものが，執行部につきやすい．そして，たとえ階級的，民主的勢力が組合指導権を把握している場合にも，企業側がその気になれば，これをくつがえすことができるような反組合的勢力を，つねに組織内部にかかえているのである．
4. 企業別組合も，産業の連合体に結集し，「産業別」の活動を進めていることから，産業別組合と，あまり違わないのではないかという疑問が生じる．しかし，これは，さしあたり全く異質のものであることを確認しておく必要がある．
5. 春闘という形での交渉時期を一つにする闘争がしくまれても，企業の枠を超えた，地方レベルならびに全国レベルでの統一協約交渉はおこなわれず，賃金・労働条件については，企業別組合や，企業連合ごとに交渉・妥結がおこなわれるから，要求も妥結も個々の企業の収益に準じておこなわれ，組合員の利益は企業の利益に従属される傾向をもつ．

このように，企業別労働組合は，労働者からすれば内部組織に幾多の問題

---

[1] 中林賢二郎「企業別組合と現代労働組合の組織論的課題」(『日本の労働組合運動5』)

点をもつことになるが，経営者側からすれば欧米の労働組合にはない優れた点を持った組織であった．本来，労働者の権利を確保し，拡大すべき労働組合は，資本の利益と対立することはあっても，協調することはないはずである．しかし，企業別労働組合は，一部のエリート社員の昇進・昇格の組織と一体化することにより，経営のマネジメント・システムを補完し，組合の機能を後退させた．その結果として，労働運動では，次のような現象が一般化してしまった．

1. 「生産には協力し，配分で争う」といっていたが，その配分の面でも，様々な抑制をしてしまったこと．
2. 企業の人減らし「合理化」に協力し，出向社員を非組合員にする動向が強まっていること．
3. 企業別組合であることから離脱しようとする動きがなくなったこと．
4. 執行部を会社派が占めるか，もしくは執行部が一層の変質を遂げ，右翼化したこと．
5. 全国選挙や地方選挙への組合を使った特定候補の応援への駆り出し，強制募金などの動きが強まったこと．

これらの諸点は，企業内労働組合のデメリットの部分を指摘したものであるが，中でも重要なのは，「企業別組合の会社組合化」という点である．この点についての，次のような指摘は，問題点を正しく指摘している．

「労働組合が，現代日本に特異な企業別組織の形態をとると，組合員の構成からいって，その組合は本来的に企業意識を内にひめたるもの，そうした意識を代表するものが組合の主流を占める可能性をつねにもつものとなり，資本の許す範囲内でその企業の正規従業員の利益を守る「企業エゴ」をもった組織になりやすい．」

このような傾向は，特に大企業の組合役員の構成と選出に顕著にみられる．例えば，大木一訓氏は，次のような興味深い分析をしている．[2]

大企業の組合役員として選出される人々を区分すると，次の3つの類型に

---

[2] 大木一訓著『大企業労働組合の役員選挙』1986，大月書店

区分される．第一は，職場委員にはじまる長年の組合活動を通じてたたきあげられてきた幹部で，養成工出身で勤務年数も長く，年齢からいうとだいたい40代後半から50代の人々である．三役のなかでは，委員長ないしは副委員長に多いタイプである．

第二は，組合活動家としての経験は浅いが，人事課，支配人室，インフォーマル組織などから，会社によって組合に送り込まれた幹部である．事務系出身の高学歴で，三役としては書記長に多いタイプである．

第三は，組合の役職への就任と，企業のエリートコースへの登用が，ほぼ一致しているなかでの若手エリートとしての組合幹部である．組合経験はあまりなく，年齢的には20代末から30代半ばぐらいの一流大学出身者が多い．

このような3つのタイプの全体を通じて指摘できることは，次のような点である．

特に顕著なことは，「組合役員をステップとしての昇進は，多くの場合，他の通常のルートを通じての昇進よりも，特別の厚遇を受けている」ことである．このような傾向は，早くも組合役員として在任中にはじまる．例えば，名鉄では，委員長は資格の上では部長待遇の「参事」に昇進し，組合も，それに応じた給与を支払っている．トヨタ自動車でも，労働争議の際の「功労者」が，つぎつぎに関連企業に出向し，社長になったり，取締役になったりしている．このように，組合の役員を退任した後での企業側での優遇処置は，在任中のそれよりも，はるかに公然と行われ，昇進・昇格や経営者への抜擢，さらには退職後の天下りによる関連会社の経営者というように，組合役員への優遇は一般的なことになっている．

企業別労働組合の実態が，このようなものであるとすれば，伝統的な日本的経営の「三種の神器」のなかでも労働組合については，経営者が絶大な信頼感を持っているのは当然といえる．しかし，ますます厳しくなる職場環境のなかで，労働者はこのような実態をどのように考えるべきなのであろうか．とはいうものの，組合の組織を欧米的なものに改変することは，現実的には不可能である．そこで「企業別組合を存続させる積極的な要因を見出すべき

だ」とする白井泰四郎氏の見解は，説得的なものとなる．この点について白井氏は，次のように指摘している．

「わが国には，企業内・工場内労働問題にとりくむ有効な労働組合組織として，すでに企業別組合組織が存在し，実績をあげているのである．そして，労働組合がとりあげるべき課題が，従来の賃金や労働時間や福利施設などの問題領域をこえて，いわゆる"労働生活の質"とか"労働の人間化"などの言葉に表現される新しい価値観にねざした労働のあり方の問題に及ぶのであれば，企業別組合による交渉や協議がもっとも有効である問題領域は，当然拡大されていくであろう．」[3]

他方で企業を取り巻く経営環境は急激に変化しつつある．こうした中で，労働組合が既存の組織で十分に機能できるかという問題もある．変化しつつある経営環境について，白井氏は，次のようにいう．

第一は，労働市場の長期的変化に関してである．即ち，長期にわたった経済の高度成長や労働力の供給構造の変化によって，企業別の労働市場の閉鎖性は，すでに解消しはじめ，労働者を企業に束縛してきた，いわゆる終身雇用制や，年功賃金に代表される報償の原則も，維持を困難にする条件が生まれてきていることである．

第二は，産業構造の変化と技術革新による就業構造の変化に関してである．従来，労働組合の牙城とされてきた製造業，運輸・交通業などでは，省力化が進み，流通部門やサービス部門での雇用量が相対的に増大することとなる．また，ホワイトカラーが一般化されるとともに，彼らの職業的分化と，一部の専門化が進む．他方，下層管理者を含めた低職位のホワイトカラーの地位は低下し，不安定なものになる．労働者の職業的利益は，多面的かつ特殊的なものになる．企業別組合として従業員全体をコミにした利益を代表するということに限界が生じる．

第三に，経済の高度成長の結果として，産業構造の変化や技術革新の進行，さらに開発途上国の追い上げ等国際的分業の再編成という新段階の開放経済の進展によって，いわゆる産業再編成が再び推し進められようとしている．

そこから生まれるのは，超大型の寡占企業であり，多産業・多業種，さらには多国籍にまたがる複合企業である．（中略）このような独占的大企業に対抗できる労働組合は，同じく組合の持つ資源を高度に集中し得る組織でなくてはならない．そのために，現在の企業別組合を基底とする組織は変えられないとしても，その枠組みのなかでの企業別と産業別，およびナショナル・センターのレベル間の力と機能の再配分が必要になる．

第四に，社会保障や一般公共政策の問題がある．労働組合は，あらゆる層の労働者の利益を，その生活のすみずみにまで擁護することはできない．特に，高齢化社会の到来とともに，労働者の雇用，生活，医療，所得の保証にかかわる社会保障や住宅，交通，一般および職業教育，環境衛生などにかかわる一般の公共政策の点で，わが国の労働組合は積極的な役割を果たさなかったし，政策も持たなかった．[3]

以上，白井氏の所論をやや詳しく紹介してきたが，企業別組合がこのような大きな課題に当面しているとしても，現実的に組合を改組することは不可能であるとすれば，労働者の権利を守り，生活を守るという組合本来の活動を，より積極的に展開することを忘れてはならない．経営者の専制的管理から労働者を守れるのは，組合だけだという意識が高まれば，若年労働者の組合離れという現象も少なくなるであろうし，労働者の組合に対する信頼も回復するものと思われる．労働組合のリーダー達の責任は重い．

---

[3] 白井泰四郎『企業別組合』（中公新書　175）

補論 II

深刻化する雇用不安と日本型雇用慣行

1 経営者側の主張

1-1 現在の経営危機にどのように対処するか

　日経連は，毎年，労働問題研究委員会報告を刊行し，企業経営の当面する課題と，その解決策についての経営者としての見解を明らかにしているが，2002年版では「構造改革の推進によって危機の打開を」というタイトルのもとに，現在を企業経営における危機的状況と捉えている．日経連の指摘をまつまでもなく，日本経済は異常に長い「構造的不況」に直面し，いまだに打開策が見つからずにいる．しかも，長引く消費の低迷は，デフレを加速し，企業の収益力を低下させ，リストラによる雇用不安の激化という悪循環をもたらしている．特に，企業倒産やリストラによる失業率の高率化や雇用不安は，これまでの日本的経営に対する信頼を喪失させ，企業経営としては，いろいろな面での再構築が必要とされるに至った．以下においては日経連の上記の「報告書」を中心にして，これらの諸問題に対する見解を検討してみる．まず，日経連は，次のように指摘する．

　「デフレ傾向が続く中で，わが国は高コスト体質であるため，生産拠点などの海外移転，産業の空洞化が進みつつある．割高な賃金・物価は，海外からの対日投資を妨げており，コスト面からすれば，日本の劣位は明らかであ

る.」

つまり日本は,世界的にも高コスト国であり,特に賃金が高いというのが,これまでの日経連の一貫した主張であった.確かに,企業のグローバル化が進み,途上国への技術移転の結果,特定の商品には大変安価なものが見られ,それがデフレ傾向を加速している.途上国と,単純に比較すれば,日本の労務費が高いことは否定できないが,同時に,日本は世界でも有数の高物価国である.それを無視して,単純に労務費を比較しても問題を捉えるのは,正しいやり方とはいえない.

だが,国際的な規模で競争が激化している現在,企業の競争能力を高めるための改革・改善は必要である.この点については,日経連では,次のようにいう.

1. 個別企業,産業レベルにおいて,自社,自産業の生産性の伸びに即した合理的賃金決定を貫徹すること.
2. 生産性の低い分野での生産性を向上させるとともに,新たな生産性と付加価値の高い分野を創出・育成できるように経済構造改革をすすめること.
3. 産業間の国際的な生産性格差を踏まえて,これからの産業政策,企業立地を展開すること.
4. わが国が21世紀に生き残るための新たな分野,フロンティアを見出すこと.

以上のような点を指摘するのであるが,中でも第4の点が,これからの課題として重視される.これは,グローバル化とも関連した今後の企業像とも関連するものであり,内容としては,次のように指摘されている.

「資源の乏しいわが国は,従来から技術立国が国是であるが,21世紀に生き残るためには,改めてアジア諸国などの産業立地の変化に注視しつつ,情報通信,環境保全,新素材技術,超微細技術,バイオ関連などの先端・未踏技術の開発および既存の各種技術との融合やソフトの高度化に国をあげての取り組みを強力に推進する必要がある.」

このような課題は，企業のみの努力では実現できないのが，現在必要なことは，国家レベルでの経済構造の改革と，それに対する企業の取り組みであるとされている．この点について，日経連は，次のようにいう．

「日本経済の構造改革の方向性を見極めたうえで，企業活動をいかに展開し，いかなる財，サービスを国内外に提供していくか，企業組織をいかに再構築していくかという戦略の確立が必要である．とりわけ IT 化や環境経営などに向けた研究開発と新規ビジネスへの積極的な投資を可能とするために，経営目標と経営資源の"選択と集中"に注力することが大切である．もちろん，経営環境の将来的な変化も織り込んで，複数の事業分野を育成するために，人材や研究開発投資の"選択と育成"という姿勢も必要である．」

1-2　雇用不安の増大とワーク・シェアーリング

生産やマーケットがグローバル化するなかで，企業が当面する課題もますます複雑化している．そのなかで，労使のみならず，政治にも重要な課題となっているのは，「雇用問題」である．これは，経営者の責任を問われる問題でもあるが，この対応策として日経連は，まず「雇用対策を体系的に整備してセーフティネット（安全網）を作ることが大事」といい，その内容として次の点を挙げている．

1. 雇用の維持と創出
2. 勤労者の職業的能力の向上
3. 政府の雇用対策，雇用保険，社会保障などの充実

なかでも経営者の責任として考えられるべき問題は，「雇用の維持・創出」にあることはいうまでもない．そして，そのための当面の対応策としては「環境変化や労使双方のニーズの変化に対応するための雇用形態の多様化を通じた柔軟なワークシェアリング」が必要であるという．労務管理の問題として，このワークシェアリングが，これほど真剣に取り上げられたことはないが，どのような効果が期待されているのであろうか．

日経連によれば，「労働時間を減らし，雇用を維持する」ためのワークシェアリングには，次のような4つのタイプがあるという（次ページの図を参照）．

図 補II-1　ワークシェアリングの類型

		実施する時間軸 一時的⇔恒久的	手法	背景	賃金の変化
I	雇用維持型（緊急避難型）	⇔	一時的に，労働時間短縮と賃金削減を実施	・企業業績の低迷（日野自動車，フォルクスワーゲンなど）	多くは時間給一定，賃金収入は減少
II	雇用維持型（中高年対策型）	⇔⇔⇔	中高年齢者の短時間勤務などによる雇用確保	・中高年を中心とした余剰人員の発生 ・60歳代前半の雇用延長（日本など）	
III	雇用創出型	⇔	恒久的に法定労働時間の短縮などを実施	・高失業の慢性化（フランスなど）	政府の援助により維持される場合が多い（フランス）
IV	多様就業対応型	⇔⇔⇔	正社員についても短時間勤務などを導入し働き方を多様化	・有能な人材確保 ・就労ニーズの多様化 ・女性・高齢者の活用 ・仕事と家庭の両立（オランダなど）	働き方に応じた賃金

資料：厚生労働省「ワークシェアリングに関する調査研究」（2001年4月）をベースに日経連作成

　第一は，一時的な景気の悪化による緊急避難措置として，従業員1人あたりの所定労働時間を短縮し，社内でより多くの雇用を維持するタイプであり，わが国では時間短縮に応じた賃金カットとして一般的に行われている．

　第二は，特に中高年層の雇用確保のために，当該中高年者1人当たりの所定内労働時間を短縮し，社内でより多くの雇用を維持するタイプ．わが国では，時間短縮に応じて賃金カットが一般的であるため，緊急避難措置に限らず行われている．

　第三は，法律，労働協約により，国または企業単位で，法定・所定の労働時間を短縮し，新たな雇用機会の創出を意図するタイプ．恒久的な措置として導入し，なんらかの支援を付与する場合もある．

　第四は，正社員の短時間勤務制や，パート・派遣社員の活用など，就労の仕方を多様化し，女性・高齢者など，より多くの労働者に雇用機会を与えることを意図するタイプ．

　ワークシェアリングには，以上のようなタイプがあるとされているが，日

本の経営者は，現在の問題に対して，どのような対応をしようとしているのであろうか．日経連では，次のように述べている．

「わが国企業は，これまでの不況のつど，企業の実情に応じ，採用抑制，配転，出向，残業規制，一時帰休など，さまざまな雇用調整措置を講じ，雇用安定を実現してきた．労使は，こうした経験を活かし，ワークシェアリングを柔軟に運用していくことが重要である．雇用，賃金，労働時間を多様かつ適切に配分することによって，中・長期的に雇用の維持，創出が実現すると考える．」

当然のことながら，このようなワークシェアリングは，これまでの日本の雇用慣行に多大な影響を与える．例えば，賃金形態についてである．この点については，次のように指摘されている．

「企業が必要な人材を確保するには，勤労者のニーズに即した多様な雇用形態（派遣，パート，契約社員など），あるいは就労形態（職種や勤務地の限定，期間限定のプロジェクト，SOHO，在宅勤務）を用意し，勤労者の働き方の選択肢を増やす工夫が必要となる．もちろん，経営効率の向上と雇用コストの軽減を同時に実現しなくてはならない．」

このような雇用や勤務形態の多様化は，当然，人事制度や賃金形態についても，新たな形態を必要とする．この点については，日経連では，次のような，かなり具体的な提案を行っている．

「これからの賃金体系，人事制度の基本は，企業への貢献度に応じた処遇を徹底することである．貢献度をどのように測定するかは，企業の実情によって異なるが，少なくとも仕事（職掌・職種）と責任（経営上の役割，経営への影響度など）差異に応じて，その成果を適切に評価することが必要である．一般に年齢，勤続，学歴などの属人的な要素が重視されがちだが，それらが貢献・成果に結びつかない場合は，それらの要素を極力除く運用が大事である．」

ここでは，いわば従来の年功制を基礎にしている人事体制を，能力を基本にした能力主義体制に切り替えるべきことが強調されている．いわば，これ

までの日本的雇用慣行の再編である．それとともに，従来の日本的雇用慣行を前提としている外部および内部の労働市場の改革も必要になる．特に，日経連では，次の点で改革が必要であるという．

1. 移動性―勤労者の自発的な転職を阻害しない市場．
2. 柔軟性―ITなど技術革新への柔軟な対応等の労働力の需給を効率的にマッチングしうる市場．
3. 多様性―外国人，高齢者，女性などを十分に活用する市場．
4. 専門性―勤労者の専門能力の向上を促す市場．

このような労働市場において，労働力の移動がスムーズに行われるためには，企業内においてこれまでのような年功要素に偏重した賃金，退職金，人事・教育制度の改革とともに，外部労働市場も，政府の協力によって次のような点での改革が重要になる．

1. 人材派遣事業では，派遣期間の諸制限の撤廃など．
2. 民間職業紹介事業の許可制から届出制へ．
3. 裁量労働制については，労働基準法上の時間制適応を除外する．

このように，労働市場の改革をも含めた日本型雇用慣行の改革を必要とするのは，経営環境に次のような変化が生じているからであった．

「連結経営が国際的に進展する時代には，グローバル企業の親子会社間では，国境をこえた人材の移動，活用が課題になる．国籍などを問わず，従業員個々人を重視した人事システムの整備が緊急のテーマとなる．」

続いての問題は，少子化による労働力不足の問題である．

「わが国では，少子化が深刻化し，（若年）労働力の不足を補うという視点から，外国人の本格的導入を検討しなくてはならない時期にきている．特に，極度の人口減少が避けられないわが国において，いまのうちから，技術者や留学生を含め，外国人の受け入れや移民の問題について，いかに環境整備を行うかについて，議論を尽くし，早急に方向を定める必要があるのではないか．」

確かに，この点は今後の企業経営のみならず，社会保障を含めた国民生活

にとっても重大な問題である．経営者のみならず，政治担当者も，この問題の対処を誤れば，日本経済は破綻の道を進むことになる．ついで，労働組合としては，この問題をどのように捉えているかを検討してみる．

2　労働組合側の主張
2-1　雇用不安の背景
　それでは，現在の雇用不安の問題について，労働組合側は，どのように認識しているのであろうか．ここでは，ナショナルセンターの一つである「連合」（日本労働組合総連合会）の『連合白書』によって，組合側の問題認識を検討してみる．

　まず連合では，日本経済の現状について，次のように述べている．

　「わが国の経済は，74, 98年度に続く戦後3度目のマイナス成長に突入している．個人消費の低迷という根本問題には，なんらの手が打たれていないことに加えて，世界的なITバブル崩壊と世界的な景気後退により，これまでの牽引役であった輸出も民間設備投資もマイナスに転じた．（中略）わが国の経済は，雇用リストラの強化→雇用不安・生活不安→個人消費の一層の冷え込み→需要減退・市況低迷→企業収益悪化というデフレ循環に入りつつある．」

　このような状況のなかで，政府は「構造改革なくして景気回復なし」という認識のもとに，「構造改革」を強行しようとしているのであるが，デフレ不況の背景には「マクロの需給ギャップのあること」を見逃しており，政府の供給側重視の政策では何らの問題解決にならず，むしろ「雇用と生活再生の社会改革」へと，政策転換が必要であると連合は主張し，次のような「戦略的政策」の実施を提案している．

1. 現在の土建中心型の公共投資を高度福祉社会をつくるための社会資本整備に再編成し，将来必要な分も含め前倒しで集中的に行うこと．
2. 介護，医療，教育，保育，環境など，将来にわたって社会的に必要な分野について，政府，自治体の責任で雇用をつくりだすこと．

それとともに，現在のような深刻な「雇用不安」を生み出した原因として，「製造業のアジア地域への生産シフト」をあげている．

2-2 ワークシェアリングについて

それでは，労働者にとっても最大の課題である「雇用不安」については，どのように考えているのであろうか．全労では「失業の増加と長時間労働とが同時に進行している」とし，まず「失業」の問題について，次のようにいう．

「失業率が5％を突破するなかで，失業者の増加とともに失業期間の長期化が進んでいる．"労働力調査特別調査"でここ3年間の推移をみると，"1年以上失業"している割合は99年度の22.5％から01年度の28.3％へ6ポイントも増えている．"6か月以上1年未満失業"と"1年以上失業"を併せると44.6％と全体の半数近くを占めている．年代別に比較すると，"6か月以上失業"としている割合は，年齢が高くなればなるほど多くなる傾向がある．失業期間が1年以上ということは，失業給付が切れ，再就職の困難さが拡大することでもある．」

再就職が厳しくなる要因としては，「希望業種や職種での求人が少ないこと」，また，「求人が自分の年齢に合わないこと」が挙げられている．特に，40歳以降では，40％の人々が「年齢の壁」を訴えている．また，長時間労働との関連では，「時間外労働の増加」がいわれ，次のように指摘されている．

「時間外労働の増加は，サービス残業の問題にもつながる．連合の"生活アンケート"によると，「時間外労働が長い人ほど，サービス残業を頻繁にしている．特に，時間管理が曖昧になりがちな営業・販売・サービス職や専門・技術職で，その傾向が強い．」このような状況のなかで，ワークシェアリングは，どのような意義と役割を持つのであろうか．以下では，連合の主張を紹介してみる．

まず，連合ではワークシェアリングについて，次のように定義している．

「ワークシェアリングは，これまで行われてきた個別企業における雇用調整とは異なり，社会合意を通じ労働時間短縮や仕事の分かち合いによって失

業の減少をはかる施策といえる.」

　さらに，これには量的な面と，質的な面とが考えられる．具体的には，
1.　サービス残業の削減からスタートした労働時間短縮による失業減
2.　均等待遇原則の徹底による働き方の選択肢の拡大

がある．第一の「量的な面」については，次のような指摘がある.

　「すでに社会経済生産性本部が，サービス残業をゼロにすると90万人，残業をすべてなくすると170万人の雇用が生まれると試算しているが，マクロの可能性を各企業段階でどう具体化していくかが課題であり，たとえば所定時間を減らし雇用を増やした企業への助成措置など，個別の取り組みを支援する社会的仕組みも重要になる．とくにワークシェアリングの名のもとに，安易な賃金カットが広がることのないよう十分にチェックしていくとともに，時間管理の徹底により，サービス残業をなくしていく取り組みが不可欠の前提条件になる．」

　また，質的な側面については，次のような指摘がある.

　「いま進んでいる典型労働者と非典型労働者への置き換えではなく，働く側にとっての選択肢の拡大をしていくため，"典型"，"非典型"という区分そのものをなくしていくような社会的ルールづくりが必要になる．」

　このような労働の多様化や雇用の多様化は，当然「新しい働き方」を必要としていくのであるが，それには「新しい社会的ワークルール」と，「新しい社会的インフラ整備」とが必要となる．例えば，現行の雇用慣行や労働市場の改革とともに，雇用に関する社会的な評価基準や教育・訓練システムの新たな構築などが必要となる．このことは，一種の「社会変革」でもあるとして，次のようにいう．いささか長文であるが，紹介してみる.

　「"新しい働き方"を実現することは，わが国の社会の変革をめざすことでもある．これまでの労働に偏った生活時間を，家族との時間や自分の自由時間に再配分し直すことで，需要喚起の経済効果が期待できる．また，主体的な能力開発も可能になるだろう．企業側からみれば，必要な業務を洗い直し，仕事の効率化をはかるきっかけとなる．時間あたり労働の生産性を高め，自

由時間を創り出していくことができる．また，男女がともに働き，家族的責任を分かち合う，これからのライフスタイルづくりにも，大きな影響を与える．また，地域活動や共通の趣味をもつ仲間との交流を広げることで，会社以外のルートによって，社会とのつながりを持つことも可能になる．それは，市民社会人の発展と生活の質の向上につながる．"働き方"の変革は，市場万能主義者への挑戦である．市場競争による利益追求に価値をおく社会には，安心も安定もない．対立と貧困があるだけだ．われわれは，人間が働くということに最大の価値をおく社会をめざして，改革に打って出る必要がある．」

3 ワークシェアリングの問題点

　先の見えない不況が続く中で，失業率が次第に高まり，雇用問題は個別企業ばかりでなく，政府にとっても重大な問題になっている．雇用創出をどのようにすればいいのかという問題に対して，日経連や連合はワークシェアリングを解決の方法として導入し，それがきわめて有効な取り組みであるかのように言っている．だが，それは本当に雇用創出に有効なのであろうか．また，企業の経営上，どのような問題を抱えているのであろうか．ここでは日本経済新聞の記事「ワークシェアリング導入に思わぬ壁」（02.2.23.）を紹介しながら問題点を探ってみる．この記事では，問題になる点を，大きく3つに分類して指摘している．

3-1 生産現場には向かない？

　昨年10月に連合と日経連とが，ワークシェアリングの導入で合意したのを契機にして，この制度で雇用を確保しようという社会的議論が盛んになっている．しかし，それとは裏腹に，経団連の調査では，企業の85％が「導入の予定なし」と回答している．

① 日立製作所では，昨年11月，半導体製造の三工場に限って，それまでの4班3交代制から5班3交代制に切り替えた．班ごとの人数は変わらないため労働時間は約2割減り，賃金も1割程度低下した．日立は半導体工場以外にも，家電や電力関係の工場を持つが，例えば電力関係の工

場では，発電機器の製造を独自の技術を持つ熟練工が手がけることが多い．この熟練工の仕事は，他の人がかかわることはできない．
② トラックの国内市場の落ち込みから，1998年度に上場以来はじめて赤字に転落し，リストラを余儀なくされた日野自動車．極力，人員整理をせずに人件費を削減するには，どうすればよいか．経営陣は悩んだ末，社員の労働時間を短縮することにした．だが，早々に短時間勤務は生産現場には向かないと判断．その理由は，極力在庫を持たずに生産を行うJIT方式にあった．その理由としては，つぎのように指摘されている．

「工場の稼働時間を変更すれば，改めて部品メーカーと生産計画を擦り合わせなければならず，膨大な手間が発生する．すべての下請け企業を巻き込むことなど，到底不可能だ．」

結局99年6月から10か月間実施した短時間勤務は，対象者を直接生産にかかわらない55歳以上のホワイトカラー組合員に限定したのである．

3-2 下請け企業に波及が大きい

日本のメーカーの多くは，下請けなどと緊密な関係を構築しており，生産計画の変更をともなうような制度の導入は簡単ではない．昨年10月から金曜日を休みとする週休3日のワークシェアリングを導入した半導体製造装置メーカーのTOWAでは，社内の公平感をいかに保つかという問題に当面した．同社では，まず全社員のうち，半導体樹脂封止装置などの生産現場の約250人に限って実施し，今年に入ってから，その対象を生産現場から全社に広げた．しかし，受注獲得のために，金曜日は休めない営業関係の社員．所属する職場により，個人が自由に選択できない．

皆で仕事を分かち合うのだといわれれば，直感的に「日本的な集団主義になじむ」と思ってしまう．その思い込みが，ワークシェアリング検討の初期的段階であった．だが，実際的には，熟練工，下請け，公平感といった「日本的なもの」が，障害になっている．

機械・金属産業の労働組合で作るJAMは，一日の労働時間の短縮一時間につき，1日あたりの基本給の5％の減額を認める「JAM型ワークシェアリ

ング」の導入に取り組むことにした．だが，同時に実施期間中には，会社は希望退職を募集しない，減額を退職金や一時金に反映させないという条件を付けた．

3-3 成果主義との兼ね合い

ここ数年，企業が積極的に採用してきた成果主義も，大きな障害になっている．年功賃金ではなく，仕事の成果にたいして報酬を支払うのが成果主義．ワークシェアリング導入にともなう時間短縮分の賃金引下げを，これとどのように組み合わせるのか．

三洋電機も2000年4月に，全役職者を対象にして年俸制を採用．昨年の4月からは，成果主義に基づく人事評価制度を全社員に広げた経緯があるだけに，大きな課題の一つになっている．

そして日経の記事は，次のように結んでいる．

「失業率が高まる中で，雇用確保への期待が強まるワークシェアリングだが，日本で導入するには，たちはだかる壁が多い．雇用維持型では，賃金引下げをともなうため，社員の士気が低下，企業の生産性が落ちる懸念がある．"安易な導入で国際競争力が低下しては，長期的な雇用はおぼつかない"．ワークシェアリングをどんな狙いで導入するのか，雇用創出に向けた取り組みにつなげられるのか，今一度，冷静に考える必要がありそうだ．」

それとともに，次のような指摘は，労使にとって，改めて考えさせられる内容を持っている．

「フランス，オランダなどで実績をあげたワークシェアリングは，そのねらいが雇用創出や就業形態の多様化にあった．正社員の勤務時間を短縮し，その分を新規の就業機会にあてるほか，主に女性の社会進出を促すため，政府も支援策を講じた．いま日本で論議しているのは，正社員の雇用を守る"雇用維持型"．これは極端な見方をすれば，社内に"潜在失業者"を抱えるのと，そう変わらないと評する専門家もいる．」

あとがき

　日本経済が本格的な不況期にはいり，今までの価値観までもが大きく変化するような事態が進展してきた．新聞の経済欄には，明るいニュースが全くといってよいほど見当らなかった．これまで日本を代表し，日本経済の中心的な役割をはたしてきた自動車や電機産業でも，大規模なリストラクチュアリングが行なわれ，工場閉鎖，雇用調整などが強行されている．

　このような事態にたいして，一部には「評価すべき自動車産業のリストラ」（1993.2.25. 日経社説）として，「米産業界が最近，競争力や企業活力を取り戻し始めたといわれるのはまさに苦しいリストラを経たたものである．バブル経済の後始末のためにも国際協調のためにも産業界は苦い薬を進んで飲む気構えが必要」という見解もあるが，その影響を直接にこうむるのは，これまで「過労死」するほど働いてきた日本の労働者や，大企業の利益を支えてきた下請企業であることを見落としてはならない．バブル経済にしても，不況にしても労働者の責任ではない．むしろ，先行きを誤った経営者の責任こそ重大というべきである．

　特に今回のリストラでは，中高年のホワイトカラー労働者が削減の対象にされてきている．企業の都合で一方的に「整理」されるのでは，たまらない．経営者は，自らの社会的責任を自覚すべきである．こうしたなかで，これまで優れた機能を発揮し，日本企業の国際的競争力を強化するものとして称賛されてきた「日本的経営」にたいしても，むしろ逆転した評価がなされつつある．また，経営者の良きパートナーとしての役割をはたしてきた日本の労働組合も，足元を見つめなおさなくてはならないような事態も多発している．

日本的経営は，根本的な点からの再評価が必要であるが，その再評価が定着するには時間がかかる．しかし，産業界のリストラが本格化するなかで，日本的経営は制度的にも，また理論的にも，おおきく再編される方向に向かっていることは事実である．

それにしても，日本的経営はどうなるのであろうか．これまでの日本的経営のなかで加速されてきた，「グローバル企業は栄えて国民は滅びる」傾向がいまほど顕著なこともない．日本の産業界のリストラは，企業のグローバル化にともなう産業の空洞化の結果でもある．しかし，今回の不況の克服策として，企業のグローバル化はますます加速するであろうから，日本経済の矛盾は一層拡大することになる．経営学としても，このような問題をどのように整理すべきかという新たな課題を抱えたことになる．

今後ますます厳しさを増す社会に生きていくのは，学生諸君である．どんなことにも敗けずに，しっかりと足元を見つめて頑張ってもらいたい．そして企業が，本当の意味で社会的責任を果たすように，努力してもらいたいと思う．

著者紹介

1959年　中央大学商学部卒
1972年　中央大学教授
1973年　商学博士（中央大学）
専　攻　経営学方法論史
著　書　「ヴェブレン研究」1971年　未来社
　　　　「転換期の企業行動」（岩尾，林と共著）1979年　東研
　　　　「経営学の理論」（増補版）1984年　中央大学出版部
　　　　「日本労務管理史」1999年　中央大学出版部

日本的経営と「合理化」[増補改訂版]

1985年11月10日　初　版第1刷発行
1993年 5月15日　改訂版第1刷発行
2004年 8月26日　増補改訂版第1刷発行

　　著　者　松　本　正　徳
　　　　　　（まつ　もと　まさ　のり）
　　発行者　辰　川　弘　敬

東京都八王子市東中野 742-1
発行所　中 央 大 学 出 版 部
電話 0426（74）2351　Fax 0426（74）2354

Ⓒ　1985　松本正徳　　　　　　　印刷 中和印刷

ISBN4-8057-3127-3